纯电动汽车故障诊断技术与研究

郭三华　胡倩润　刘会卿　著

北京理工大学出版社
BEIJING INSTITUTE OF TECHNOLOGY PRESS

版权专有　侵权必究

图书在版编目（CIP）数据

纯电动汽车故障诊断技术与研究 / 郭三华，胡倩润，刘会卿著. -- 北京：北京理工大学出版社，2024.3
ISBN 978-7-5763-3694-8

Ⅰ．①纯… Ⅱ．①郭…②胡…③刘… Ⅲ．①电动汽车-故障诊断 Ⅳ．①U469.72

中国国家版本馆 CIP 数据核字（2024）第 056432 号

责任编辑：多海鹏	**文案编辑**：多海鹏
责任校对：周瑞红	**责任印制**：李志强

出版发行 / 北京理工大学出版社有限责任公司
社　　址 / 北京市丰台区四合庄路 6 号
邮　　编 / 100070
电　　话 /（010）68914026（教材售后服务热线）
　　　　　（010）68944437（课件资源服务热线）
网　　址 / http：//www.bitpress.com.cn

版 印 次 / 2024 年 3 月第 1 版第 1 次印刷
印　　刷 / 河北盛世彩捷印刷有限公司
开　　本 / 787 mm×1092 mm　1/16
印　　张 / 20.5
字　　数 / 466 千字
定　　价 / 89.00 元

图书出现印装质量问题，请拨打售后服务热线，负责调换

前　言

　　党的二十大报告提出"推动经济社会发展绿色化、低碳化是实现高质量发展的关键环节"。在汽车产业中，纯电动汽车的发展是近年来全球发展的一大趋势，其以环保、节能、减排等优势逐渐得到消费者的青睐。这种新型的交通工具不仅改变了人们的出行方式，更为应对全球气候变化和能源结构转型提供了新的解决方案。经过多年的持续努力，我国纯电动汽车产业技术水平显著提升、产业体系日趋完善、企业竞争力大幅增强，以纯电动汽车为代表的新能源汽车已经成为当今汽车工业发展的重要课题和未来的发展方向。

　　《新能源汽车产业发展规划（2021—2035年）》中指出"纯电动汽车的发展也面临核心技术创新能力不强、质量保障体系有待完善、基础设施建设仍显滞后、产业生态尚不健全、市场竞争日益加剧等问题。"如何快速培养纯电动汽车的技术技能人才使之与汽车技术的发展相适应，已经成为刻不容缓的任务。本书以比亚迪秦故障诊断与排除为典型案例，深入介绍了纯电动汽车的典型结构认知、纯电动汽车的故障诊断以及综合故障诊断与排除等方面的内容。全书共分为43个典型案例项目（认知篇6个，诊断篇32个，综合故障诊断与排除篇5个），每个项目都注重将理论贯穿于具体的实训过程中，内容新颖丰富，具有鲜明的特色。

　　本专著是第二批国家级职业教育教师教学创新团队课题（ZI2021090105）系列成果之一，在编写本书的过程中，查阅了大量书籍、文献和资料，广泛参考借鉴了国内外纯电动汽车方面的研究成果，也得到了有关汽车生产厂家的支持。在此，对这些成果的研究人员表示衷心的感谢。

　　由于纯电动汽车技术的飞速发展，以及著者水平有限，书中难免有疏漏之处，敬请广大专家和读者批评指正。

著　者

目 录

第1篇 认知篇

项目1.1　比亚迪秦EV整车三大控制核心模块识别　　3
项目1.2　比亚迪秦EV整车三小控制核心模块识别　　26
项目1.3　比亚迪秦EV三辅助控制模块识别　　33
项目1.4　比亚迪秦EV整车三个典型调节模块识别　　42
项目1.5　比亚迪秦EV整车驱动与充电三输入模块识别　　62
项目1.6　纯电动汽车故障诊断前准备工作　　66

第2篇 诊断篇

项目2.1　智能钥匙模块供电线断路　　88
项目2.2　智能钥匙模块CAN-L线断路　　95
项目2.3　智能钥匙模块CAN线短路　　103
项目2.4　ESC网CAN-L线断路　　110
项目2.5　ESC网CAN线短路　　115
项目2.6　动力网CAN-L线断路　　120
项目2.7　动力网CAN线短路　　124
项目2.8　舒适网2 CAN-L断路　　129
项目2.9　舒适网2 CAN线短路　　134
项目2.10　网关模块搭铁线断路　　139
项目2.11　双路电继电器触点断路　　149
项目2.12　电控保险丝F1/34断路　　155
项目2.13　整车控制器模块供电保险丝F1/12断路　　161
项目2.14　整车控制器模块CAN-H线路断路　　169
项目2.15　电机控制器供电线断路　　175
项目2.16　电机控制器CAN-H线路断路　　181
项目2.17　电池管理系统模块常电保险丝F1/4断路　　186
项目2.18　电池管理系统模块双路电线路断路　　194
项目2.19　电池管理系统模块CAN-H线路断路　　201
项目2.20　充配电总成供电保险丝F1/22断路　　206

项目 2.21　充配电总成 CAN-H 线路断路　　212
项目 2.22　充配电总成 CC 线路断路　　218
项目 2.23　充配电总成 CP 线路断路　　225
项目 2.24　高压互锁线路断路　　231
项目 2.25　空调 IG4 继电器触点断路　　236
项目 2.26　空调控制器 CAN-H 断路　　242
项目 2.27　电子换挡器 CAN-H 断路导致无法正常工作　　249
项目 2.28　动力 CAN 线路对地短路引起高压无法上电　　254
项目 2.29　动力 CAN 线路与电源供电线短路引起高压无法上电　　258
项目 2.30　高压互锁线路与电源短路引起高压无法上电　　262
项目 2.31　近光灯继电器触点损坏引起近光灯不亮　　269
项目 2.32　诊断接口 DLC 电源线断路　　279

第 3 篇　综合故障诊断与排除篇

项目 3.1　典型综合故障诊断分析（一）　　286
项目 3.2　典型综合故障诊断分析（二）　　288
项目 3.3　典型综合故障诊断分析（三）　　291
项目 3.4　典型综合故障诊断分析（四）　　293
项目 3.5　典型综合故障诊断分析（五）　　295

附图　　297

参考文献　　320

第 1 篇　认知篇

纯电动汽车是指以车载电源为动力，用电机驱动车轮行驶，符合道路交通、安全法规各项要求的车辆。与传统的内燃机汽车相比，纯电动汽车对环境的影响相对较小，因此被广泛认为是未来可持续交通的重要组成部分。纯电动汽车的组成包括电力驱动及控制系统、驱动力传动等机械系统和完成特定任务的工作装置等。其中，电力驱动及控制系统是电动汽车的核心，也是其与内燃机汽车最大的区别，该系统由驱动电机、电源和电动机的调速控制装置等组成。

驱动电机是电动汽车的关键部分，它负责将电源的电能转化为机械能，以驱动车轮转动。这种电动机通常采用永磁同步电动机或交流感应电动机，具有高效、低噪声和长寿命等优点。电源是电动汽车的另一个核心组件，它负责存储和提供电能以驱动电动机。纯电动汽车的电源通常采用高容量的锂离子电池或镍氢电池，这些电池能够提供足够的能量，以支持车辆的行驶里程和动力输出。纯电动汽车的调速控制装置是用来调节电动机转速的装置，以实现对车辆速度的控制。它通常采用电子控制单元（ECU）或微处理器等电子设备来实现对电动机的调控。除了电力驱动及控制系统外，纯电动汽车的其他装置与内燃机汽车相似。例如，它们也包含驱动力传动等机械系统，如齿轮、链条和传动轴等，以将电动机的动力传递到车轮上。此外，纯电动汽车还具有完成特定任务的工作装置，如制动系统、转向系统和悬挂系统等。

总之，纯电动汽车是一种环保、高效的交通工具，其核心部分是电力驱动及控制系统。随着技术的不断进步和普及，纯电动汽车在未来可能会成为主导交通领域的主流交通工具之一。

认知篇专注于对纯电动汽车的典型结构进行深入解析，主要涉及 6 个关键项目，包括控制核心模块、辅助控制模块、典型调节模块、驱动与充电输入模块，以及故障诊断前的准备工作。这些项目不仅展示了纯电动汽车的主要组成部分，还从工作原理、主要功能和结构等方面详细描述了每个模块的特点和识别方法。

首先，控制核心模块是纯电动汽车的核心部分，它负责整个车辆的控制系统，包括车辆的运行和安全。这个模块具有高集成度和高可靠性，能够有效地处理各种复杂的控制逻辑和算法，以实现车辆的高效运行和安全控制。

其次，辅助控制模块则主要负责车辆的辅助控制系统，例如车身控制模块、电子驻车控制模块和车身稳定系统。这些模块对于提高车辆的安全性和便利性有着不可忽视的作用。

典型调节模块则涉及车辆的能量管理与回收，包括电动空调系统、电动助力转向系统和制动能量回收分析等。这个模块对于提高纯电动汽车的性能和节能有着至关重要的作用。

驱动与充电输入模块则是详细介绍了智能钥匙输入系统、电子挡位控制系统与辅助控制模块。这个模块的工作原理和主要功能是保证车辆的安全性和高效性。

最后，故障诊断前的准备工作也是非常重要的。在进行故障诊断前，需要对防护用具和车辆进行全面的检查。这些准备工作能够确保故障诊断的准确性和安全性。

通过认知篇的介绍，读者可以详细了解纯电动汽车的典型结构及其各个模块的功能和识别方法，从而为后续的诊断篇奠定坚实的基础。

项目 1.1 比亚迪秦 EV 整车三大控制核心模块识别

纯电动汽车的整车控制核心模块是其关键要素之一，不仅是比亚迪秦 EV 的核心模块，也是国内其他纯电动汽车不可或缺的三大核心模块之一。尽管各个品牌的车型根据各自的设计和功能需求、模块的命名和布局有所不同，但总体功能基本保持一致。这些控制核心模块作为纯电动汽车的神经中枢，承担着类似的任务和职能，确保车辆的安全、性能和效率达到最佳状态。

一、整车控制器

整车控制器（Vehicle Control Unit，VCU）被视为纯电动汽车的核心控制器，扮演着类似于燃油车发动机控制器（EMS）的重要角色，实际上是新能源车辆控制系统的"大脑"。VCU 的功能类似于车辆的神经系统，其工作涵盖了驾驶员的操作信号和车辆状态的收集，通过控制器局域网络（Controller Area Network，CAN）总线进行信息的管理、调度、分析和运算。这个控制器承担着多重任务，包括但不限于驾驶员意图解析、驱动控制、制动能量回收、整车能量优化管理、充电过程控制、高压上下电控制、上坡辅助功能控制、电动化辅助系统管理等，对纯电动汽车的性能、经济性、安全性和驾乘舒适性等方面都具有重要影响。

1. 整车控制器的功能

整车控制系统的主要功能（见图 1.1.1）是根据驾驶员的操作和当前整车及零部件工作状况，在保证安全性、经济性和动力性的前提下，提供最优化的工作模式和能量分配比例，具体功能如下。

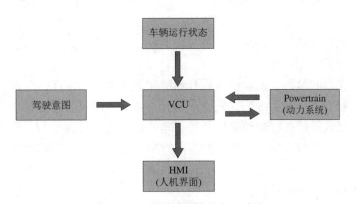

图 1.1.1 整车控制器的主要功能

1）驾驶员意图解析

驾驶员意图解析是针对驾驶员的操控信息进行细致的分析和处理，主要通过对挡位开关、加速踏板以及制动踏板的信号进行解读，以明确驾驶员的行驶意图，从而有效掌控车辆的运行。加速踏板的开度大小直接反映了驾驶员所需的驱动电机输出功率大小，而踩下加速踏板的程度则直接表明了驾驶员的加速意图程度。相应地，制动踏板的深度则代表了驾驶员对于制动力的需求，而更急促地踩下制动踏板则表明驾驶员需要进行紧急制动。VCU便是根据这些加速和制动踏板的信息，向驱动电机传递相应的驱动功率或再生制动功率指令的。在车辆运行过程中，VCU不仅需要准确解析驾驶员的操作意图，同时还需要接收整车各系统所反馈的信息，为驾驶员的决策提供必要的修正信息。

2）驱动控制

驱动控制是整车控制器根据驾驶员的驾驶操作指令、车辆状态以及周围环境状况，经过详细分析和处理后，在动力蓄电池技术状态允许的前提下，向电机控制器发送相应的指令，以调控电机的驱动转矩，实现对车辆的驱动的。该控制过程考虑到驾驶员对车辆的操纵信息（如加速踏板、制动踏板以及选挡开关），并结合车辆所处的状态、道路条件和环境情况，以满足驾驶员对车辆动力性的要求，同时确保车辆的安全性和舒适性。这个过程需要综合考虑多种因素，从而有效地调节电机的输出，以实现平衡的动力传递，并确保在各种驾驶条件下都能提供稳定而可靠的驱动表现。

3）制动能量回收控制

电动汽车的驱动电机不仅用于提供驱动转矩，还能实现回馈制动功能。在这种情况下，驱动电机可以转换为发电机，利用电动汽车制动时产生的能量进行发电，并将其储存到能量储备装置中。当满足充电条件时，这些储存的能量将被反向输送到动力蓄电池组中。在这一过程中，整车控制器（VCU）依据加速踏板和制动踏板的开度以及动力蓄电池的电荷状态（SOC值），判断是否适合进行制动能量回收。若判断条件允许，VCU将向电机控制器发送指令，以在确保安全性、制动效果和驾驶舒适性的前提下回收部分制动产生的能量。这一过程涉及对车辆能量流动的智能管理，通过回收制动能量，优化了能源利用，同时提高了整车的能效。

制动能量回收是一个包含两个主要阶段的过程，这些阶段可以详细描述如下：

阶段一，指的是车辆在行驶过程中，当驾驶员松开了加速踏板但尚未踩下制动踏板时，车辆处于滑行阶段。这个阶段车辆依然在运动，但没有额外的动力输入，驱动电机仍在继续运转，以维持车辆的惯性滑行状态。在此时，制动系统并未介入，驱动电机也没有开始承担制动能量回收的功能。

阶段二，即在驾驶员踩下制动踏板后开始的制动初期阶段。在这个阶段，驾驶员通过制动踏板的应用触发了制动系统，这使得车辆开始减速，同时驱动电机转变为发电机，开始承担制动能量回收的任务，制动系统开始将车辆的动能转化为电能，并将其储存到电池或能量储备系统中以供将来使用。整车控制器（VCU）根据此时制动系统的工作状态和车辆的整体动态情况来调整和优化能量回收过程，确保在不影响车辆行驶安全和舒适性的前提下，最大化地利用制动能量。

在车辆制动能量回收过程中，有一些重要原则需要遵循：

（1）不干预ABS工作：制动能量回收的操作不应该干扰防抱死制动系统（ABS）的正常工作。ABS系统负责避免车轮因制动过硬而失去附着力，因此在ABS启动时，制动能量回收功能应暂停，以确保制动过程中的安全性。

（2）ABS制动力调节时不工作：当ABS进行制动力调节时，意味着车辆正在应对特定的路面情况，可能有车轮失去附着力的风险。在这种情况下，制动能量回收不应该执行，以免干扰ABS系统的工作并维持车辆的稳定性。

(3) ABS 报警时暂停工作：如果 ABS 系统发出报警，则表明车辆的制动系统可能遇到问题或者有故障发生。为确保车辆安全，在 ABS 报警期间，制动能量回收应该暂停工作，避免进一步影响制动系统的功能或稳定性。

(4) 驱动电机系统故障时暂停工作：当驱动电机系统出现故障时，制动能量回收功能应该停止工作。这种故障可能影响到能量回收过程的正常运作，因此为确保车辆的安全性和正常运行，制动能量回收在这种情况下应该暂时停止工作。

4）整车能量优化管理。

整车能量优化管理是通过对电动汽车各项系统的协调和管理来实现能量的有效利用，延长车辆的续航里程的。这种优化涉及多个方面：

(1) 电机驱动系统管理：优化电机的控制和功率输出，使其在不同驾驶情况下提供合适的动力输出，在满足驾驶员需求的同时尽量降低能量消耗。

(2) 电池管理系统：通过智能充电和放电管理，维持电池的最佳工作状态，避免过度充放电，提高电池寿命，同时确保电池能够提供最大程度的能量输出。

(3) 传动系统协调：优化车辆传动系统的工作，使其在不同速度和驾驶模式下运行更加高效，减少能量损耗。

(4) 其他车载能源动力系统的管理：对辅助能源系统如空调、电动泵等进行智能管理，减少它们对整车能量的额外消耗。

通过对这些系统进行有效的协调和管理，整车能量优化管理可以最大限度地提高能源利用效率，延长电动汽车的续航里程，为用户提供更加经济、高效的驾驶体验。

5）充电过程控制。

充电过程控制是指在电动汽车启动充电模式后，各关键组件和控制单元之间的互相协调与通信。

(1) 启动充电模式：当充电模式启动时，整车控制器（VCU）和电机控制器被点火电源激活唤醒，充配电总成向 VCU 发送充电模式启动的信号，激活整车系统的充电模式。

(2) 信息交互：VCU 接收充电模式启动信号后，会根据当前驱动系统的状态，向电机控制器发送禁行信息。这意味着在充电模式下，车辆被设置为无法换挡行驶，进入了禁行状态。

(3) 禁行状态：在充电过程中，为了确保安全和有效充电，车辆被限制在禁行状态，这意味着车辆无法切换驱动模式，不能进行换挡和行驶，以防在充电时出现意外情况或损害车辆的情况发生。

这种充电过程控制确保了充电模式的正常运行，防止了充电时的安全隐患，并确保车辆在此模式下保持稳定状态，以便充电系统能够有效地完成充电任务。

6）高压上、下电控制。

(1) 高压上电控制。

根据驾驶员的上电请求指令，整车系统通过一系列控制单元和模块来验证身份并确认是否可以进行上电操作。以下是详细的步骤描述：

①数据验证与身份确认：驾驶员发出上电请求后，系统使用动力 CAN、舒适 1-CAN、启动 CAN 等通信总线，经由网关控制器、车身控制模块（BCM）、智能钥匙控制系统（Keyless ECU）等模块进行身份验证和接收解锁信息。

②接收解锁信息：一旦系统接收到来自验证模块的解锁信息，将开始与其他关键模块和控制单元进行数据交换。这包括电池管理系统（Battery Management System，BMS）、电机控制器、充配电控制单元、挡位控制器等，以验证高压系统的互锁状态、电池的电荷状态（State of Charge，SOC）、当前挡位、制动开关状态以及各系统的故障信息。

③上电许可信息发送：确认所有信息均处于正常状态后，整车系统向 BMS 发送上电许可信息。BMS 接收并确认了上电请求信息后，依次控制主负、预充、主正继电器的吸合，开始进行整车的高压上电过程。

④高压系统上电：在 BMS 控制下，主负、预充、主正继电器吸合，触发整车的高压上电操作，这个过程确保高压系统能够正常运行并为车辆提供动力。

这一系列的验证和操作确保了车辆在上电过程中各个系统的安全性和稳定性，并且只有在身份验证和各项数据确认后，整车高压系统才会被激活，从而确保车辆可以安全地启动和运行。

(2) 高压下电控制。

当驾驶员再次按压启动按键后，车辆进入整车下电流程。此过程由 BCM 根据启动按键两个信号判断整车需要下电开始。具体流程如下：

①启动按键检测：BCM 通过检测启动按键的两个信号来判断车辆是否需要整车下电。一旦 BCM 检测到按键信号符合下电条件，便启动下电流程。

②整车下电请求发送：BCM 通过舒适 1-CAN、网关控制器和动力 CAN 发送整车下电请求至 VCU，VCU 在接收到该请求后，通过动力 CAN 向 BMS 发送高压下电指令。

③高压下电命令：BMS 接收到来自 VCU 的下电指令后，按照指令依次断开主正、主负继电器，完成整车的高压下电操作，同时 BMS 将下电完成的信息发送回 VCU。

④高压下电确认：VCU 在接收到来自 BMS 的高压下电完成信息后，通过动力 CAN、网关控制器和舒适 1-CAN 向 BCM 发送高压下电完成的信息。

⑤低压下电操作：BCM 接收到来自 VCU 的高压下电完成信息后，触发低压下电过程。BCM 通过发送信号给相应的 IG1、IG2、IG3、IG4 继电器来断开整车的低压系统电源，完成整车的低压下电操作。

这个过程确保了在驾驶员再次按压启动按键后，车辆能够安全、有序地完成整车的下电操作，以确保车辆系统处于安全状态。

7）上坡辅助功能控制

上坡辅助功能控制是一项车辆控制策略，旨在解决汽车在坡道上起步和行驶过程中可能出现的向后溜车现象。这个功能的设计目的是在驾驶员从松开制动踏板到踩下加速踏板的过程中，以及在坡道行驶时，防止车辆出现后溜的情况。具体控制策略包括以下两种情况：

(1) 坡上起步防溜策略：当汽车在坡上起步时，该功能可确保车辆向后溜车的距离不超过 10 cm。当驾驶员从松开制动踏板到踩下加速踏板的过程中，车辆可能会向后溜，在这种情况下，上坡辅助功能控制系统通过控制车辆动力系统，保持车辆位置，确保向后溜车的距离限制在安全范围内。

(2) 坡上行驶零溜车策略：当汽车在坡道上行驶时，如果驾驶员踩下加速踏板的深度不足以保持车速，导致车速逐渐降到零，该功能会保持车辆静止在坡上，不再向后溜车。这个策略确保了即使车辆停止了移动，也不会因为坡度而向后溜车，增强了车辆在坡上的稳定性和安全性。

上坡辅助功能控制系统通过智能控制车辆动力系统的输出，有效地解决了坡道起步和行驶过程中的后溜问题，提升了在坡道驾驶上的舒适性和安全性。

8) 电动化辅助系统管理

电动化辅助系统管理涉及多个系统，其中包括电子稳定系统（ESC）及其相关附属装置，电动助力转向系统（EPS），以及电子驻车控制系统（EPB）等。这些系统分布在 ESC-CAN 系统中，整车控制器（VCU）依据动力 CAN 上的动力蓄电池状态信息和电机控制器的需求，对整车系统进行智能管理和策略控制。

电动化辅助系统的关键组成部分包括：

(1) 电子稳定系统（ESC）：ESC 是一种车辆动态稳定性控制系统，通过传感器监测车辆动态参数，如车速、转向盘转角、车轮转速等，并在需要时通过电子制动辅助装置进行干预，以提供更好的行驶稳定性和安全性。

(2) 电动助力转向系统（EPS）：EPS 利用电机驱动来辅助转向，提供驾驶员所需的转向力，并根据车速和驾驶情况进行智能调节，使转向更加轻松和精准。

(3) 电子驻车控制系统（EPB）：EPB 通过电子方式控制车辆的驻车系统，不需要传统的驻车制动杆，驾驶员可通过按钮等方式轻松控制车辆的停车和释放。

这些系统通过 ESC-CAN 系统集成在一起，VCU 则根据动力 CAN 上传来的动力蓄电池状态以及电机控制器的需求，对整车系统进行智能管理和策略控制。VCU 根据各个系统的需求和车辆状态，调节相关参数以提高车辆的性能、安全性和舒适性，从而优化电动化辅助系统的协同工作。

9) 车辆状态的实时监测和显示

车辆控制单元（VCU）负责对车辆状态进行实时监测，并将各系统的数据信息通过控制器局域网络（CAN）总线发送到车载信息显示系统，以便在车辆仪表盘或显示屏上显示状态信息和故障诊断信息。

这种实时监测和信息传输的过程允许 VCU 不断地收集、分析车辆各个系统的数据，例如动力蓄电池状态、电机控制器运行情况、车速、车轮转速、车辆稳定性等，并将这些数据传送给车载信息显示系统。这样，驾驶员可以在车辆的控制面板或者信息显示屏上清晰地了解车辆的运行状态、性能表现和任何潜在的故障信息。这种信息显示系统为驾驶员提供了重要的反馈和诊断信息，以确保车辆运行在最佳状态下，并在需要时提供相应的维护或修复指引。

10) 行车控制模式

(1) 正常模式：在这种模式下，根据驾驶员的意愿、车辆当前负载、路况以及气候环境等因素，系统会动态调整车辆的动力输出、能源利用和行驶方式，以保障驾驶的动力性、经济性和舒适性。

(2) 跛行模式：当某个车辆系统出现中度故障时，系统进入跛行模式。在这种模式下，车辆将限制驾驶员的加速请求，将最高车速限制在 9 km/h，以确保车辆的安全性，并对系统进行保护。

(3) 停机保护模式：如果车辆的某个系统出现严重故障，VCU 会停止向车辆发出指令，将车辆置于禁止行驶状态。这种模式下，车辆不会继续运行，以防发生进一步的损坏或防止危险情况发生。

这种分类体现了对车辆状态和驾驶员需求的细致管理,允许系统根据不同严重程度的故障或驾驶需求自动切换到不同的工作模式,保障驾驶的安全性和系统的可靠性。

11)故障诊断与处理

故障诊断与处理是整车控制系统的重要功能,包括以下几个步骤:

(1)实时故障判断:整车控制系统通过动态检测车辆各系统信息,不断监视传感器输入和CAN总线通信得到的各个部件(如电机、动力蓄电池、充电机等)的信息。这有助于对车辆的运行状态进行连续监测和实时判断,及时发现故障和异常。

(2)历史故障记录:控制系统会记录历史故障,使得在需要时可以追溯和分析之前发生的故障情况。这样的记录对于诊断当前故障、了解车辆性能变化以及对车辆进行未来预防性维护都非常有用。

(3)故障诊断与报警:VCU根据传感器和CAN总线的信息,对检测到的故障进行判断、分类和报警显示。根据故障的不同严重程度,系统可以发出不同级别的报警,提醒驾驶员或者相关维护人员注意。

(4)处理故障:一旦故障被检测出来,系统会尝试进行故障诊断。它可以自动或提示驾驶员采取适当的应对措施。对于一些可以由车辆系统自行解决的故障,可以通过自动调整或重新配置系统来解决;对于较为严重或需要人工修复的故障,则需要进行人工检查和维修。

这个流程使得车辆控制系统能够不断监测车辆状态,及时发现并处理各种可能出现的故障,以保障车辆的安全性和稳定性。

12)基于CPP的在线匹配标定

整车控制器能够在线监控和调整控制参数(包括MAP、曲线及点参数等),并完成保存标定数据结果及处理离线数据等功能。完整的标定系统包括上位机PC标定程序、PC与ECU通信硬连接及ECU标定驱动程序三部分。

2. 整车控制器的安装位置

VCU实物图及其在秦EV车上的位置显示分别如图1.1.2和图1.1.3所示。

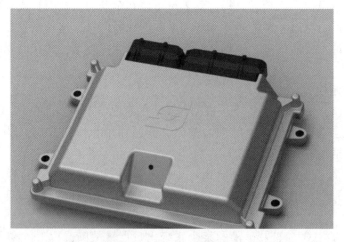

图1.1.2　VCU实物图

图 1.1.3　比亚迪秦 EV 的 VCU 在挂挡杆下方位置显示

二、电机及控制器

作为新能源汽车的"动力心脏",驱动电机是一种将电能转化为动能,并用来驱动其他装置的电气设备,是与汽车加速度、最高车速、爬坡坡度(一般车辆最大的爬坡坡度不超过40%)等重要指标及行车体验直接相关的核心部件。永磁同步电机主要由电机的转子、定子、电机外壳、旋转变压器(也称旋变传感器,简称旋变)、前后转子轴承、电机前后端盖以及三相电缆等部件组成,如图 1.1.4 所示。永磁同步电机最大的特点是它的定子结构与普通感应电机非常相似,主要区别在于转子结构与其他电机形成了差别,且在转子上设有高质量的永磁体磁极。根据在转子上安放永磁体位置的不同,永磁同步电机通常可分为内嵌式、面贴式以及插入式三种。

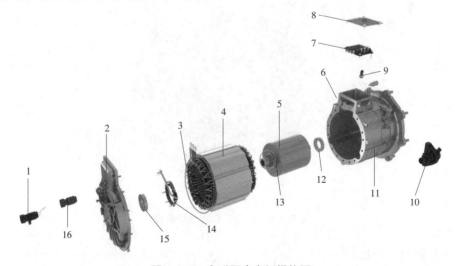

图 1.1.4　永磁同步电机爆炸图

1—旋变插头;2—后端盖;3—三相绕组;4—定子;5—转子;6—高压接口盒;7—高压接口支架;
8—高压接口护盖;9—水温传感器;10—电动散热水泵;11—壳体总成;12—电机后轴承;
13—旋交转子;14—旋交定子;15—转子后轴承;16—温度插头

电机控制器（Motor Control Unit, MCU, 有的车辆称为PDU, 如图1.1.5所示), 是永磁同步电机的控制大脑, 是通过主动工作来控制电机按照设定的方向、速度、角度和响应时间进行工作的集成电路。电机控制器综合位置传感器、温度传感器、电流传感器所提供的电机转子位置、温度、速度和电流等反馈信息及外部输入的命令, 通过程序进行分析处理, 决定控制方式及故障保护等, 向功率变换器发出执行命令, 控制永磁同步电机运行。在电动车辆中, 电机控制器的功能是根据挡位、加速、制动等指令, 将动力电池所存储的电能转化为驱动电机所需的电能, 来控制电动车辆的启动运行、进退速度、爬坡力度等行驶状态, 或者帮助电动车辆制动, 并将部分制动能量存储到动力电池中。它是电动车辆的关键零部件之一, 通过实时进行的状态和故障检测, 来保护驱动电机系统和整车安全可靠运行。

图1.1.5 电机控制器

电机控制器与电机和减速器集成, 即HDE前驱动力系统总成, HDE前驱动力系统总成主要配备于比亚迪秦EV的纯电动汽车, HDE设置在整车前舱, 如图1.1.6所示。其中, 驱动电机主要是将驱动电机控制器提供的电能转化为机械能输出至变速器, 以及将变速器输入的机械能转换为电能输出至驱动电机控制器; 驱动电机控制器主要是控制动力电池与驱动电机之间能量传输的装置; 变速器主要是对动力电机实现减速增扭作用。

图1.1.6 秦EV前驱电动总成

1. 电机控制器结构

电机控制器既能将动力电池中的直流电转换为交流电以驱动电机, 同时在车辆制动或滑行阶段, 能将车轮旋转的动能转换为电能（交流电转换为直流电）给动力电池充电。它采用CAN总线与其他模块进行通信, 控制动力电池组到驱动电机之间的能量传输, 同时采集电机位置信号和三相电流检测信号, 精确地控制驱动电机运行。

电机控制器内部包含 1 个 DC/AC 逆变器、冷却管路和主控单元，如图 1.1.7 所示。逆变器由绝缘栅双极晶体管（Insulate-Gate Bipolar Transistor，IGBT）、直流母线电容、驱动和控制电路板等组成，可实现直流与交流之间的转变；冷却管路通过冷却液给电子功率器件散热；主控单元是以磁电机自动化控制技术为基础的机电一体化产品，其主要包括功率变换电路、主控 CPU、转子位置检测模块、电流检测模块、CAN 通信模块五大组成部分。

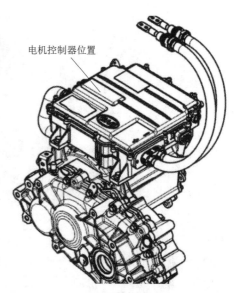

图 1.1.7　电机控制器

1）主控制单元

主控制单元是电机控制器的核心，作用是综合处理速度指令、速度反馈信号及电流传感器、位置传感器、温度传感器的反馈信息，控制功率变换器中主开关器件的通断，实现对电机运行状态的控制。

在纯电动车辆上，整车控制器根据驾驶员的意图发出各种指令，电机控制器响应并反馈，实时调整驱动电机的输出，以实现整车的怠速、前行、倒车、停车、能量回收以及驻坡等功能。同时还包含通信和保护功能，实时进行状态和故障检测，以保护驱动电机系统和整车安全可靠运行。

2）速度、位置检测单元

位置传感器向电机控制器提供转子位置及速度、方向等信号，使后者能正确地决定各相绕组的导通和截止的时刻。其通常采用光电元件、霍尔元件或电磁线圈进行位置检测。比亚迪秦车辆采用电磁式位置传感器（旋变）进行信号的检测与分析。

旋转变压器（见图 1.1.8）又称旋变传感器，部分车型也称解析器、转角传感器，是一种位置传感器，可精确检测转子的位置、方向、速度，用来对驱动电机或发电机（回收能量）进行方向、转速的检测。它是一种电磁式传感器，汽修行业里的人常常称它为"旋变"。旋变包含一个励磁线圈、两个驱动线圈和一个不规则形状的金属转子。金属转子以机械方式固定在电机轴上。当将点火开关置于"ON"位置时，电机控制模块输出一个具有 5 V 交流电和一定频率的励磁信号至驱动线圈。驱动线圈励磁信号生成一个环绕两个从动线圈和不规则形状转子的磁场，然后电机控制模块监测两个从动线圈电路，以获得一个返回信号，而不规则形状金属转子的位置引起从动线圈的磁感应返回信号发生大小和形状的变化，通过比较两个从动线圈信号，电机控制模块即能确定电机的确切角度、转速和方向。

电动车上的驱动电机现多为永磁同步电动机，其中"位置传感器"的作用重大，它通常被用于检测电机转子旋转的瞬间准确位置。在秦 EV 中，当励磁绕组以一定频率的交流电压励磁时，输出绕组的电压幅值与转子转角成正、余弦函数关系，因此这种旋转变压器又称为正余弦旋转变压器。

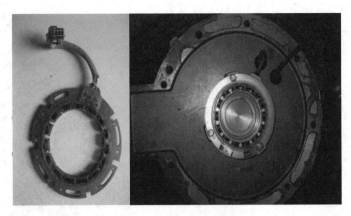

图 1.1.8　旋转变压器

3）电流、电压检测单元

电流、电压检测单元的主要作用通常有以下两点：

（1）将检测到的实时电流作为电流调节的控制参量，在启动、低速和加速运行时进行电流调节。

（2）监测功率变换电路，判断电路是否存在过流、过压及欠压故障，以便进行保护和故障处理。

常用的电流、电压检测方法是通过电阻或霍尔采样，图 1.1.9 所示为霍尔电流传感器。电阻采样功耗高、检测灵敏度较低，此外对电流检测的线性度不好，所以很少采用；而霍尔采样相对来说灵敏度更高，本身还有自保护功能，因而适用更广，比亚迪秦 EV 就采用这种检测方法。

图 1.1.9　霍尔电流传感器

4）功率变换器

功率变换是指能有效地将直流电源的能量转换为负载所需要的交流电能。功率变换技术是一门新兴、用于电力领域的电子技术，即使用电力电子器件对电能进行变换和控制的技术，这些电力电子器件包括晶闸管（晶体闸流管的简称，又被称作可控硅整流器或可控硅）、门极可关断晶闸管 GTO、绝缘栅双极晶体管 IGBT、金氧半场效晶体管 MOSFET。功率变换技术所变换的"电力"功率可大到数百 MW 甚至 GW，也可以小到数瓦乃至 1 W 以下，其中以 IGBT 使用较多，本部分主要讲解的是以 IGBT 组成的功率变换模块。

（1）IGBT 和 IGBT 模块。

绝缘栅双极型晶体管（Insulated Gate Bipolar Transistor，IGBT），如图 1.1.10 所示，是由 BJT（双极型三极管）和 MOS（绝缘栅型场效应管）组成的复合全控型电压驱动式功率半导体器件，兼有 MOSFET 的高输入阻抗和 GTR 的低导通压降两方面的优点。GTR 饱和压降低，载流密度大，但驱动电流较大；MOSFET 驱动功率很小，开关速度快，但导通压降大，载流密度小。IGBT 正好综合了以上两种器件的优点，驱动功率小而饱和压降低，非常适合应用于直流电压为 600 V 及以上的变流系统，如交流电机、变频器、开关电源、照明电路、牵引传动等领域。

图 1.1.10　IGBT 模块

IGBT 模块是由 IGBT（绝缘栅双极型晶体管芯片）与 FWD（续流二极管芯片）通过特定的电路桥接封装而成，封装后的 IGBT 模块直接应用于变频器、UPS 不间断电源等设备上。

IGBT 模块具有节能、安装维修方便、散热稳定等特点。当前市场上销售的多为此类模块化产品，一般所说的 IGBT 也指 IGBT 模块。随着节能环保等理念的推进，此类产品在市场上将越来越多。同时，IGBT 是能源变换与传输的核心器件，又称电力电子装置的"CPU"，作为国家战略性新兴产业，在轨道交通、智能电网、航空航天、电动汽车与新能源装备等领域应用极广。

（2）续流二极管。

续流二极管由于在电路中起到续流的作用而得名。一般选择快速恢复二极管或者肖特基二极管来作为续流二极管，它在电路中用来保护元件不被感应电压击穿或烧坏，以并联的方式连接到产生感应电动势的元件两端，并与其形成回路，使其产生的高电动势在回路中以续电流方式消耗，从而起到保护电路中的元件不被损坏的作用。

大电感负载（电机线圈）在通过电流时，会在其两端产生感应电动势，而当电流消失时，其感应电动势会对电路中的元件产生反向电压，当反向电压高于元件的反向击穿电压时，会对元件如三极管、晶闸管、IGBT 等造成损坏。续流二极管并联在大电感负载（电机线圈）的两端，所以在这些反向电压通过续流二极管和线圈构成的回路做功，将电压（电流）消耗掉，从而保护了电路中其他元件的安全。同时在电机控制电路中，续流二极管还作为整流二极管使用，将电机输出的交流电整流为直流电，输送至动力电池，为动力电池充电。

5）通信单元

电机控制器根据扭矩需求信号（来自加速踏板位置传感器）、制动开关（踏板）信号、前进（前进挡）信号、倒车（倒车挡）信号、电机转速（旋变）信号、电机转子位置（旋变）信号、电机温度信号等控制电机转速、电机旋转方向，同时发出冷却系统启动请求、故障保护请求（过流、过压、高温等）等。

从电机控制器电源电路原理图（见图 1.1.11）中可以看出，电机控制器供电电源有两路，都通过 IG3 继电器的输出电源，由保险丝 F1/34（10 A）至电机控制器的 B30/10 和 B30/11 端子，给电机控制器提供点火开关（信号）电源以及功率电源。

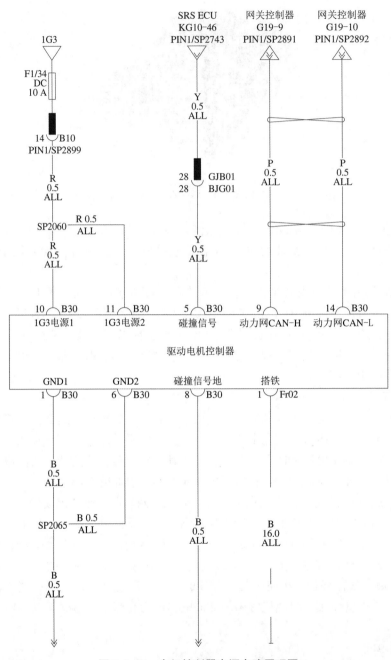

图 1.1.11 电机控制器电源电路原理图

由于纯电动汽车整车控制电源的特殊需求，电机控制器既要参与打开点火开关后的工作及 CAN 通信，还要满足车辆在点火开关关闭、充电时电机控制器的工作及 CAN 通信需求，所以在这两种情况下 IG3 继电器均需要吸合，其作用就是在这两个状态时都能保证正常启动及 CAN 通信，如果此电源出现故障，将导致电机控制器启动及 CAN 通信失败，致使整车高压上电失败。

2. 电机控制器的工作原理

1）调速、调矩原理

电机调速的任务是控制电机转速，其中转速控制一般通过控制 IGBT 的导通频率来实现；转矩与绕组中流过的电流有关，通常通过 IGBT 导通的占空比进行控制，即电流越大，电磁力矩就越密集，从而推动转矩变大，转矩变大了转速自然而然就变大了。

2）驱动电机发电原理

在发电状态时，利用主控板的控制信号将功率主电路上半桥的功率管 IGBT1、IGBT2、IGBT3 全关闭，而下半桥的功率管 IGBT4、IGBT5、IGBT6 分别按一定规律进行 PWM 控制。这样，因上半桥续流二极管的存在，其等效电路如同一个半控整流电路。

另外，因纯电动汽车的电源是蓄电池，当电机在进入发电状态工作时，其发电电压必须高于蓄电池电压才能给蓄电池供电，所以需要采用半控整流的 PWM 升压工作原理，即产生泵升电压，当泵升电压高于蓄电池的端电压时就能充电，这一过程全部由电机控制器控制。

在驱动电机控制过程中，电动机的降速和停机都是通过逐渐减小频率来实现的，在频率减小的瞬间，电机的同步转速随之下降，而由于机械惯性（车辆惯性）的原因，电机的转子转速暂时未变，而当同步转速小于转子转速时，转子电流的相位几乎改变了 180°，电机从电动状态变为发电状态；与此同时，电机轴上的转矩变成了制动转矩，使电机的转速迅速下降，电机处于再生制动状态。电机再生的电流经续流二极管全波整流后反馈到直流电路，通过控制器本身的电容、电感吸收，使电容、电感在短时间内产生电荷堆积，形成"泵升电压"，促使电压升高。

为了分析问题方便，假设此时 IGBT4 是导通的，且脉宽调制工作，取 PWM 的一个脉冲周期 T 进行分析，设导通时间为 t_1，则截止时间为 $T-t_1$。控制 PWM 占空比的大小，即可使蓄电池两端的电压 $U_{AB} \geqslant$ 回路电压 U_d。当然，在电机控制器中通常以闭环控制的方式自动调整 PWM 的占空比，以满足 U_{AB} 电压不超过蓄电池允许的最高充电电压，并满足发电电流不超过蓄电池允许的最大充电电流。

3. 驱动电机控制系统的功能

根据车辆运行的不同情况，包括挡位、车速、动力电池 SOC 值、加速踏板位置传感器、制动开关、温度等值来决定电机输出扭矩、功率及旋转方向，同时根据辅助电气信息及充电状态信息来控制车辆运行。其主要控制功能包括以下几方面：

1）参与高压上电控制

驱动电机及控制器是整车高压用电的主要设备，其安全性尤为重要，在整车高压上电过程中，整车控制系统必须查询和接收到驱动电机及控制器性能正常的信息后，才会允许高压上电。如果驱动电机及控制器性能异常，整车控制系统将启动保护功能，停止高压上电流程，防止事故发生。

2）换挡控制

挡位管理关系到驾驶员的安全，对于正确理解驾驶员意图，在基于模型开发的挡位管理模块中得到很好的优化，系统能在换挡控制出现故障时做出相应处理，在驾驶员出现挡位误操作时通过仪表等提示驾驶员，使驾驶员能迅速纠正，保证整车安全。

3）驾驶员意图解析

电机控制器对驾驶员操作信息及控制命令进行分析处理，也就是将驾驶员的加速信号和制动信号根据某种规则转化成驱动电机的需求转矩命令,因而驱动电机对驾驶员操作的响应性能完全取决于加速、制动信号的解析速度和精度。

当驾驶员踩下加速或制动踏板时,驱动电机对应输出一定的驱动功率或再生制动功率,踏板开度越大,驱动电机的输出功率越大。

4)驱动控制

驱动控制,即根据驾驶员对车辆的操纵输入(加速踏板、制动踏板以及选挡开关)、车辆状态、道路及环境状况,经分析和处理,向电机控制器发出相应的指令,通过控制电机的驱动转矩来驱动车辆,以满足驾驶员对车辆的动力性要求;同时根据车辆状态,向电机控制器发出相应指令,以保证车辆的安全性和舒适性。

车辆稳定性控制系统 ESP 能够识别车辆起步、加速及航向偏移时控制车轮的运动状态,通过干预动力管理控制或者施加车轮制动,控制车轮滑转率,保证车辆的驱动稳定性和舒适性。车辆稳定性控制系统 ESP 为默认开启状态,驾驶员可以通过面板上的"ESP OFF"开关进行关闭。功能开启,启动或加速时,系统自动监控驱动轮的滑转率,超过设定值范围时,系统通过降低动力输出扭矩或对车轮进行液压制动,防止车轮打滑以致侧向附着力降低;低于设定值范围时,则可以增加动力输出(不高于驾驶员需求)和降低制动力矩;当系统监测到故障时,ESP 系统会立即关闭;当驾驶员需求扭矩小于可能的输出扭矩时,ESP 对动力输出的干预会立即停止。

当车辆上电时,系统会进行自检,此时仪表上的 ESP 故障指示灯常亮,几秒后若无故障则熄灭。当 ESP 失效时,仪表上的黄色 ESP 故障灯会持续点亮,若故障不排除,故障灯会一直点亮;故障排除后,在下一点火循环恢复功能。当 ESP "OFF" 开关被按下后,ESP 功能关闭,仪表上的 ESP "OFF" 灯常亮。

5)上坡辅助功能控制

纯电动汽车在坡上起步时,驾驶员从松开制动踏板到踩下加速踏板的过程中,会出现整车向后溜车的现象;在坡上行驶时,如果驾驶员踩加速踏板的深度不够,整车会出现车速逐渐降到零然后向后溜车的现象。为了防止纯电动汽车在坡上起步和运行时向后溜车的现象,在整车控制策略中增加了上坡辅助功能。上坡辅助功能可以保证整车在坡上起步时,向后溜车小于 10 cm;当整车在坡上运行过程中动力不足时,整车车速会慢慢降到零,然后保持零车速,不再向后溜车。

6)制动能量回收控制

电机控制器能够根据加速踏板和制动踏板的开度、车辆行驶状态信息以及动力电池的状态信息(如 SOC 值)来判断某一时刻能否进行制动能量回收,并在满足安全性、制动性能以及驾驶员舒适性的前提下回收部分能量。

7)车辆状态实时监测和显示

电机控制器能够对系统的运行状态实时进行监测,并能将系统的状态信息和故障诊断信息通过组合仪表显示出来。

8)行车控制分级

电机控制器能够根据车辆状态信息确定车辆的运行模式,这些模式主要包括正常模式、跛行模式和停机保护模式。

9)热管理控制

在车辆运行过程中,因驱动电机和电机控制器工作电流大、产热量大,同时系统处于封闭的空间,故会导致驱动电机和电机控制器因散热不好而温度上升。如果温度过高,将导致驱动电机功率下降,甚至造成电机线圈和电机控制器内部的IGBT功率管被烧毁,车辆无法正常运行。为了保证驱动电机和控制系统良好的工作性能,必须配备一套热管理系统。

图1.1.12所示为纯电动汽车驱动电机及控制器冷却系统示意图,从图中以看出,冷却系统的主要组成包括散热器、冷却风扇、控制单元、温度传感器和高压模块水泵。冷却风扇设置于散热器进风端;纯电动汽车的驱动电机、电机控制器均设置有散热器(板),散热器(板)通过管道串联于散热器的进水端与出水端之间,驱动电机、电机控制器的散热器(板)上均设置有温度传感器;高压模块水泵分别串联于电机控制器、高压充配电总成、驱动电机散热器冷却液支路上,以恒速运行;水泵、冷却风扇受控于VCU;电机温度传感器连接电机控制器。

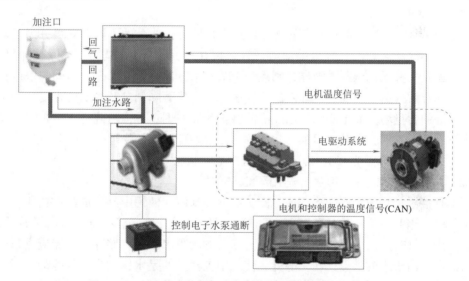

图1.1.12 纯电动汽车驱动电机及控制器冷却系统示意图

高压模块水泵由车身控制模块通过IG3继电器控制,打开点火开关后低压上电,IG3继电器工作,高压模块水泵开始恒速运转,电控系统冷却液开始流动。风扇采用高低速控制策略,控制模块能够根据IGBT温度、驱动电机温度控制转速,当温度较低时,冷却风扇关闭以节约电能;当温度稍高时,风扇以一个较低的转速运行;当温度高时,冷却风扇全速运行,以获得最大的散热量,维护散热系统的温度不过高。

以比亚迪秦EV整车冷却系统为例,为保障车辆在-20~50℃实现正常、高效的充电、行驶,比亚迪秦EV采用智能冷却系统,该系统由前驱电动总成、充配电总成动力蓄电池、驱动电机冷却水泵、动力蓄电池冷却水泵、膨胀阀、板式换热器、PTC加热器、散热器、散热器风扇、VCU模块及空调系统相关高、低压管路等部件组成。其中,动力蓄电池散热系统采用制冷剂进行降温;动力蓄电池加热系统由PTC加热器进行加热;驱动电机和控制器散热系统由冷却风扇及散热器进行散热。

(1) 电动水泵。

动力蓄电池和前驱电动总成、充配电总成有对应的加热和冷却两个独立系统，因此温度控制效率高、效果好。冷却系统有两个电动水泵，其中驱动系统和充配电总成共用一个水泵，动力蓄电池单独使用一个水泵。冷却系统水泵由低压电路驱动，为冷却液的循环提供压力。在电动水泵的驱动下，冷却液在管路中循环流动。

(2) 冷却风扇。

冷却风扇总成安装在机舱内散热器的后部，它可增加散热器和空调冷凝器的通风量，从而有助于加快车辆低速行驶时的冷却速度。冷却风扇采用单风扇设计，由 VCU 控制风扇的高、低速运转。

注意：即使在车辆不运行时，前机舱内的冷却风扇也可能会启动而伤人，因此应随时保持手、衣服和工具远离前机舱内的散热风扇，以免误伤。如果冷却风扇叶片有任何程度的弯曲和损坏，不要修理或重复使用损坏的部件，必须更换弯曲或损坏的冷却风扇叶片，其原因是损坏的冷却风扇叶片不能保证正常的平衡且在连续使用中可能出现故障和飞脱。

(3) 冷却液。

冷却液由水、防冻剂和添加剂三部分组成，按防冻剂成分的不同一般可分为乙醇型冷却液、甘油型冷却液和乙二醇型冷却液三种。现在市面上应用比较多的是乙二醇型冷却液。乙二醇是一种无色微黏的液体，沸点是 197.4 ℃，冰点是 -11.5 ℃，能与水以任意比例混合。混合后，由于改变了冷却液的蒸气压，冰点显著降低，其降低的程度在一定范围内随乙二醇的含量增大而下降。当乙二醇的含量为 68% 时，冰点可降低至 -68 ℃，超过这个极限时，冰点反而会上升。目前，常用的乙二醇型冷却液的物理性质如下：

(1) 常温性：冰点为 -25 ℃，适用于南方全年及北方夏季。

(2) 耐寒性：冰点为 -40 ℃，适用于北方冬季。

严禁直接添加自来水作为冷却液。乙二醇型冷却液在使用中易生成酸性物质，对金属有腐蚀作用，因此应加入适量磷酸氢二钠等，以防腐蚀。乙二醇有毒，但由于其沸点高，故不会产生蒸气被人吸入体内而引起中毒。乙二醇的吸水性强，储存的容器应密封，以防吸水后溢出。由于水的沸点比乙二醇低，使用中被蒸发的是水，故当缺少冷却液时，只要加入干净的水就可以了。一般来说乙二醇是绿色的，丙二醇是红色略带橘色的，丙三醇是蓝色的。比亚迪秦 EV 采用的冷却液就是丙二醇型冷却液。

4. 驱动电机

驱动电机可按照以下三种方式进行划分：

1) 按工作电源划分

根据工作电源的不同，电机可分为直流电机和交流电机。

2) 按结构和工作原理划分

根据电机的结构和工作原理不同，可分为直流电机、异步电机和同步电机。

3) 按运转速度划分

按照电机的运转速度不同，可分为低速电机、高速电机、恒速电机和调速电机。

目前新能源汽车驱动电机常采用异步电机、永磁同步电机和开关磁阻电机等，其中开关磁阻电机在乘用车市场并未得到广泛应用，而永磁同步电机是各新能源汽车品牌应用最多的类型。

比亚迪秦EV采用永磁同步电机（Permanent Magnet Synchronous Motor，PMSM），具有高效、高控制精度、高转矩密度、良好的转矩平稳性及低振动噪声的特点。永磁同步电机定子的作用是在电机工作过程中产生磁场，向三相定子绕组通入对称三相交流电后，就产生了一个以同步转速沿定子和转子内圆空间旋转的旋转磁场。三相永磁同步电机与三相交流异步电机的定子，在结构上区别不大，其结构图如图1.1.13所示。

图1.1.13　永磁同步电机定子结构图
1—定子铁芯；2—定子绕组

三相永磁同步电机比三相交流异步电机的转子结构更复杂，且具有永久磁体这一明显特征，其转子与轴承结构如图1.1.14所示。

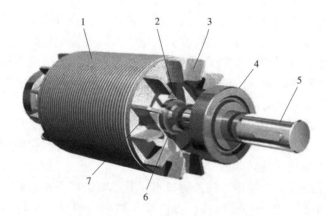

图1.1.14　永磁同步电机转子及轴承结构
1—转子铁芯；2—永磁体；3—转子风扇；4—轴承；5—转轴；6—隔磁材料；7—安装永磁体缺口

永磁同步电机首先给定子绕组通入三相交流电，在通入电流后就会在电机的定子绕组中形成旋转磁场。由于在转子上安装了永磁体并且磁极是固定的，根据同极相斥、异极相吸的原理，在定子中产生的旋转磁场会带动转子旋转从而产生驱动力，并最终使转子的旋转速度与定子中产生的旋转磁场速度相等。

永磁同步电机所需要的钕铁硼永磁材料是稀土资源，因此生产成本较高，并且温度大幅度变化时还会引发退磁现象。但是该电机的功率密度高、调速范围大，故适用于高速公路网受限、频繁起停工况，目前广泛应用于新能源电动汽车上。

异步电机又称交流感应电机，一般指三相异步交流电机，主要由定子、转子、传感器及相应的轴和轴承、机壳等组成。定子与转子均包括铁芯和绕组，转子常采用空心式结构，适用于高转速。当三相异步电机接入三相交流电时，三相定子绕组会产生旋转磁场，该旋转磁场切割转子绕组，从而在转子绕组中产生感应电流（转子绕组为闭合通路）。载流的转子导体在定子旋转磁场的作用下会产生电磁力，从而在电机转轴上形成电磁转矩，驱动电机转子旋转。由于三相异步电机的转子与定子旋转磁场以相同的方向、不同的转速旋转，存在转速差，因此叫作异步电机。

异步电机的转子转速一旦与定子旋转磁场转速相同，转子和定子旋转磁场也就不再有相对运动，转子导体不切割磁通，不产生感应电动势和感应电流，也就没有电磁转矩了，转子将不会继续旋转，转速随即下降，而转速差一旦产生，电磁转矩又会出现。因此，转子和旋转磁场之间的转速差是保证转子旋转的主要因素，这也就是所谓的"异步"概念。在电机工作过程中，转子转速总是低于定子旋转磁场的转速。异步电机比较常见的控制方法是采用直接转矩控制，也就是将电机输出转矩作为直接控制对象，通过控制定子磁场向量控制电机转速。它不需要复杂的坐标变换，也不需要依赖转子数学模型，只是通过控制PWM型逆变器的导通和切换方式、控制电机的瞬时输入电压、改变磁链的旋转速度来控制瞬时转矩，使系统性能对转子参数呈现鲁棒性。这种方法被推广到弱磁调速范围。

逆变器的PWM采用电压空间向量控制方式，性能优越，但同时不可避免地会产生转矩脉动、调速性能降低等问题。该方法对逆变器开关频率提高的限制较大，定子绕组电阻对电机低速性能也有较大影响，如在低速区，定子绕组电阻变化引起定子电流和磁链畸变，以及转矩脉动、死区效应和开关频率等问题。

开关磁阻电机一般为凸极铁芯结构，其定子、转子均由普通硅钢片叠压而成；转子上既无绕组，也无永磁体，一般装有位置检测器；定子上绕有集中绕组，径向相对的两个绕组串联构成一相绕组。根据相数和定子、转子极数的配比，开关磁阻电机可以设计成不同的结构。开关磁阻电机与磁阻式步进电机一样，都是基于磁通总是沿磁导最大的路径闭合的原理。当定子、转子齿中心线不重合，磁导不为最大时，就会形成磁阻转矩，使转子转到磁导最大的位置。当向定子各相绕组中依次通入电流时，电机转子将一步一步地沿着通电相序相反的方向转动。如果改变定子各相的通电次序，电机将改变转向，但相电流流通方向的改变是不会影响转子的转向的。

电机及其驱动系统是新能源汽车的关键技术，其主要的特性要求如下：

（1）具有高转矩密度和高功率密度，可以减少整车的输出恒定转矩，以适应快速启动、加速和负载爬坡要求。

（2）高速时能输出恒定功率，可有较高的功率输出。

（3）能够在逆变器容量不变的情况下，有较强的弱磁调速能力，是基速的3~4倍。

（4）在整个速度范围区域都有较高的效率。

（5）具有一定的过载能力，在短的时间内可输出2倍的额定转矩。

（6）具有高可靠性和一定的鲁棒性，以适应车辆环境变化。

除此之外，在电机设计阶段要考虑低噪声和低转矩脉动。车辆在城市驱动中，大部分运行在大负载的基速区间，因此，一般设计最高效率点和最小噪声在基速区。

三、电池及管理系统

电池及管理系统（Battery Management System，BMS）是电动汽车的"动力源"，主要为整车提供持续、稳定的能量，如图 1.1.15 所示。作为整车的动力来源，电池管理系统的综合性能将直接影响整车的续航里程及动力性能。BMS 的主要功能有充放电管理、继电器控制、功率控制、动力电池异常状态报警和保护、SOC/SOH 计算、自检以及通信功能等。通信转换模块和电池信息采集器的主要功能有电池电压采样、温度采样、电池均衡、采样线异常检测等。电池信息采集系统（Battery Information Collector，BIC）的主要功能有电池电压采样、温度采样、电池均衡、采样线异常检测和通信等。

图 1.1.15　电池管理系统

BMS 按结构不同可分为集中式系统和分布式系统。

集中式 BMS（见图 1.1.16）在单体蓄电池成组过程中，主控板与蓄电池的检测板安装在同一个地方，内部用导线连接成一个整体，这最大限度地减少了硬件的数量，但增加了蓄电池模块中导线的数量。集中式系统的优点是材料的成本低，可在 BMS 之间无限制地通信，安全管理便利，简化了对不同蓄电池参数的调整与改写，对参数的测量速度快、可靠性高，可以灵活计算，并根据不同的情况在中央处理器内修改软件，满足不同要求。集中式系统的缺点是解决串联蓄电池电桩测量中共地、隔离、测量精度等问题的技术难度大；对蓄电池模块进行信号采集，而不能检测到每个单体蓄电池，精度差、对信号处理要求高；BMS 线束比较多，不利于车辆轻量化发展；当蓄电池出现故障时只能替换整个蓄电池模块。其适用于仅由一个蓄电池模块组成的车用动力电源系统。

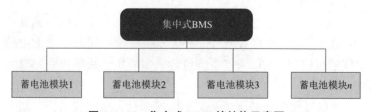

图 1.1.16　集中式 BMS 的结构示意图

分布式 BMS 有一个主控制器位于中央位置，还有多路分开的电路板监控、检测单体蓄电池的情况，可以减少电线的使用，但会增加硬件成本；一个 PCB 采集器最大可采集 12~16 单体蓄电池，且对蓄电池系统有更好的管控，因此被广泛运用。

图 1.1.17 所示为分布式 BMS 的结构示意图。分布式系统结构的优点是减少了布线，便于电源系统的扩展，可以分散安装；通过总线进行连接与信息通信，采集的数据可以就近处理，精度高，使得有可能更好地计算蓄电池的状态，利于建立标准化的电源管理系统。分布式系统的缺点是软、硬件成本比较高；需要标定采集器地址，采集器灵活性比较

差；数据由串行总线传输，系统巡回检测的速度受到限制，数据的实时性不高。

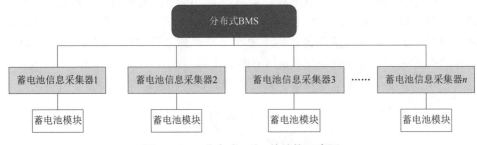

图 1.1.17　分布式 BMS 的结构示意图

1. 动力电池采集线的线路结构

动力电池采集线的主要功能是连接动力电池管理系统和电池信息采集器，实现二者之间的通信及信息交换，其线路结构组成有以下几种。

1）BMS 电源线路

附图 18 所示为动力电池管理模块线路原理图，可以看出，模块电源由两部分供给：一路由辅助蓄电池正极通过保险丝 F1/4 给 BMS 模块提供常火电源；一路由 IG3 继电器通过保险丝 F1/34 给 BMS 模块提供 IG 启动电源，并通过模块端子 BK45B/2 和 BK45B/21 提供接地。

新能源汽车的 BMS 既要参与点火开关打开后的工作及通信，还要满足车辆在点火开关关闭、充电时的工作及通信，所以 BMS 中+B 电源的作用就是保证在这两个状态时 BMS 正常工作及通信。如果+B 电源出现故障，将导致 BMS 启动及通信失败，致使整车高压上电失败。

IG 电源作为 BMS 的唤醒信号，同时为主正、主负及预充接触器提供工作电源，还作为 BMS 低压下电后启动休眠模式的时间参考信号。如果此电源出现故障，将导致主正、主负及预充接触器失去工作电源，致使高压上电失败。

2）BIC 采集系统线路

BIC 采集单元安装在动力电池内部，共 4 个 BIC 采集单元，以监测其中每个电池单体的电压和电池组的温度。BIC 采集系统通过通信转换模块将相关信息上报给 BMS，并根据 BMS 的指令使单体电压均衡。BIC 采集系统包含采集模块、采集线束和温度传感器等。

3）接触器控制线路

在上、下电及充电过程中，高压线路有不同的路径，所以要对路径进行单独的控制和切换，这些切换控制都是由动力电池组内部的接触器来完成的，从而实现电源的分配、接通和断开。动力电池内部有 3 个接触器，分别为主正接触器、主负接触器和预充接触器。其中主正接触器主要控制动力电池输出的高压电流向负载；预充接触器是为了保护电动机以及内部大容量电容等感性负载，在初始接通状态下不会因为电流过大而损坏，而通过预充电阻；主负接触器主要负责动力电池的电能输出，断开后动力电池电能将无法输出。

4）CAN 通信线路

BMS 的启动和信息传输都需要通过动力 CAN 总线来完成，附图 7 所示为动力电池 CAN 总线布局图。踩住制动踏板，打开点火开关，VCU 接收到点火开关打开及踩制动踏板的信息后被激活，通过动力 CAN 总线将这一信息发送至 BMS，BMS 接收到此信息后被唤醒，同时进行自检及数据计算和读取。自检完成后，BMS 将动力电池电量值（SOC）、电池电压、电池温度等信息发送至总线，仪表接收到此信息后，显示电池电量及剩余行驶里程等信息；VCU 接收到此信息后，判断动力电池是否准备就绪、是否可以高压上电。VCU 判断结束后，通过动力 CAN 总线发送整车上电请求信息至 BMS，BMS 接收到此信息后对接触器进行高压上电；同时，在系统点火开关打开或充电时，VCU 通过动力 CAN 总线唤醒电机控制器使电机控制器处于激活状态，使之为辅助蓄电池提供电源，保证辅助蓄电池电源持久、充沛。如果 BMS 通信的动力 CAN 总线出现故障，将导致以上信息无法进行交换，动力电池高压上电将无法实现。

2. 动力电池的安全管理

动力电池的安全管理主要包含电池安全、高压互锁、高压绝缘、碰撞安全这四方面的管理。通过对这几方面的性能检测以及控制，就可以实现动力电池的安全使用，进而保证车辆的整体安全性能以及维护的安全性。

1) 电池安全

电池安全主要包括内部短路、大电流放电、气体排放和燃烧四个方面。其中内部短路是因为锂离子在负极堆积形成枝晶，刺穿隔膜，形成内部短路。而大电流放电是因为内部短路，隔膜被穿透，从而产生巨大热量，温度上升，短路被扩大，从而形成恶性循环。气体排放是因为电解液在大电流、高温下电解，产生气体，导致内压上升，严重时冲破壳体。燃烧是在壳体破裂时电池内部可燃物与空气接触，导致燃烧，同时引燃电解质发生爆炸。

2) 高压互锁

高压互锁（High Voltage Inter Lock，HVIL）的目的是确认整个高压系统的完整性，当高压系统回路断开或者完整性受到破坏时，就需要启动安全措施了。HVIL 的存在，可以使得在高压母线上电之前就知道整个系统的完整性，也就是说在电池系统主负接触器闭合给电之前就防患于未然。高压互锁主要是通过连接器的低压连接回路完成的。

高压互锁线路是在高压接插件内部增加低压检测线路，一般模块端接插件为两个插孔，线束端接插件为两个内部短路的插脚。如果高压线束的接插件连接正常，则线束端的短路插脚将模块端的插孔接通，则只要检测模块端两个线束电压或波形状态，即可确认接插件连接状态，即高压线路的完整性。

（1）高压互锁线路的分类。

按照线路特点，高压互锁线路分为串联式和并联式两种方法，其检测模块主要有 VCU 或 BMS。

①串联式。

通过一条低压线路，将主要高压模块模块端的高压接插座和线束端的高压接插件短路连接，整车控制系统通过检测此线路上的信号即可知道高压部件连接的完整性。

②并联式。

高压互锁线路集成在高压控制模块内部，外部没有连接线束，每个高压接头互锁线路由模块单独检测，如果某一高压接插件连接状态出现故障，模块就会立即判断出故障部位，以方便检测和维修。

按照高压互锁线路的信号特点，目前可分为电压监测型和占空比监测型两种。

①电压监测型。

VCU通过内部线路输出一个恒压恒流的9 V左右的电压，通过高压互锁线路将所有高压元件以及高压线缆接插件串联起来，最后通过空调压缩机接插件连接至接地。当高压接插件及元件连接正常无断开现象时，VCU内部检测点电压为0 V；当高压接插件及元件连接有任一断开现象时，VCU内部检测点电压为9 V左右。

②占空比监测型。

整车控制系统模块内部产生一个频率恒定的占空比信号，通过针脚输出至高压互锁线路，高压互锁线路将所有高压元件以及高压线缆接插件串联起来，最后通过另一条线路（检测回路）回到整车控制系统。当高压接插件及元件连接正常无断开现象时，VCU内部检测到另一条线路（检测回路）上为频率恒定的占空比信号，即判定高压系统连接状态处于完整状态；当高压接插件及元件连接有任一断开现象时，VCU内部将检测不到频率恒定的占空比信号，判定高压互锁断开，即启动系统保护功能，有可能导致高压不上电，车辆无法运行以及充电。

（2）秦EV系列高压互锁线路的组成。

EV系列高压互锁线路主要分为两路：高压互锁1和高压互锁2。高压互锁1用来检测直流高压接插件连接的完整性；高压互锁2用来检测交流（220 V）高压接插件连接的完整性。两路高压互锁线路均由BMS进行检测，且均采用串联、占空比监测的方式。

3）高压绝缘

国标18384中明确定义：高压就是直流大于60 V且小于1 500 V、交流大于30 V且小于1 000 V的电压。这是B级电压，就是通常所说的新能源汽车的高压。这种电压会让人产生肌肉收缩、血压上升、呼吸困难甚至死亡，所以就带来了一个安全的问题。安全问题涉及面较广，包括车辆生产、使用、维修等都会给人带来触电的危险，所以简单说高压安全技术就是防止高压对人造成伤害的技术。新能源汽车的绝缘状况以直流正负母线对地（车身）的绝缘电阻来衡量，电动汽车的国际标准规定，用绝缘电阻值R除以电动汽车直流系统标称电压U，结果需大于100 Ω/V，才符合安全要求。

电气系统是新能源汽车的重要组成部分。根据不同用途，新能源汽车的电气系统通常可分为低电压系统和高电压系统。前者为车辆的中央控制器和灯光、刮水器等提供电能，一般采用直流12 V或24 V电源，车用低电压系统的设计与结构布置采用相应的规范与标准，技术成熟、可靠性高；后者为车辆的驱动电机等大功率部件提供电能。

新能源汽车高压系统主要由慢充系统、电机控制器和驱动电机、充配电管理单元、空调系统、连接电缆等电气设备组成。高压一般在直流100 V以上，采用较高的电压规范，减小了电气设备的工作电流，降低了电气设备和整车集成的质量。但是，较高的工作电压对高电压系统与车辆底盘之间的绝缘性能提出了更高的要求。高压电缆线绝缘介质老化或受潮湿环境影响等都会导致高电压线路和车辆底盘之间的绝缘性能下降，电源正、负极引线将通过绝缘层和底盘构成漏电流回路，使底盘电位上升，不仅会危及乘客的人身安全，而且将影响低压电器和车辆控制器的正常工作。当高电压线路和底盘之间发生多点绝缘性能严重下降时，还会导致漏电回路的热积累效应，可能造成车辆的电气火灾。因此，实时、定量地检测高压电气系统相对车辆底盘的电气绝缘性能，对保证乘客安全、电气设备正常工作和车辆安全运行具有重要意义。

对于封闭回路的高压直流电气系统，其绝缘性能通常用电气系统中电源对地漏电电流的大小来表征。现在普遍使用三种漏电流检测方法，即辅助电源法、电流传感法和桥式电阻法。

4）碰撞安全

汽车遭受碰撞时，汽车安全气囊（Supplemental Restraint System，SRS）模块检测到的碰撞传感器信号，通过 CAN 总线将数据发送至 BMS，BMS 随即控制动力电池组内部高压继电器关闭，切断高压回路，执行下电管理，防止触电事故发生。

5）动力电池热管理系统

动力电池最佳的工作温度为 25 ℃ 左右，但动力电池工作电流大、产热量大，同时电池包处于一个相对封闭的环境，就会导致动力电池的温度上升。同时，在低温下充电及车辆行驶中，将导致动力电池性能急剧下降。因此，电动汽车通过引入外部暖风、空调热源、冷源，实现低能耗热管理控制，增加车辆续航里程。

电动汽车整车热管理结构组成包括暖风控制系统、空调制冷控制系统、动力电池液体温控循环系统三大部分。动力电池热管理系统将空调、暖风部分的液体温控循环系统与动力电池的液态温控系统打通，中间通过一个四通阀对冷却液进行导向，并通过空调制冷系统以及板式热交换器为动力电池进行强制预热和强制冷却。

按系统功能分，热管理模式分为预热管理、强制冷却、内循环管理三种，按工作状态分为运行热管理和充电热管理，所以在运行热管理、充电热管理中又包含预热管理、强制冷却和内循环管理。

在车辆运行（放电）模式下，当动力电池温度低于 0 ℃ 时加热开启，高于 3 ℃ 时加热关闭。运行预热管理引入暖风部分工作时所产生的热源，由冷却液作为介质，通过接通后的四通阀将液体导向动力电池组，这既能够给电池芯快速加温，又完全不消耗动力电池的电量。一旦动力电池温度达到标定值，四通阀就会断开连接，断开后的空调暖风系统与动力电池的温控系统恢复各自独立运行。

BMS 将动力电池温度预热请求信息通过动力 CAN 发送至网关控制器，网关控制器接收到动力电池的预热请求信息后，将速率为 500 kb/s 的数据转换为速率为 125 kb/s 的数据，通过舒适 2-CAN 总线发送至空调控制器及 PTC 加热控制器，PTC 热控制器接收到预热请求信息后启动，开始加热冷却液。空调控制器接收到预热请求信息后，通过四通水阀位置传感器检测水阀位置，然后接通动力电池回流的冷却管路与暖风水泵进水管路，同时暖风水箱出水管路与动力电池循环水泵进水管路接通，空调控制器控制暖风水泵继电器工作，暖风水泵电源接通，暖风水泵运转，为冷却液循环提供压力。此时空调控制器根据当前的冷却液温度信息通过端子 G2IB/6 端子输出 PWM 占空比信号，控制电池水泵运转速度（冷却液流量），占空比越大，水泵转速越高；反之，水泵转速越低。管路内加热的冷却液开始流动至动力电池箱内部冷却管路，为动力电池预热。同时空调控制器通过水温传感器检测冷却液温度，当温度达到设定的阈值后，四通水阀旋转，接通暖风水箱出水管路与暖风水泵进水管路，同时接通动力电池回水管路与动力电池循环泵进水管路，此时暖风循环管路和动力电池内部循环管路被隔断，各自根据当前自己系统的状态独立运行。

项目 1.2 比亚迪秦 EV 整车三小控制核心模块识别

当涉及高压控制盒、车载充电机以及 DC/DC 等模块时，不同车型采用了不同的配置方式。有些车型将这三种模块分散布置，而另一些则将它们集成在一起，形成了一种称为"三合一"的集成模式。比亚迪秦 EV 采用了这种高度集成的模式，将三种功能整合到一个模块中。随着技术的不断发展，这种集成应用已经变得越来越普遍，而单独将这三个模块分开布置的做法也逐渐减少了。这种趋势源于对车辆电气系统集成化和功能集中化的需求，旨在提高效率并节省空间，同时也有助于简化车辆的制造流程和维护操作。

一、高压控制盒

高压控制盒（Power Distribution Unit，PDU），或称为高压配电盒，作为所有纯电动汽车和插电式混合动力汽车的高压电大电流分配单元，扮演着至关重要的角色。它采用了集中配电方案，设计结构紧凑，接线布局方便，使检修工作变得简单、迅速。除此之外，根据不同客户的系统架构需求，高压控制盒还要融合部分电池管理系统智能控制管理单元，进一步简化整车系统架构配电的复杂性。这种集成方案旨在提高系统的整体效率、简化维护流程，并充分考虑了系统布局的紧凑性和操作的便捷性，为电动汽车的高压电能分配提供了可靠的支持。高压控制盒主要用于能源车高压系统中的电源分配与管理，为整车提供充放电控制、高压部件上电控制、电路过载短路保护、高压采样、低压控制等功能，保护和监控高压系统的运行。

PDU 也能够集成 BMS 主控、充电 OBC 模块、DCDC 模块、PTC 控制模块等功能，与传统 PDU 相比多了整车功能模块，功能上更加集成化，结构上更复杂，具有水冷或是风冷等散热结构。PDU 配置灵活，可以根据客户要求进行定制开发，能够满足不同客户、不同车型需求，比如三合一、四合一、五合一等。

在电动汽车上，与高压配电盒相连接的高压部件包括动力电池、电机控制器、变频器、逆变电源、电动空调、电动除霜、充电座等，其结构示意图如图 1.2.1 所示。

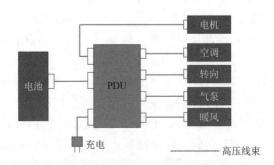

图 1.2.1 与 PDU 模块连接的高压部件

高压控制盒（PDU）通过母排和线束将高压元器件电连接起来，为新能源汽车的高压系统提供关键的功能，包括充放电控制、高压部件上电控制、电路过载短路保护、高压采样和低压控制等。它的任务是保护和监控高压系统的运行状态。此外，PDU 还具备集成

BMS 主控、充电模块、DC/DC 模块、PTC 控制模块等多种功能的能力。随着技术的不断发展，现今的 PDU 模块功能更加集成化，结构更为复杂。PDU 的配置非常灵活，可以根据客户的要求进行定制开发，以满足不同客户和不同车型的需求。这种个性化的定制使得 PDU 能够更好地适应各种汽车系统设计和功能要求，并确保其高效、安全的运行。

比亚迪秦 EV 的 PDU 模块是一个集成化的系统，涵盖了多项功能，以保护和监控整车的高压系统。除了充放电控制、高压部件上电控制、电路过载短路保护、高压采样、低压控制等功能外，它还整合了其他重要模块，包括车载充电机、部分 BMS 控制功能、DC/DC 转换模块以及 PTC 控制模块等。这一 PDU 模块在整车上的位置如图 1.2.2 所示，处于整车高压系统的关键位置，负责整合并管理多种功能，以确保高压系统的安全运行。其集成的多项功能使得整车的高压系统能够更有效的运行，并提供各种控制和保护措施，以确保车辆高效且安全运行。

图 1.2.2　PDU 在比亚迪秦 EV 上的位置

二、车载充电机

纯电动汽车的充电系统方式主要有两种，一种是交流充电方式，即为慢充，另一种是直流充电方式，即为快充，两种充电方式的组成、电气原理和控制方式各不相同。车载充电机（On-Board Charger，OBC）是一个针对交流充电模式的关键组件，负责管理充电流程的执行，并且完全与直流充电模式无关。纯电动汽车都配有车载充电机，用于对动力电池进行充电。车载充电机连接车辆的交流充电口（慢充口），其一般具有通信功能，收到允许充电信号后，将输入 220 V 交流电，经过滤波整流后，通过升压电路和降压电路，输出合适的电压、电流给动力电池进行充电。车载充电机的功能涵盖多个方面，主要依靠电池管理系统（BMS）提供的数据来动态调节充电电流或电压参数，以满足充电的需求，完成充电过程。

车载充电机的功能包括但不限于以下几个方面：

（1）高速 CAN 网络通信与 BMS：高速控制局域网（Controller Area Network，CAN）是一种高效的通信网络，在车载系统中用于各个控制单元之间进行快速而可靠的数据传输。车载充电机（On-board Charger，OBC）具备与电池管理系统（Battery Management

System，BMS）进行高速 CAN 网络通信的能力，这种通信架构允许 OBC 与 BMS 之间交换数据，实现多种功能：

①验证电池连接状态的正确性：通过高速 CAN 网络通信，OBC 可以及时验证电池连接状态的准确性。这种实时验证能够确保充电过程中的连接安全，防止由于连接问题造成的充电异常或危险。

②获取电池系统参数：OBC 可以通过该网络获取电池系统的各种参数，例如电池的当前电压、温度、充电状态等信息。这些参数对于充电过程的控制和监控至关重要。

③实时监控整组和单体电池数据：通过高速 CAN 网络，OBC 可以实时监控整个电池组和单体电池的数据。这种实时监控能力使得 OBC 能够及时感知电池状态的变化，确保充电过程在安全的范围内进行。

（2）与车辆监控系统通信：通过高速控制局域网（Controller Area Network，CAN），车载充电机（On-Board Charger，OBC）具备与车辆监控系统进行通信的能力。这种通信架构允许 OBC 与车辆监控系统之间传输各种数据，其中包括以下几项：

①上传充电机的工作状态和参数：通过高速 CAN 网络，OBC 可以实时上传充电机的工作状态和参数信息至车辆监控系统。这些信息包括充电机的运行情况、充电参数（如充电电流、电压）、充电阶段和状态等详细信息。

②上传故障信息：若出现任何故障或异常情况，OBC 可以通过 CAN 网络向车辆监控系统发送相应的故障信息或警报。这些信息包括充电机的故障代码、故障类型以及具体描述，以帮助车辆监控系统及时发现并处理问题，并接收控制命令（车辆监控系统可以通过 CAN 网络向 OBC 发送指令，例如启动充电或停止充电的命令）。这种双向通信允许车辆监控系统对充电过程进行远程控制和管理，以满足不同的充电需求及应对特定情况。通过高速 CAN 网络与车辆监控系统的通信，车载充电机可以实现与整车系统的有效集成和协同工作，实时上传充电机的状态信息和故障报告，并接收来自车辆监控系统的远程控制指令，确保充电过程的安全和可靠性。

（3）充电过程监管：在充电过程中，车载充电机（On-board Charger，OBC）承担着重要任务，以确保动力电池的安全和可靠充电。

OBC 在充电过程中的监管功能如下：

①动力电池参数监测：OBC 在充电过程中监测动力电池的温度、充电电压和电流，它不断监测这些参数，并确保它们保持在预设的安全范围内。通过实时监测和控制，OBC 能够防止动力电池因过热、过充或过放而受到损害。

②单体电池电压限制功能：OBC 配备了单体电池电压限制功能，它根据电池管理系统（BMS）提供的电池信息动态调整充电电流。这项功能可以确保各个电池单体的电压均衡，并避免某些电池单体过度充电，提高了电池组的寿命和安全性。

③动态调整充电电流：基于 BMS 提供的数据，OBC 具备动态调整充电电流的能力。这意味着在充电过程中，OBC 可以实时调整充电电流的大小，以适应电池的实际状态和需求，确保充电过程的稳定性和高效性。

综上所述，车载充电机通过对动力电池的各种参数进行监测和控制，保障了充电过程的安全性和稳定性。其具备的动态调节功能能够根据实时的电池状态进行智能调整，以确保充电过程的最佳效率和电池的长期健康。

(4) 充电连接状态判断：充电连接状态的判断是车载充电机（On-Board Charger，OBC）非常重要的功能之一，它具备自动判断充电连接器和充电电缆是否正确连接的能力，确保充电过程的安全和可靠进行。以下是关于这一功能的详细描述：

①自动连接检测：OBC 拥有自动检测功能，可以识别充电机与充电桩以及电池之间的连接状态。在进行充电之前，OBC 会自动检查充电连接器和充电电缆是否正确插入和连接。这种自动检测功能有助于避免因错误连接而造成的充电事故或损坏。

②充电过程的启动与停止：只有当充电机正确连接充电桩和电池时，OBC 才允许启动充电过程。一旦检测到充电机连接不正常，如连接松动、充电电缆断开或其他异常情况，OBC 会立即停止充电过程，以确保安全。这样的机制有效防止了因错误连接导致的安全隐患和电池系统的损坏。

③安全保护机制：这一功能不仅保障了充电过程的可靠进行，还确保了充电过程的安全性。OBC 的自动检测和停止充电功能有效地避免了因连接不良或异常造成的电路短路、电压波动等潜在危险，保护了整个充电系统以及车辆本身。

总的来说，OBC 的充电连接状态判断功能对确保充电过程的安全和有效进行至关重要。它通过自动检测连接状态并及时停止充电，有效防止了可能导致安全问题和损坏的连接异常情况发生。

(5) 充电联锁和高压互锁功能：充电联锁和高压互锁功能是车载充电机（On-Board Charger，OBC）在安全方面的两个重要特性，旨在保障充电过程的安全性。

①充电联锁功能：这一功能确保了在充电机与动力电池连接之前，车辆无法启动，即使驱动力已准备好，车辆也无法启动，直到充电机正确连接到充电桩并与动力电池建立了安全稳定的连接。充电联锁功能的存在确保了充电过程的优先性，并防止了在充电过程中发生启动车辆的意外情况。

②高压互锁功能：当检测到存在可能危及人身安全的高电压情况时，OBC 会立即锁定输出，以确保充电系统和电动汽车的安全性。这种情况可能涉及高压电路异常、电池系统故障或其他可能导致高电压风险的因素。通过关闭输出，高压互锁功能有效地防止了高电压危险对车辆和周围环境的潜在危害。

这两项安全功能确保了充电过程的安全性，并且通过避免启动车辆以及应对潜在的高压风险，保护了车辆系统和人员的安全。这样的安全措施对于确保充电过程的安全以及防止潜在的意外事故至关重要。

车载充电机的这些功能组合确实有助于有效管理充电过程并保障充电安全。通过与车辆系统和监控系统进行数据交换，它不仅提高了充电的效率，还提升了充电过程的安全性。这种协同作用和数据交换确保了充电机可以根据车辆系统的状态进行适应性调整，以最大程度地优化充电性能，同时保持充电过程的安全性和稳定性。这种整合和交互性有助于确保车辆充电系统的可靠性和高效性。

交流充电指电网输入给车辆的电压为交流电，可以是 220 V AC 单向电或 380 V AC 三相电。其通过交流充电桩连接新能源汽车的交流充电口，并通过车载充电机（简称 OBC）对交流电进行升压并转化为直流电，然后通过 OBC 内部的整流模块整流成符合该车辆所需要的电压对其动力电池进行充电，该过程称为交流充电，也称为慢充。交流充电的部件主要由车载充电机、交流充电插座（交流充电插座线束）、充电线、交流充电桩或 220 V

交流电源和车辆控制器（VCU、BMS）等组成。充电接口是用于连接活动电缆和电动汽车的充电部件，它由充电插座和充电插头两部分组成，是传导式充电机的必备设备，充电插头在充电过程中与充电插座进行结构耦合，从而实现电能的传输。比亚迪秦EV车载充电机集成在高压控制盒（PDU）模块内，其位置及线束接口如图1.2.3所示。

图1.2.3 车载充电机在车上位置及连接线束

三、DC/DC变换器

DC/DC变换器在纯电动汽车中扮演了重要的角色。它主要负责将动力电池的高压直流电转换为低压直流电，以供给车辆的低压系统和充电蓄电池电力。电动汽车电子设备系统内包含许多作用不同的功能模块，每个功能模块对电源的要求不尽相同，各部分所需的功率、电压、电流、安全可靠性和电磁兼容性等指标也不相同。为了满足这些要求，电动汽车常使用DC/DC变换器，这一转换过程类似于传统汽车中发电机的作用，但在纯电动汽车中，它起到了相似但更为专业化和高效的功能。同时，DC/DC变换器具有高效率、紧凑的体积以及对恶劣工作环境的耐受性等特点，使得它能够有效、稳定地将高压电转换为低压电，并为车辆提供所需的电能。

1. DC/DC变换器的功能

DC/DC变换器主要有以下功能：

（1）变压作用。DC/DC变换器对动力电池的输出电压进行变换后再提供给车上低压用电设备。电动汽车转向助力电机、制动系统电机以及车身电气设备（包括灯光、仪表、信号、风扇电机等）需要12V直流电，高压系统的控制部分也要用到12V直流电电源。因此，汽车必须配备12V蓄电池，必须有为12V蓄电池充电的系统，以便把动力电池包提供的320V以上的直流电变换为12V低压电。

（2）保护作用。DC/DC变换器具有欠电压保护、过电压保护、过电流保护、过热保护和防反接等功能。当DC/DC变换器内部出现短路等故障使电压瞬间降低时，电流快速增大，防止设备因为过载而烧毁。在DC/DC变换器的高、低压线束接口设计上，都设计了不同接口的防反接保护装置，防止因为电路短接烧毁电子器件。比亚迪秦EV的DC/DC模块集成在PDU模块之内，位置图如图1.2.4所示。

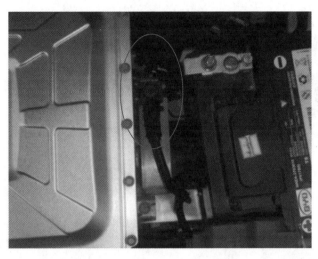

图 1.2.4　DC/DC 在车上位置

（3）实现不同电源之间的特性匹配。例如，可利用 DC/DC 变换器实现动力电池与低压蓄电池之间的特性匹配。

（4）为低压蓄电池充电。在电动汽车中，需要高压电源通过 DC/DC 变换器降压后给低压蓄电池充电。

2. DC/DC 变换器的组成

DC/DC 变换器主要由逆变器、变压器和整流器等组成。

1）逆变器

逆变器主要是由四个二极管及绝缘栅型晶体管组成，通过电路板控制绝缘栅型晶体管（IGBT）的导通与截止，其作用是将动力电池的高压直流电转换为高压交流电，如图 1.2.5 所示。

图 1.2.5　逆变器

2）变压器

变压器由一次绕组和二次绕组组成，通过一次绕组和二次绕组的匝数的不同可以输出不同的目标电压，如图 1.2.6 所示。

 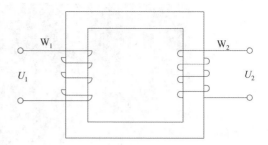

图1.2.6 变压器

3) 整流器

整流器主要由二极管组成,如图1.2.7所示,通常使用六个晶体管,但是只应用其中的两个极,即等同于二极管,每三个晶体管并联在一起,以增加电流的流通能力。

图1.2.7 整流器

DC/DC变换器能够把高压直流电变换为低压直流电,即其内部必须依靠逆变器把高压直流电逆变为高压交流电,然后再经过变压器转换为14 V的交流低压电,再经过二极管整流,最后经过滤波电路滤波整形,形成一个趋于平稳的14 V直流电压输出。高压上电前,低压电路系统需要12 V辅助蓄电池供电;当高压上电后,动力电池的高压电输给电机控制器(DC/DC变换器),电机控制器通过直流转交流,再进行变压,把201.6 V的高压交流电降成12 V的低压交流电,再通过整流、滤波后,转换成低压直流电给12 V辅助蓄电池充电。当电动汽车长期停放时,容易造成低压蓄电池亏电,将会导致车辆无法启动上电,为避免这一问题,部分车型具有智能充电功能。以吉利EV450智能充电功能为例,在车辆停放过程中VCU将定期持续对12 V辅助蓄电池进行电压监控,当电压低于设定值时,VCU将唤醒BMS、DC/DC变换器(集成于电机控制器),完成车辆高压上电后,DC/DC变换器将动力电池高压直流电转换为14 V低压直流电对12 V辅助蓄电池进行充电,VCU监测充电电压达到规定值后停止充电,同时发送指令给BMS完成车辆高压下电,使能充电过程完成。

另外需要注意的是,部分车型的12 V辅助蓄电池采用吸附式玻璃纤维隔板(AGM)电池,需要特殊的充电程序,更换该12 V辅助蓄电池时,需用同型号的电池,否则会导致控制系统不认或12 V辅助蓄电池寿命明显变短。

项目1.3 比亚迪秦EV三辅助控制模块识别

一、车身控制模块

1. 车身控制模块认知

车身控制模块（BCM）是车辆电子控制系统中的一个重要模块，其功能涵盖了多个方面，包括但不限于以下几方面：

1）电动门窗控制

电动门窗控制是车身控制模块（BCM）的一项功能，负责管理车辆内部电动门窗的开启和关闭操作，这一功能允许驾驶员或乘客通过车内开关或遥控器操作车辆的门窗，实现便捷的进出和通风。BCM通过与车门上的电动窗机构和控制单元通信，控制窗户的上升和下降。当驾驶员或乘客操作车内开关时，BCM会发送相应的信号给电动窗机构，指示窗户是要打开还是关闭。这个过程可以精确地控制窗户的位置，使其停止在需要的位置，并且可以避免夹伤情况的发生。此项功能提供了便利性和舒适性，使乘客能够方便地控制车辆内部的窗户，调节通风和进出。同时，该功能还可以与车辆的防盗系统相结合，当车辆被锁定时，可以防止非授权人员通过窗户进入车辆。

2）中控门锁控制

中控门锁控制是指管理车辆中央控制系统的门锁机制，包括锁定和解锁车辆的功能。这项功能通常由车身控制模块（BCM）或中央锁定控制模块负责执行。通过中控门锁控制，驾驶员或乘客可以通过车内的门锁按钮、遥控器或其他相关控制装置，实现对所有车门的集中控制。在锁定车辆时，这一功能能够同时将所有车门锁定，确保车辆的安全性和防盗性；解锁功能则允许同时解除所有车门的锁定状态，方便乘客进入车辆。此外，中控门锁控制通常也包括一些附加功能，比如在特定条件下自动解锁车门（例如在车辆发生碰撞后），或者在车辆行驶一定距离后自动锁定车门等。总的来说，中控门锁控制提供了对车辆所有门锁状态的方便控制，并提高了车辆的安全性和用户的便利性。

3）遥控钥匙和遥控防盗

遥控钥匙和遥控防盗系统是车辆安全性和便利性的重要组成部分，这些功能由车辆的中央控制系统（例如车身控制模块-BCM）或安全控制模块管理。

（1）遥控解锁和上锁：遥控钥匙允许车主通过按下遥控器上的按钮，无须使用物理钥匙就可以远程解锁或上锁车辆的门锁系统，这使得进入车辆或离开车辆变得更加便捷。

（2）遥控防盗系统：遥控防盗系统是车辆的安全特性之一，它通过遥控器或与钥匙相关的手段，启动或停止车辆的防盗模式。当车辆处于防盗模式时，如果有未经授权地尝试进入或启动车辆，系统将触发警报或防盗装置，从而防止盗窃或未经授权的进入。

这两项功能结合起来提供了车主方便快捷地进入和离开车辆的方式，同时确保车辆在停放时具备一定的安全性。通过遥控钥匙的功能，车主能够更轻松地控制车辆的锁定状态，而遥控防盗系统可以保护车辆免受盗窃或未经授权的访问。

4）灯光系统控制

灯光系统控制模块负责管理车辆的照明系统，涵盖了诸多灯光组件，包括但不限于以下几种：

（1）大灯（前照灯）：主要用于提供夜间或能见度较差条件下的前方照明。

（2）示廓灯：通常是车辆前后的辅助灯，用于指示车辆的轮廓和位置，增加其可见性。

（3）转向灯：提供转向指示，向其他车辆和行人表明车辆驶向或转弯的方向。

（4）制动灯：用于指示车辆制动的状态，警示后方行驶的车辆。

这些灯光系统不仅用于提供照明，还承担了车辆安全性的重要角色。车辆灯光系统控制模块能够根据车主或车辆的操作自动控制这些灯光的开启、关闭、亮度调节等功能。此外，这些系统也可能与其他功能相互关联，例如，自动头灯控制：根据环境光线或车辆速度自动开启或关闭前照灯；远光灯控制：自动切换远近光灯，避免影响到其他车辆的视线；日间行车灯：自动控制车辆在白天行驶时的灯光状态，增加车辆的可见性。这些控制功能能够提高行车安全性，增加车辆在不同环境下的可见性，并为驾驶员提供更加便捷的使用体验。

5）电动后视镜加热控制

电动后视镜加热控制模块负责管理车辆后视镜的加热功能。这项功能主要用于消除后视镜上的雾气或冰雪，提高驾驶员在恶劣天气或低温环境下的视野清晰度。当车辆的后视镜加热功能处于开启状态时，加热模块会向后视镜表面施加适量的热量，以升温镜面表面，帮助快速融化或蒸发雨水、雾气或冰雪。这样能够使后视镜保持清晰，并且让驾驶员在行车过程中更好地观察后方交通情况。这一功能通常与车辆的空调或者刮水器系统相连接，有些车辆会配备传感器，能够自动检测后视镜表面的温度和湿度，自动开启或关闭加热功能，以保持后视镜的清晰度。

6）仪表背光调节

仪表背光调节模块负责控制车辆仪表盘背光的亮度。这一功能允许驾驶员根据自己的需求和环境亮度来调整仪表盘的背光强度。通常，这个模块可以让驾驶员通过控制面板或按钮调节仪表盘上显示的背光亮度。在夜间或昏暗的环境中，将仪表盘的背光调暗可以减少对驾驶员视线的干扰，并且提供足够的信息可读性；而在白天或光线较亮的情况下，则可以增加背光亮度以确保信息清晰可见。这项功能的调节范围通常是根据车辆设计和制造商的要求而定，旨在为驾驶员提供舒适的驾驶体验和最佳的可视性。

7）报警声控制

报警声控制模块负责管理车辆报警系统中声音的输出。这个模块可以控制车辆各种警告和提示音的发声，例如安全带未系、门未关闭、引擎故障、车辆撞击和胎压异常等情况下的报警声音。该模块的作用是根据车辆传感器检测到的情况或驾驶员操作触发相应的声音警报，以向驾驶员传达重要的车辆状态信息或警告。它通过触发或中断声音输出，帮助驾驶员及时了解车辆的安全和状态情况，以便采取适当的行动或进行相应的维修或处理。这样的声音输出通常是针对紧急情况或需要特别注意的事件而设计，以确保驾驶员能够及时、清晰地收到车辆发出的警示信息。

8）内部和外部照明

内部和外部照明控制模块负责管理车辆内部和外部的照明系统。该模块可以控制车辆内部的照明设备,如车内的顶灯、座舱照明、仪表盘背光等,并管理外部的照明装置,例如车辆的大灯、示廓灯、转向灯、制动灯等。在车辆运行过程中,这个模块可以根据特定的情况或驾驶员的操作,控制车内灯光的亮度、开关以及灯光的工作状态。同时,它还负责管理车辆外部灯光的开关、闪烁、自动调节或其他灯光功能,以确保行车安全和提供必要的照明环境。

9)安全功能

安全功能模块在车辆中扮演着关键角色,其功能涵盖了多种安全相关系统的管理与监控。这些系统包括但不限于以下几种:

(1)安全带警报系统:监测驾驶员和乘客是否系好安全带,并通过警报或指示灯提醒未系安全带的情况。

(2)门未关警告系统:监控车辆的门是否完全关闭,如车门未关闭或未锁定,则会通过警示灯或警报提示驾驶员。

(3)碰撞传感器系统:使用传感器监测车辆周围的环境,并在发生碰撞或预测到碰撞时触发相关的安全措施,例如紧急制动、安全气囊充气等。

(4)防盗警报系统:监测车辆是否遭受非法入侵或盗窃,触发警报并采取相应的防盗措施,以保护车辆和其内部物品安全。

这些安全功能通过传感器、控制单元以及警示装置等部件相互配合,致力于提高驾驶员和乘客的安全,并对车辆的整体安全性能做出有效管理和应对。

10)刮水器和转向指示器控制

刮水器和转向指示器控制模块在车辆上负责管理刮水器和转向指示器的运作。

(1)刮水器控制:这个模块负责管理车辆的刮水器系统。它监测并控制刮水器的速度、开关和延迟功能,以应对不同雨量和清洁需求。根据传感器对雨量的感知,系统可以自动调整刮水器的工作模式。

(2)转向指示器控制:这个模块负责控制车辆的转向指示器或转向灯。它接收驾驶员的转向信号,以及车辆转向的操作,然后触发相应方向的指示器闪灯。此模块也管理转向指示器的闪烁频率和时间。

这些模块的主要目标是确保驾驶员对于刮水器和转向指示器的操作在不同的路况下都能得到适当的响应,从而提高行车安全性和舒适性。

11)电源管理

电源管理模块负责管理车辆内部的电子设备供电和能源利用。其功能主要包括以下几项:

(1)供电分配:这个模块负责分配电力给车辆内的各个电子设备,确保它们得到合适的电力供给,以正常运行。

(2)电池管理:对车辆电池的状态进行监测和管理,包括充电状态、电池温度和电池容量等。

(3)节能管理:通过智能控制或时间控制来降低电子设备的能耗,以延长车辆电池寿命或提高能源利用效率。

(4)故障监测与保护:监测电子系统的运行情况,识别故障并采取相应的保护措施,以防止故障影响整个车辆电力系统。

（5）启停系统：管理车辆的启动和熄火功能，以最大程度地减少能源浪费和排放。

电源管理模块的作用是确保车辆内部各种电子设备得到合理的电力供应，同时优化能源利用，提高车辆的整体性能和效率。

（6）自动刮水：根据雨量传感器的信号自动调节刮水器的工作。

12）发动机防盗（IMMO）

发动机防盗系统（通常称为IMMO，即Immobilizer）旨在提供车辆防盗保护，阻止未经授权的人员启动车辆。这种系统通常使用电子钥匙或RFID（Radio-Frequency Identification）芯片，其中包含有车辆识别码的信息。当车辆启动时，需要正确的识别码才能解锁发动机启动功能。如果未提供正确的密钥或识别码，发动机将被禁用，从而防止车辆被盗。这种防盗系统是车辆安全性的重要组成部分，通过使用加密技术和识别码来防止盗窃者未经授权地启动发动机。

13）胎压监测（TPMS）

BCM（Body Control Module）是一种车辆电子控制模块，具有多种功能，包括但不限于以下方面：

（1）胎压监测（TPMS）：监测车辆轮胎胎压状态，并在胎压异常时发出警报提醒驾驶员，以确保车辆安全性和驾驶舒适性。

（2）操作信息采集：收集来自驾驶员对车辆的各种操作信息，如操作台、转向盘多功能按钮和传感器等输入信息。

（3）控制输出：基于采集到的信息，产生相应的控制输出，如控制车辆的照明、车窗、门锁、刮水器等功能。

（4）负载故障检测：负责管理车辆各个系统的负载故障检测，确保车辆各个功能部件正常工作，及时发现和报告故障。

（5）总线通信：通过与其他车辆控制器的通信，进行控制信息的交换，上报故障状态，并接收来自其他控制器的控制指令，实现协调工作和信息互换。

总的来说，BCM作为车辆电子控制系统的核心之一，承担了多种重要功能，涉及车辆的安全性、驾驶舒适性和系统管理等方面。

2. 车身控制模块位置

车身控制模块如图1.3.1所示，在比亚迪秦EV的位置如图1.3.2所示。

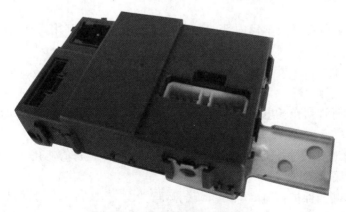

图1.3.1　车身控制模块示意图

图 1.3.2　车身控制模块在比亚迪秦 EV 上位置

二、电子驻车控制模块

比亚迪秦 EV 的电子驻车控制模块（Electrical Park Brake，EPB）是一项创新性技术，它取代了传统的驻车制动系统，为驾驶员提供了更加便捷的驻车操作方式。传统的手动驻车器通常需要手动操作，在空间和设计方面可能会占用较多的车内空间，并且需要相对独立的机械结构来实现驻车制动。EPB 通过一个简单的开关操作实现了驻车制动的功能。这一技术的应用使车辆的内部设计更加便利与合理，减少了车内控制部件所占用的空间，为车辆内部设计提供了更大的灵活性，使得内部空间的布局更加方便，更加符合人体工程学和实际使用需求。EPB 的操作方式也带来了一定的操作便利性。在驾驶员的控制下，通过 EPB 的开关操作，驻车制动可以轻松实现，而无须费力地操作传统的手动驻车器。这样的简化操作使得驾驶员在驾驶过程中能够更加专注于驾驶，提高了驾驶的便捷性和安全性。此外，图 1.3.3 显示了 EPB 的按键图示，这一直观的设计为驾驶员提供了直观的驻车操作界面，使得操作更加简便、快捷，符合驾驶员的直觉习惯。这种设计不仅方便了驾驶员的操作，还提升了驾驶员对车辆功能的掌控和使用的便捷性。

EPB 通过内置在其电脑中的纵向加速度传感器来测算坡度，从而可以算出车辆在斜坡上由于重力而产生的下滑力，电脑通过电机对后轮施加制动力来平衡下滑力，使车辆能停在斜坡上。当牵引力足够克服下滑力时，电脑驱动电机解除制动，从而实现车辆的顺畅起步。

比亚迪秦 EPB 通过简单的电子驻车开关操作取代传统的手动拉杆，通过 ECU 控制电机实现驻车功能，同时此系统还可以辅助安全驾驶。电子驻车系统的主要功能如下：

（1）自动驻车：整车熄火至"OFF"挡，系统会自动启动驻车。

（2）手动驻车：手动操作电子驻车开关向上抬起，手动驻车启动。

（3）自动释放驻车：驻车系统已启动，此时启动车辆，当挡位处于 D/R 等行车挡位时，轻踩加速踏板，驻车系统会自动释放；或是驾驶员进行换挡操作，将挡位由 P/N 挡换到 D/R 等行车挡位时，驻车系统会自动释放。

图 1.3.3　亚迪秦 EV 的电子驻车制动开关位置

（4）手动释放驻车：驻车系统已启动，在非 P 挡位并踩下制动踏板时，手动操作电子驻车开关向下压，系统取消驻车。

（5）应急制动功能：行驶过程中，在制动踏板失效的情况下，可以通过拉起驻车开关的操作，使用电子驻车系统强制制动。

三、车身稳定系统

车身稳定系统（Electric Power Steering，ESP）通常由中央控制单元、转向传感器、车轮转速传感器、横向加速传感器、侧滑传感器和执行装置等多个组件构成。这些传感器承担着感知车身状态的任务，并将所得数据传输至控制单元。一旦车辆显示出接近失控的迹象，控制单元将立即操控执行机构，协助车辆恢复到稳定状态。ESP 通过对从各传感器传来的车辆行驶状态信息进行分析，然后向 ABS、EBD 等发出纠偏指令，来帮助车辆维持动态平衡。ESP 可以使车辆在各种状况下保持最佳的稳定性，在转向过度或转向不足的情形下效果更加明显。

（1）传感器。

比亚迪秦 ESP 包括转向盘转角传感器、压力传感器、轮速传感器、偏航率传感器（含横向加速度、纵向加速度、横摆角速度 3 个信号）、加速/制动踏板传感器等，这些传感器负责采集车身状态的数据。

（2）ESP 控制模块。

ESP 控制模块位于副仪表板下，它对传感器采集到的数据进行计算，算出车身状态后同存储器里面预先设定的数据进行比对。当计算数据超出存储器预存的数值，即车身临近失控或者已经失控时，则命令执行器工作，以保证车身行驶状态能够尽量满足驾驶员的意图。

(3) 执行器。

比亚迪秦 EV 制动系统采用 X 形布置，执行器是 4 个车轮的制动系统。ESP 的执行器是一个能单独对车轮进行制动的制动系统。与没有装备 ESP 的车辆的区别是，装备有 ESP 的车辆制动系统具有蓄压功能，控制模块可以根据需要，在驾驶员没踩制动时替驾驶员向车轮的制动油管加压，对各个车轮单独施加精确的制动力，使车辆保持稳定行驶。在过程中，完成蓄压功能的是液压调节器（见图 1.3.4），比亚迪秦 EV 液压调节器包含 1 个电机、2 个回流泵、2 个蓄能器、1 个压力传感器与 12 个电磁阀。另外，ESP 还能控制发动机的动力输出及干预变速器的挡位。

图 1.3.4　比亚迪秦 EV 液压调节器

电子稳定控制（ESC）是汽车中的一项主动安全功能，可防止驾驶员失去对车辆的控制。汽车中的 ESC 有助于防止在转弯、紧急制动或执行突然操作时打滑，它会自动在各个车轮上应用制动器，并允许驾驶员保持对车辆的控制。该系统还可用于监控其他因素，如转向、加速和围绕汽车垂直轴的旋转，以检测稳定性的丧失。ESP 系统包含着诸多功能，如电子制动分配力系统（EBD）、防抱死制动系统（ABS）、循迹控制系统（TCS）、车辆动态控制系统（VDC），它们共同协作，以确保车辆在各种驾驶情况下保持稳定与安全。这一系统利用了传感器和控制单元之间的数据传递以及执行装置的动作，以应对各种潜在的驾驶挑战，为驾驶者提供更加平稳和安全的行车体验。

(1) 电子制动分配力系统（EBD）。

电子制动分配力系统（EBD）的主要功能是对车辆的制动力进行调节和分配，以避免出现后轮抱死的情况。一般情况下，只有在模块硬件出现故障时，系统才会失效。EBD 通过感知车辆的动态状态和制动施加的力度，智能地调节各个车轮的制动力，确保每个车轮在制动时获得适当的制动力，以提高制动效果和稳定性。当系统正常运行时，它能够帮助车辆保持良好的制动控制，提高车辆在紧急制动或特殊路况下的稳定性。

(2) 防抱死制动系统（ABS）。

电子制动分配力系统（EBD）主要依靠计算车辆的滑移率，从而控制在接近峰值附着系数的范围内。这种系统属于车辆的被动安全控制，因为它在特定的情况下通过调节车轮的制动力分配来增强车辆的制动稳定性，减少车辆的滑行和失控风险，提高驾驶的安全性。EBD 能够在制动时有效地监测和调整车轮的制动力，以确保车轮在制动过程中不会过度抱死，从而提供更加可靠和稳定的制动性能。

（3）循迹控制系统（TCS）。

循迹控制系统又称为牵引力控制系统（TCS，Traction Control System），它的作用是在车辆行驶于低附着力路面，深踩加速踏板导致驱动轮打滑时，TCS 会发出信号请求发动机减少扭矩输出，并轻微施加制动力，以确保车辆可以平稳起步。这项技术的目标是在降低车辆打滑的情况下，提供更好的牵引力和加速性能。现今的车辆标定使得在冰雪路面上，即使全踩加速踏板，车辆也能够实现平顺的起步，这得益于牵引力控制系统的作用，它通过监测车轮打滑并调整发动机扭矩输出与轻微制动来确保车辆在低附着路面上仍能提供平稳的起步表现。

（4）车辆动态稳定控制系统（VDC）。

系统是与车辆稳定性控制相关的功能，其中 TCS（牵引力控制系统）和 VDC（车辆动态稳定控制系统）通常与车辆的稳定性控制相关联。TCS 主要是通过监测车轮的转速、车辆加速度和侧向加速度等数据，以及识别车辆可能出现打滑的情况，从而减少车轮打滑，保持牵引力。VDC 则更进一步，它不仅仅是对车辆的牵引力进行控制，还能主动控制车辆的侧向稳定性。VDC 系统通过监测车辆各个传感器数据（例如转向角度、车轮速度、横向加速度等），在发现车辆出现失控趋势时，通过独立的轮胎制动、发动机扭矩调整等方式来调节车辆轨迹，使其保持稳定状态。这种系统是为了防止车辆出现失控、侧滑或偏离预期轨迹的情况而设计的。

比亚迪秦 EV 车上相关按键示意图如图 1.3.5 所示。

图 1.3.5　车身稳定系统按键

汽车中有许多类似于电子车身稳定系统的主动安全系统，例如 LDWS、ACC、AEBS、EBS、防碰撞预警系统、疲劳监测系统、胎压监测系统、360°环视系统。以下是详细介绍：

（1）LDWS 车道偏离预警系统：主要是为了预防车辆在行驶过程中偏离车道，一般是通过安装在风窗玻璃前方的单目摄像头来监测车道,如果车辆偏离两侧的车道安全线,则系统会发生警报声来提醒驾驶员,减少因为车道偏离而导致的交通事故。

(2) ACC 自适应巡航系统:是一种主动控制系统,可以在行驶过程中,通过安装在车辆前方的雷达来实时监测车辆和前车的距离,并且与制动系统和发动机控制系统协调工作,如果发现与前车距离较近,就会进行适当干预,降低车速,保持安全距离。

(3) 防碰撞预警系统:与 ACC 自适应巡航系统的原理相同,但可以自动干预车辆进行处理。

(4) AEBS 自动紧急制动系统:是 ABS 防抱死装置和 AEB 自动紧急制动系统的结合体,当车辆遇到突发状况时,系统会根据情况做出预警或者采取不同程度的制动来进行制动,避免事故的发生,与 ACC 自适应巡航系统有一定的共同性。

(5) EBS:是电子控制制动系统,可以实现整车电子制动力的分配,缩短整车的制动距离,提高车辆的制动性能。

(6) 疲劳监测系统:疲劳检测的摄像头一般设计在 A 柱上,通过检测驾驶员眨眼睛、打瞌睡的频次来判断是否处于疲劳驾驶状态,并及时地提醒驾驶员。

(7) 胎压监测系统:实时监测轮胎气压,提前发现轮胎问题。

(8) 360 环视系统:通过多组摄像头和驾驶室内的显示终端来实现,通过显示屏就可以观测到车身周围的情况,减少视觉盲区,提高安全性。

项目 1.4　比亚迪秦 EV 整车三个典型调节模块识别

纯电动汽车的空调制冷系统与传统燃油车的类似,但在制热系统方面存在一些不同。传统车辆通常使用发动机热量作为制热源,而纯电动汽车可以使用电力作为主要能源来给车内加热,这种制热方式在传统汽车中并不常见。电动转向系统 EPS 在功能上与传统燃油车的电动转向系统相似,都是用于提供转向辅助。然而,在控制信号的传递和系统优化方面,纯电动车辆的 EPS 可能具有一些差异。由于纯电动车的特殊性能和电子系统的不同,故控制信号的传递可能需要更多定制化及针对纯电动车辆的优化。能量回收调节是纯电动汽车和混合动力汽车特有的功能,这种系统允许车辆在制动或减速时将动能转化为电能,然后存储在电池中,其可以提高车辆的能源利用效率,且传统的燃油车型一般不具备这种功能。

一、电动空调系统

汽车空调系统是实现对车厢内空气进行制冷、加热、换气和空气净化的装置,如图 1.4.1 所示。空调器能控制车厢内的气温,既能加热空气,也能冷却空气,以便把车厢内的温度控制到舒适的水平;空调器能够排出空气中的湿气,干燥空气吸收人体汗液,以营造更舒适的环境;空调器可吸入新风,具有通风功能;空调器可过滤空气,排除空气中的灰尘和花粉。汽车空调系统可以为乘车人员提供舒适的乘车环境,降低驾驶员的疲劳强度,提高行车安全。

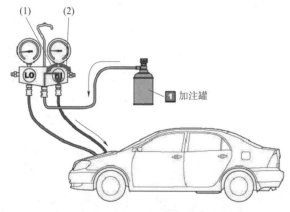

图 1.4.1　汽车空调系统

(1) 调节车内的温度。

汽车空调在冬季利用其供暖装置升高车内的温度,在夏季利用其制冷装置降低车内的温度。

(2) 调节室内的湿度。

①绝对湿度:每立方米湿空气中所含水蒸气的质量,即水蒸气密度,单位为 kg/m^3,空气中水蒸气含量越多,则空气的绝对湿度越大。

②相对湿度：表示空气中的绝对湿度与同温度和气压下的饱和绝对湿度的比值，即某湿空气中所含水蒸气的质量与同温度和气压下饱和空气中所含水蒸气的质量之比。通常所说的湿度就是指相对湿度。

汽车空调的除湿功能主要是通过制冷装置中的蒸发器来实现的。当空气经过蒸发器时，蒸发器会吸收空气中的水蒸气，使其凝结成水，从而降低空气中的绝对湿度。然后，空调系统中的加热装置（如加热器芯）会对空气进行升温，增加空气的饱和绝对湿度。通过降低空气的相对湿度，人们可以感到更加舒适。值得一提的是，目前汽车上还没有安装加湿装置，因此只能通过打开车窗或通风设施来引入车外的新风，以调节车内空气的湿度。这样做的好处是可以增加车内空气的流通性，提高车内空气的质量。然而，如果外部环境过于干燥或者存在污染问题，这种方法可能无法满足车内湿度调节的需求。

通过实验测定，最宜人的车内温湿度是：冬天温度为 20~25 ℃，相对湿度为 30%~80%；夏天温度为 23~30 ℃，相对湿度为 30%~60%。在此范围内感到舒适的人占 95% 以上。

(3) 调节车内的空气流速。

空气的流速和方向对人体舒适性影响很大。夏季，气流速度稍大时有利于人体散热降温，但过大的风速直接吹到人体上会使人感到不舒服；冬季，风速大了会影响人体保温，因而冬季供暖时气流速度应尽量小一些。根据人体生理特点，头部对冷比较敏感，脚部对热比较敏感，因此，在布置空调出风口时，应采取上冷下暖的方式，即让冷风吹到乘员的头部、暖风吹到乘员的脚部。

(4) 过滤、净化车内的空气。

由于车内空间小、乘员密度大，车内极易出现缺氧和二氧化碳浓度过高的情况。汽车发动机废气中的一氧化碳和道路上的粉尘、野外有毒的花粉都容易进入车内，造成车内空气污浊。因此，汽车空调必须具有补充车外新鲜空气、过滤和净化车内空气的功能。一般汽车空调装置上都设有进风门、排风门、空气过滤装置和空气净化装置。

汽车空调一般由制冷系统、暖风系统通风系统、配气系统、控制系统和空气净化系统组成。汽车空调系统的组成及其功能的详细描述如下：

(1) 制冷系统。

制冷系统是汽车空调系统中的核心部分，其主要功能是冷却和除湿。通过制冷剂的循环，制冷系统能够将外部进入车内的新鲜空气或车内空气冷却，或者降低车内空气的湿度，从而使车内环境变得凉爽舒适。

(2) 暖风系统。

暖风系统的功能主要是供暖，它可以通过对外部进入车内的新鲜空气或车内空气进行加热，来达到供暖和除湿的目的。在寒冷天气中，它可以为车内提供温暖的环境，提高驾驶员和乘客的舒适度。

(3) 通风系统。

通风系统的作用是将外部新鲜空气吸进车内，实现车内空气的流通和换气。这个系统可以有效地改善车内空气质量，防止风窗玻璃起雾，并确保车内空间的舒适度。

(4) 配气系统。

配气系统的主要任务是将吸入的新鲜空气、冷气、热风等进行有机配合和调节，形成冷暖适宜的气流吹出。它通常由新鲜空气进风口、循环空气进风口、各种用途的出风口

（包括前出风口、侧出风口、除霜口等）以及各风口风门组成。进、出风口的切换以及开度由各种风门控制，因此风门的布置及控制是影响配气系统优劣的重要因素。

（5）控制系统。

控制系统对汽车空调系统的各组成部分进行控制，通过调控制冷、供暖和通风等功能，将车内空间的环境调整到人体感觉最适宜的状态。这个系统可以实现对温度、湿度、气流等参数的精确控制。

（6）空气净化系统。

空气净化系统的作用是对车厢内成员呼吸排出的二氧化碳、蒸发的汗液、吸烟产生的烟以及从车外进入的灰尘、花粉等污染物进行净化，确保车内空气的清洁度。它能够有效地去除空气中的异味和有害物质，提高车内空气的质量。

空调的工作原理为：压缩机运转时，将蒸发器内产生的低压低温蒸气吸入气缸，经过压缩后，形成高压高温蒸气排入冷凝器。在冷凝器中，高压高温的制冷剂蒸气与外面的空气进行热交换，放出热量使制冷剂冷凝成高压高温液体，然后经储液干燥器干燥和过滤后流入膨胀阀。高压高温液态制冷剂经膨胀阀节流后压力和温度急剧下降，制冷剂以低压低温的气液混合状态进入蒸发器。在蒸发器里，低压低温液态制冷剂吸取车厢内空气的热量，汽化成低压低温蒸气并进入压缩机进行下轮循环。这样，制冷剂在封闭的系统内经过压缩、冷凝、节流和蒸发4个过程，完成了个制冷循环。

在制冷系统中，压缩机起着压缩和输送制冷剂的作用，它是整个系统的"心脏"。膨胀阀对制冷剂起节流降压的作用，同时调节进入蒸发器制冷剂液体的流量。蒸发器是输出冷量的设备，制冷剂在其中吸收空气的热量并实现降温。冷凝器是放出热量的设备，制冷剂从蒸发器中吸收的热量连同压缩机消耗机械能所转化的热量一起经冷凝器散发到大气中。压缩机输出侧、高压管路、冷凝器和储液干燥器构成高压侧；蒸发器、低压管路、压缩机输入侧、低管路和蒸发器构成低压侧。压缩机和膨胀阀是空调系统高、低压侧的分界点。

电动空调各部件的工作原理如下：

（1）电动压缩机。

压缩机根据运动形式通常可以分为旋转活塞式和往复活塞式两大类，其中往复活塞式又可以根据活塞的种类分为曲轴连杆式、轴向活塞式和径向活塞式三种，旋转活塞式又可以分为旋叶式、转子式、螺杆式和涡旋式四种。此外，也可以根据压缩机的工作容量是否变化将其分为定容量式和变容量式两大类。

目前，在汽车上应用比较广泛的有摇板式、斜盘式、旋叶式和涡旋式等，其中摇板式和斜盘式可以比较方便地做成变容量压缩机。

①摇板式压缩机的结构和工作原理（见图1.4.2和图1.4.3）。气缸以压缩机的轴线为中心均匀分布，主轴旋转时，带动楔块一起旋转，楔块推动摇板以钢球为中心摆动，摇板带动活塞在气缸内做往复运动，主轴每转动一周，每一个气缸完成压缩、排气、膨胀、吸气的一个循环。一般一个摇板配有五个活塞，主轴转动一周时，就有五次排气过程。

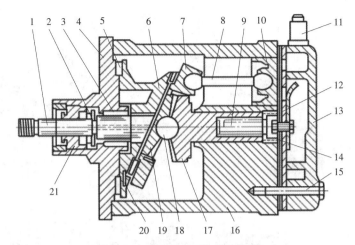

图 1.4.2 摇板式压缩机的结构

1—主轴；2—轴封；3—轴承；4—前盖；5—平面止推轴承；6—斜盘；7—摇板；8—球形连杆；9—弹簧；10—活塞；11—吸、排气口；12—阀板组件；13—气缸盖；14—调节螺钉；15—连接螺钉；16—缸体；17—防旋齿轮（固定齿）；18—钢球；19—防旋齿轮（动齿）；20—平衡块（铸入斜盘中）；21—油毛毡

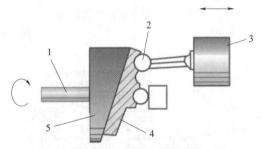

图 1.4.3 摇板式压缩机的工作原理

1—主轴；2—钢球；3—活塞；4—摇板；5—楔块

②斜盘式压缩机的结构和工作原理（见图 1.4.4 和图 1.4.5）。前后布置的两组气缸均以压缩机主轴为中心均匀布置，斜盘以一定角度与主轴固定在一起，斜盘的边缘装在活塞中部的槽中，活塞槽与斜盘边缘通过钢球轴承连接在一起，活塞为双向活塞，两端分别伸入前后两个气缸中。当主轴带动斜盘转动时，斜盘驱动活塞做轴向移动，由活塞在前后布置的气缸中同时做轴向运动，这相当于两个活塞在做双向运动。斜盘每转动一周，前后两个活塞各自完成吸气、压缩、排气、膨胀过程，相当于两个工作循环。如果缸体截面均布 5 个气缸和 5 个双向活塞，则当主轴旋转一周时有 10 次排气过程。

③涡旋式压缩机的结构和工作原理。北汽 EV160 空调压缩机采用的是电动涡旋式压缩机，其主要由高低压插件、驱动控制模块、直流无刷电机和涡旋式压缩机组成。涡旋式压缩机由固定涡管和旋转涡管组成，两涡管相切，相互啮合形成一组月牙形空间。随着旋转涡管的旋转，月牙形空间逐步移动，容积越来越小，通过吸入口吸入的制冷剂被压缩，直至从排出孔排除。如此周而复始完成吸气、压缩、排气工作过程，整个过程是连续的。理论上，涡旋圈的圈数越多，动作越平稳，效率越高。在实际应用中，为了防止过压缩和受直径限制，一般汽车空调涡旋式压缩机涡旋圈数为 2.5~3 圈。

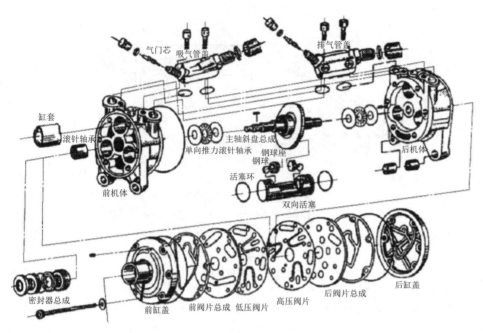

图 1.4.4 斜盘式压缩机结构

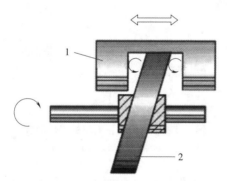

图 1.4.5 斜盘式压缩机工作原理
1—活塞；2—回转斜盘

（2）冷凝器。

冷凝器的作用是把压缩机排出的高温高压气态制冷剂，通过冷凝器将热量散发到车外空气中，变成高温高压的液态制冷剂。冷凝器大多布置在车头前部、侧面或车底，安装在散热器前面，或与散热器安装在同一垂直平面上。冷凝器有管片式、管带式及平行流式三种结构形式。

①管片式冷凝器（见图1.4.6）。管片式冷凝器由管和散热片组成。它是用胀管法将铝翅片胀紧在紫铜管上，管的端部用U形弯头焊接

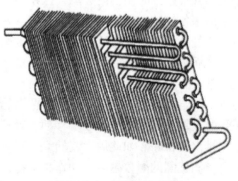

图 1.4.6 管片式冷凝器

起来。管片式冷凝器散热效率较低、制造工艺简单,通常用在大中型客车的制冷装置上。

②管带式冷凝器(见图 1.4.7)。管带式冷凝器由管和散热带组成。它是将扁平管弯成蛇形管,在其中安置散热带,然后在真空加热炉中将管带间焊好。这种冷凝器的传热效率比管片式可提高 15%~20%,一般用在小型汽车的制冷装置上。

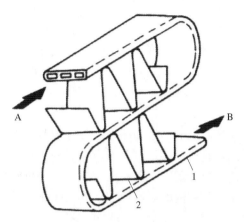

图 1.4.7 管带式冷凝器

1—扁平管;2—波形散热带

③平行流式冷凝器(见图 1.4.8)。平行流式冷凝器是一种管带式结构。它由圆筒集流管、扁平管、波形散热翅片及连接管组成。在两条集流管间用多条扁管相连,并用隔片隔成若干组,进口处管道多,逐渐减少每组管道数即实现了冷凝器内制冷剂温度及流量分配均匀,提高了换热效率,降低了制冷剂在冷凝中的压力损耗。与管带式相比较,其放热性能提高了 30%~40%,通路阻力降低了 25%~33%,内容积减少了 20%,大幅度地提高了其放热性能,是目前较先进的汽车空调冷凝器。

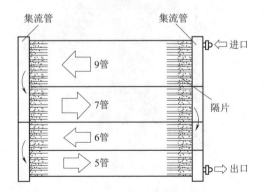

图 1.4.8 平行流式冷凝器

(3)蒸发器。

蒸发器的作用是让低温低压液态制冷剂在其管道中吸热蒸发,使蒸发器和周围空气的温度降低。蒸发器通常装在仪表板后的风箱内,有管片式、管带式和层叠式三种结构。

①管片式蒸发器。

管片式蒸发器由铜质或铝质圆管套上铝翅片组成,经胀管工艺使铝翅片与圆管紧密接触。管片式蒸发器结构简单、加工方便，但其换热效率较差。

②管带式蒸发器。

管带式蒸发器由多孔扁管与蛇形散热铝带焊接而成。管带式蒸发器工艺比管片式复杂，换热效率比管片式提高了10%左右。

③层叠式蒸发器。

层叠式蒸发器由两片冲成复杂形状的铝板叠在一起组成制冷剂通道，每两片通道之间夹有蛇形散热铝带。这种蒸发器加工难度最大，但其换热效率也最高，结构也最紧凑，应用比较广泛。

（4）膨胀阀。

膨胀阀的作用如下：

①节流降压。它使从冷凝器来的高温高压液态制冷剂节流降压成为容易蒸发的低温低压雾状制冷剂进入蒸发器，是制冷剂高压侧和低压侧的分界点。

②自动调节制冷剂流量。由于制冷负荷的改变以及压缩机转速的改变，要求制冷剂流量应做出相应的改变，以保持车室内的温度稳定。膨胀阀能自动调节进入蒸发器的制冷剂流量，以满足制冷循环要求。

③防止液击和过热。膨胀阀控制制冷剂流量，防止制冷剂过多而使液态制冷剂进入压缩机而造成液击现象，同时又能防止制冷剂过少而使制冷系统过热。

常用的膨胀阀有热力膨胀阀和 H 形膨胀阀，热力膨胀阀有外平衡和内平衡两种形式。

①内平衡式热力膨胀阀（见图 1.4.9）。

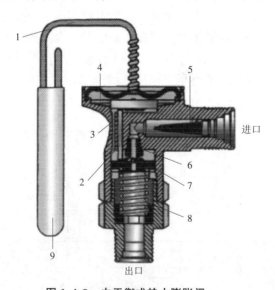

图 1.4.9　内平衡式热力膨胀阀

1—毛细管；2—顶杆；3—内平衡孔；4—膜片；5—滤网；6—节流孔；
7—阀芯；8—弹簧；9—感温包

内平衡式热力膨胀阀安装在蒸发器的进口管上，感温包安装在蒸发器的出口管上，通常根据蒸发器出口温度调整进口的制冷剂流量，以满足蒸发器热负荷变化的需要。感温包内充注制冷剂，与膜片上方通过毛细管相连，感受蒸发器出口温度的变化，膜片下方通过内平衡孔与膨胀阀进口相通,感受进口制冷剂压力。如果空调负荷增加,蒸发器出口的温度升高,感温包内的气体压力上升,使阀门的开度加大,制冷剂的流量增加;反之,空调负荷减小时,制冷剂的流量随之减小。

②外平衡式热力膨胀阀(见图1.4.10)。

外平衡式热力膨胀阀的安装位置和工作原理与内平衡式热力膨胀阀基本相同,区别是:膜片下面通过外平衡管与蒸发器出口相通,感受出口制冷剂压力。

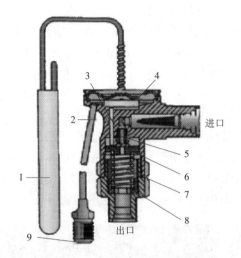

图1.4.10 外平衡式热力膨胀阀
1—感温包;2—外平衡管;3—顶杆;4—膜片;5—节流孔;6—阀芯;
7—弹簧;8—弹簧座;9—外平衡管接口

③H形膨胀阀(见图1.4.11)。

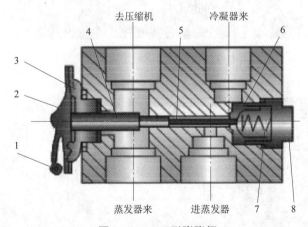

图1.4.11 H形膨胀阀
1—敏感元件;2—膜盖;3—膜片;4—顶杆;5—传动杆;
6—球阀;7—弹簧座;8—弹簧

H形膨胀阀是一种整体型膨胀阀,它取消了外平衡式膨胀阀的外平衡管和感温包,直接与蒸发器进出口相连。其内部通路形同H,有4个接口,其中两个接口和普通膨胀阀一样，一个接储液干燥器出口，另一个接蒸发器进口；另外两个接口，一个接蒸发器出口，另一个接压缩机进口。膜片下面的感温元件处在从蒸发器出口到压缩机入口的制冷剂气流中，感受蒸发器温度，从而调整进入蒸发器的制冷剂量。其特点是感应温度不受环境影响，不存在因毛细管而造成的时间滞后，提高了调节灵敏度。北汽 EV160 电动空调系统膨胀阀就是 H 形膨胀阀。

比亚迪 EV 系列车型在热管理系统方面有不同的设计。2017 年量产的比亚迪秦 EV 采用了两套循环管路系统，其中一套用于电驱动系统，另一套则用于驾驶舱空调制热和动力电池热管理。这种系统设计方式旨在更有效地管理电动汽车的热能。2018 年量产的帝豪 EV450、GSe 以及 2019 年量产的 GSe400 和几何 A 车型继承了类似的双循环系统技术。这些车型的技术进化表现在驾驶舱空调制热系统和动力电池低温预热系统的改进上。这两套系统分别配备了功率为 7 kW 的 PTC 模组，并采用独立的管路和控制策略。这种技术配置使得这些车型在制冷和散热、供暖等功能方面具有更高的效率和性能。举例来说，2017 款的帝豪 EV300 采用了两套循环管路系统，其中一套用于制冷和散热，类似于传统汽车的功能；另一套系统则专注于提供供暖功能，主要依靠 PTC 模组实现。这两套系统在车辆中的布局位置如图 1.4.12 和图 1.4.13 所示。这种系统设计能够有效实现制热功能，并通过 PTC 模组在制冷和制热之间切换，提高了车辆的热能利用效率。

图 1.4.12 部分空调制冷的模块位置

图 1.4.13 部分空调制热的模块位置

汽车空调暖风系统的主要作用是与蒸发器配合一起将空气调节到乘员舒适的温度；在

冬季向车内提供暖气，升高车内环境温度；当车上玻璃结霜和结雾时，输送热风来除霜和除雾。PTC 电加热模块使用 PTC 热敏电阻元件作为发热源，是一种特殊的加热器。PTC 热敏电阻一般由半导体材料制成，其电阻随着环境湿度的变化而急剧变化。当外界温度降低时，PTC 电阻值减小，但发热量反而增加。这种热敏电阻元件根据材料的不同分为陶瓷 PTC 热敏电阻和有机高分子 PTC 热敏电阻，用于空调辅助电加热器的是陶瓷 PTC 热敏电阻。PTC 热敏电阻元件具有随环境温度变化而改变电阻值的特性，因此，PTC 加热模块具备节能、恒温、安全和长寿命等优点。典型的 PTC 模块如图 1.4.14 所示。这种模块的设计有助于提供稳定的加热效果，并且能够自动调节加热功率，确保在不同环境温度下持续提供所需的恒定温度。

图 1.4.14　典型 PTC 模块

二、电动助力转向系统

汽车转向系统是用来改变或保持汽车行驶或者倒退方向的一系列装置。这个系统的主要功能是根据驾驶员的意愿来控制汽车的行驶方向。转向系统不仅包括转向操纵机构、转向器、转向传动机构，还包括其他辅助设备和部件，如助力转向器、转向管柱、转向轴等。

转向操纵机构是驾驶员用来操作汽车行驶方向的工具，包括转向盘、转向轴和转向管柱等部件。转向器是用来改变和保持汽车行驶方向的装置，通常包括转向蜗杆、齿条、齿扇等部件。转向传动机构则用于将转向器的输出转化为车轮的转动，包括转向横拉杆、转向直拉杆和转向节臂等部件。

转向系统的类型有多种，包括机械助力转向、液压助力转向、电控液压助力转向、电动助力转向等。机械助力转向是最早的助力方式，它依靠人力来提供助力，但操作较重。液压助力转向是在机械助力的基础上加入液压系统，通过液压泵提供助力，操作相对较轻。电控液压助力转向是在液压助力的基础上加入电子控制系统，通过电子控制来调节助力大小和方向。电动助力转向是利用电动机来提供助力，具有节能、环保等优点。

1. 液压助力转向系统

液压助力转向系统的主要组成有液压泵、油管、压力流体控制阀、V型传动带和储油罐等。这种助力方式是将一部分发动机动力输出转化成液压泵压力，对转向系统施加辅助作用力，从而使轮胎转向。根据系统内液流方式的不同，液压助力方式有常压式液压助力和常流式液压助力。常压式液压助力系统的特点是无论转向盘处于正中位置还是转向位置，转向盘保持静止还是在转动，系统管路中的油液总是保持高压状态；而常流式液压转向助力系统的转向油泵虽然始终工作，但液压助力系统不工作时，油泵处于空转状态，管路的负荷要比常压式小，现在大多数液压转向助力系统都采用常流式。

2. 电控液压助力转向系统

电控液压助力转向系统是一种先进的转向系统，它通过电子控制技术来提供最佳的助力效果。该系统的主要构件包括储油罐、助力转向控制单元、电动泵、转向机、助力转向传感器等。其中，助力转向控制单元和电动泵是整个系统的核心部分，它们被设计成一个整体结构。这种设计使得系统可以根据车辆的行驶速度、转向角度等信号计算出最理想的助力，并通过电动泵的运转来提供相应的助力。与传统的液压助力转向系统不同，电控液压助力转向系统中的液压泵不再依靠发动机胶带直接驱动，而是采用一个电动泵，这样的设计使得系统的助力更加精确、响应更加迅速。同时，由于电动泵的使用，故可以根据需要随时调整助力的大小和方向，从而提高了驾驶员对转向操作的掌控力度。储油罐是整个系统中另一个重要的组成部分，它主要用来储存助力转向所需要的液压油。液压油在系统中起着重要的作用，它可以帮助传递液压助力，并起到润滑和冷却的作用。此外，转向机也是系统中不可或缺的一部分，它主要用来将电动泵提供的助力转化为转向轮的转动，从而实现车辆的转向操作。电控液压助力转向系统具有精确、响应迅速、可调性强等特点，提高了驾驶员对转向操作的掌控力度，同时也提高了车辆行驶的安全性和舒适性。

3. 电动助力转向系统

电动助力转向是用电机直接提供助力，助力大小由电子控制单元（ECU）控制的动力转向系统。EPS主要由扭矩及转角传感器、车速传感器、电机、减速机构和电子控制单元（ECU）等组成，转动转向盘带动转向轴旋转，ECU根据安装在转向轴上的扭矩传感器信号结合转向角传感器等运行参数控制电机转动的方向和助力的大小。

电动助力转向系统（Electric Power Steering，EPS）以前主要使用双线圈的转矩传感器，仅能检测转向盘的转向转矩，不能检测转向盘转动的角度和角速度，从而难以实现精确控制，所以其发展趋势倾向于将转矩传感器和转角传感器集成化，并采用非接触式结构，如磁环霍尔式、磁环磁阻式、光电式、微波式等传感器，以适应汽车智能化和集成化的发展。

1）传感器

传感器包括转矩传感器、转角传感器和电流传感器3种。

(1) 转矩传感器。转矩传感器的作用是采集驾驶人施加在转向盘上的力矩大小,经过处理后输入 ECU。该信号是 EPS 的主要控制信号之一。磁环磁阻式转矩传感器:以磁阻元件组成的集成电路作为传感头,信号轮是与转向管柱同步转动的多极磁性转子。驾驶人转向时转向管柱转动,带动磁性转子转动,扭力杆(扭转杆)在转向管柱的带动下拖动小齿轮转动,进而推动齿条运动。因为转向时扭力杆的扭转使磁性转子与利用磁阻效应的传感头错开,所以通过磁阻元件的磁通量发生变化,这种变化经放大后输入 EPS。

(2) 转角传感器。转角传感器的作用是采集驾驶人施加在转向盘上的转向角度与角速度的信号,经处理后输入 ECU。该信号为 EPS 的主要控制信号之一,当该信号失效时,应急运转模式启动,由替代值代替,EPS 仍然起作用,只不过故障指示灯常亮。转角传感器一般为光电式,利用光栅原理测量角度。光束通过孔隙照到传感器上,产生电压信号;若光线被挡住,则电压消失。因为中间层信号盘开口均匀转动时会产生高低两个不同的电压序列,匀速转动信号盘产生的电压信号是规则信号,而外层信号盘因为开口不规则生成不规则的高低电压信号,比较规则与不规则的两个信号,系统可以计算出模板移动的距离,然后由不规则模板确定运动的起始点。ECU 的输入信号除转向盘转角、转向盘转矩及车速等基本信号外,有的汽车还有汽车横摆角速度、侧向加速度及前轴负荷等多种辅助信号,主要是为了判断地面附着力变化,修正转向电机电流。

(3) 电流传感器。电流传感器位于 ECU 内,用于检测电机回路的电流。

2) EPS 控制单元(ECU)

ECU 是 EPS 的控制核心,它根据各传感器的输入信号进行计算分析,得出控制参数的最佳值,然后发出控制指令给电机,控制其动作。ECU 的控制系统与控制算法也是 EPS 的关键技术之一,要求控制系统抗干扰性好,能进行实时控制,还应具有安全保护和故障自诊断功能等。

3) 电机

电机的作用是根据 ECU 的控制指令输出适宜的助力转矩,它是 EPS 的动力源。汽车转向时的路感和电机的性能密切相关,要求小转角时助力增加慢、大转角时助力增加快、低速时助力大、高速时助力小,而且转向轮对转向盘的跟随性好。电机是 EPS 的关键技术之一,要求具有控制性能好、转速低、转矩高、响应快、波动小、尺寸小及可靠性高等特点。常用的电机包括永磁同步电机和无刷直流电机两类,它们既保留了普通直流电机优良的机械特性与调节特性,而且结构简单、运行可靠。永磁同步电机转矩脉动小、响应快、结构紧凑,若能确保产生恒定的磁场,永磁同步电机用最简单的 PWM 方式调节电枢电流即可获得所需的助力力矩,从而简化 ECU 软硬件设计

EPS 借助电机对转向轴实现助力作用。EPS 由转向盘转动转矩和转速传感器、车速传感器、助力机械装置、转向助力电机及控制单元组成。汽车不转向时,电机不工作。当驾驶人操作转向盘时,连接转向盘的扭杆发生形变,其形变角度与施加到转向盘的转矩成正比,转矩传感器将扭杆形变的角度转化成线性的电压输出信号 T,此信号和车速信号 V 一起被送入 ECU。ECU 根据这些信号,结合所检测到的助力电机的电流反馈信号进行运算处理,从目标电机电流曲线图中确定电机助力电流的大小与方向。该电流对应的电机输出转矩为所需的助力转矩,由电磁离合器通过减速机构减速增矩后,加在转向轴上,使其得到一个与汽车行驶工况相适应的转向作用力。在不同车速下,转向助力电流不同,导致转向

盘转动力矩不同，通常 ECU 存储左右两个方向各 8 条目标电机电流曲线。若转向盘转动到最大转角位置，并保持在此位置，则转向助力也达到最大，控制单元减小供给电机的电流，以免电机过载和损坏电机。

EPS 一般有以下 3 种工作模式：

（1）正常控制模式：正常控制模式，这是 EPS 的主要工作模式，当驾驶员进行转向操作时，系统会响应来自转向转矩与转速传感器的信号，根据这些信号计算出所需的助力大小和方向，然后通过电动泵提供相应的助力，帮助驾驶员完成转向操作。

（2）返回控制模式，在完成转向操作后，如果驾驶员希望将车辆回到直线行驶状态，EPS 会通过此模式帮助驾驶员进行回正操作。在这个过程中，EPS 会根据转向角度传感器和车速传感器等信号，自动计算出车辆需要返回的直线行驶方向，并施加适当的助力使车辆回到直线行驶状态。

（3）阻尼控制模式：当车辆行驶速度发生变化时，EPS 会通过此模式来改善路感，并对反冲的不良反应进行阻尼。具体来说，系统会根据车速传感器等信号，自动计算出车辆在各种行驶状态下的阻尼力，并通过电动泵施加适当的助力来保持车辆的稳定性和直线行驶状态。

纯电动汽车采用的电动助力转向系统与传统汽车采用的电动系统基本相同，与液压动力转向系统相比，EPS 系统主要有以下几个方面的优势：

①能耗少。电动助力转向系统（EPS）在能源消耗方面表现出显著的优势。它不使用传统液压助力转向系统中的转向油泵，只在转向时由电动机提供辅助力量，这种设计降低了动力消耗和燃油消耗的可能性，为车辆的燃油经济性带来了显著的提升。相比于传统燃油车使用的液压助力转向系统，EPS 可节约燃油 3%～5%，这对于提高整车的能源利用效率和降低燃油消耗具有显著的意义。EPS 系统的设计优势在于最大程度地降低了不必要的能量浪费，使得车辆在转向时能够更高效地利用能源，从而有效地提高了车辆的燃油经济性。

②路感好。电动助力转向系统（EPS）具备在多种行驶情况下提供最优转向力的能力，这有助于减少路面不平造成的对转向系统的干扰。EPS 系统在各种路况下能够持续提供最佳力度的转向支持，这使得车辆在驾驶过程中更为稳定，降低了驾驶员因路面不平所感受到的转向扰动。此外，EPS 系统内部采用了刚性连接，并可以通过软件进行控制，以改善其滞后特性。这种设计允许系统更灵活地对转向力进行调整，以提供更加优化的路感。通过这种控制手段，EPS 可以在驾驶中保持良好的响应性，为驾驶员提供更精准、更直观的路感反馈。因此，EPS 在路面不平时能够更有效地抑制转向系统的干扰，为驾驶员提供更加平稳和舒适的驾驶体验。

③安装方便。电动助力转向系统（EPS）的安装设计考虑到简化了许多传统液压转向系统所需的组件，使得安装过程更为便捷。EPS 系统取消了诸如油泵、皮带、液压软管、液压油等部件，这些部件在传统液压转向系统中是必需的，但在 EPS 中被省略，从而减少了装配过程的复杂性。此外，EPS 的电机和减速机构通常安装在转向柱或转向器内部，而非分散式安装。这种内部装配方式使整个转向系统的重量减轻，并且紧凑的设计有助于更容易地安装在车辆的结构中。由于省略了许多传统液压转向系统所需的零部件，故 EPS 系统在安装时能够更加便捷，降低了整个转向系统的装配复杂度和安装过程的工作量。

④回正性能好。电动助力转向系统（EPS）的回正性能出色，主要归因于其结构简单、内部阻力较小以及软件补偿机制的加入。EPS 系统的设计简单而精确，内部阻力较低。这意味着在车辆转向时，系统能够提供较少的阻力，使得转向更为轻松和顺畅。通过软件补偿，EPS 可以优化回正特性。EPS 系统内置了可通过软件控制的机制，能够识别并补偿车辆转向时可能存在的偏差，确保车辆在转向时有更准确的回正动作。这种特性提高了车辆在转向过程中的稳定性和操控性。因此，EPS 系统不仅在提供良好的转向感受和回正特性上表现优异，而且通过软件控制的特性可以使车辆操纵更为稳定和可靠。

⑤应用范围广。电动助力转向系统（EPS）在汽车行业中的应用非常广泛，并适用于各种类型的车辆。目前，EPS 系统主要用于轿车和轻型载货汽车，并且在新能源车辆，尤其是纯电动汽车上具有显著的优势，成了最佳选择。纯电动汽车需要高效、节能的系统来提供动力支持，EPS 恰好符合这一要求。与传统的液压助力转向系统相比，EPS 系统不仅在能源利用上更加高效，而且在回正性能、路感、安装方便等方面也具备明显的优势。EPS 系统还能与新能源汽车的其他电子控制系统无缝整合，这使得车辆可以获得更高级别的智能化和自动化功能。由于纯电动汽车的特殊性质，EPS 能够满足其需求，提供更佳的转向性能和能源利用效率，因此成为这类车辆的理想选择。

⑥整车网络构建。EPS 系统拥有 CAN（Controller Area Network）或 LIN（Local Interconnect Network）等网络接口，因此能够与车辆的其他电子控制系统无缝地进行连接和整合。这种连接性使得 EPS 可以与诸如主动悬架、制动防抱死系统（ABS）、驾驶员辅助系统等其他汽车系统相互通信，共享其电子设备的功能。通过整合不同的电子控制系统，EPS 可以在车辆操控、安全性以及舒适性等方面发挥更为综合的作用。例如，它可以与车辆的稳定控制系统、自动驾驶辅助系统等共同协作，实现更高级别的自动化和智能化功能，这种联动性也是实现汽车智能化的重要一步。随着技术的发展，汽车行业正在朝着无人驾驶的方向不断迈进，EPS 系统作为其中一个重要的组成部分，通过与其他系统的集成，为实现无人驾驶这一终极目标提供了技术基础和支持。

帝豪 2017 款 EV300 的 EPS 示意图如图 1.4.15 所示。

图 1.4.15 帝豪 EV300 的 EPS 系统位置

以比亚迪秦为例，该车使用的是齿轮齿条式电动助力转向系统，简称 R-EPS。R-EPS 是在机械转向系统的基础上，将电子技术和高性能的电机控制技术应用于新能源汽车转向系统。R-EPS 在原有汽车转向系统的基础上，改造并且增加了 R-EPS 电子控制模块、扭矩及转角传感器、R-EPS 电机等。系统采用电机驱动，取代了传统的机械液压机构。

R-EPS 通常包括扭矩及转角传感器、R-EPS 电子控制模块、R-EPS 电机、相关机械结构。R-EPS 由 R-EPS 电机提供助力，助力大小由 R-EPS 电子控制模块实时调节与控制，即根据车速的不同提供不同的助力，以改善汽车的转向特性，减轻停车泊位和低速行驶时的操纵力，提高高速行驶时的转向操纵稳定性，进而提高了汽车的主动安全性。R-EPS 主要有以下几个功能：

（1）助力控制功能。R-EPS 的助力特性属于车速感应型，即在同一转向盘力矩输入下，电机的目标电流随车速的变化而变化，能较好地兼顾轻便性与路感的要求。R-EPS 的助力特性为分段型助力。R-EPS 电机根据转向盘偏离方向施加助力转矩，以保证低速时转向轻便，高速时操作稳定并获得较好的路感。

（2）回正控制功能。转向时，由于转向轮主销后倾角和主销内倾角的存在，使得转向轮具有自动回正的作用。R-EPS 在机械转向机构的基础上，增加了 R-EPS 电机和减速机构。R-EPS 通过 R-EPS 电子控制模块对 R-EPS 电机进行转向回正控制，与前轮定位产生的回正力矩一起进行车辆的转向回正动作，使转向盘迅速回正，并抑制转向盘振荡，保持路感，提高转向灵敏性和稳定性。回正控制通过调整回正补偿电流，进而产生回正作用转矩，该转矩沿某一方向使转向轮返回到中间位置。

（3）阻尼控制功能。车辆高速行驶时，通过控制阻尼补偿电流进行阻尼控制，增强驾驶员的路感，以改善车辆高速行驶情况下转向的稳定性。

汽车转向时，扭矩及转角传感器把检测到的扭矩及角度信号的大小、方向经处理后传给 R-EPS 电子控制模块，R-EPS 电子控制模块同时接收车速信号，然后根据车速信号、转角和扭矩信号决定电机的旋转方向和助力扭矩的大小。同时，电流传感器检测电路的电流，对驱动电路实施监控，最后由驱动电路驱动电机工作，实施助力转向。

三、制动能量回收分析

能量回收系统也称"制动能量回收系统"或"再生制动"，是指新能源汽车在减速制动（或者下坡）时将汽车的部分动能转化为电能，并将电能储存在储存装置（如各种蓄电池、超级电容和超高速飞轮）中，最终增加新能源汽车的续驶里程。制动能量回收的基本原理是先将汽车制动或减速时的一部分机械能（动能）经能量回收系统转换（或转移）为其他形式的能量（旋转动能、液压能、化学能等），并储存在储能器中，同时产生一定的负荷阻力使汽车减速制动；当汽车再次启动或加速时，再生系统又将储存在储能器中的能量转换为汽车行驶所需要的动能（驱动力）。

电动机与发电机在工作原理上有着相互联系的关系。电动机以电能为输入，通过电流在磁场中的相互作用，使得通电导体在磁场中产生力，进而转化为机械能。与之相反，发电机则将机械能转化为电能，利用电磁感应原理，通过旋转转子或外部磁场的运动，切割磁场并产生电流。这两者在结构上相似，都由定子、转子等构件组成。电动机和发电机是可逆的，当在发电机或电动机的定子上施加额定电压时，转子就会开始旋转。通过外力对发电机或电动机的转子进行旋转，定子便会产生电压并释放电流。因此，在汽车减速或制动时，由于惯性作用，电动机的转子受到力的作用而开始转动，即切割磁场并产生电流。电动机此时类似于发电机的工作状态，将纯电动汽车在减速过程中失去的动能转换成电能,最终通过特殊的电路将这些转化后的电能储存到电池内。

能量输出、回收的结构框图如图 1.4.16 和图 1.4.17 所示。当驾驶员踩下制动踏板后,电泵使制动液增压产生所需的制动力,制动控制与电机控制协同工作,确定电动汽车上的再生制动力矩和前后轮上的液压制动力。再生制动时,再生制动控制回收再生制动能量,并且反充至动力电池中。与传统燃油车相同,电动汽车上的 ABS 及其控制阀的作用是产生最大的制动力。

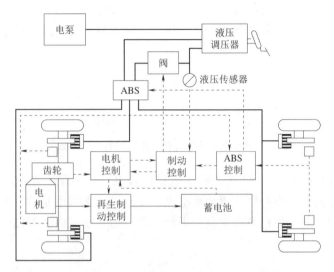

图 1.4.16 能量输出、回收的结构示意图

图 1.4.17 能量回收示意图

根据储能机理不同,电动汽车制动能量回收的方法也不同,主要有 3 种:飞轮储能、液压储能和电化学储能。

1. 飞轮储能

飞轮储能是一种利用高速旋转的飞轮来储存和释放能量的技术。在汽车领域,飞轮储能系统被广泛应用于能量的回收和利用。飞轮储能系统的核心原理是将汽车在制动或减速过程中的动能转化为飞轮高速旋转的动能。当汽车制动或减速时,飞轮开始旋转并储存这种动能。这种储存的动能可以在汽车再次启动或加速时被释放出来，通过传动装置转化为汽车行驶的驱动力。飞轮储能系统的能量回收系统原理图如图 1.4.18 所示。该系统包括飞轮、传动装置、发电机和控制装置等部分。在汽车制动或减速时，控制装置会启动发电机，将汽车的动能转化为电能，同时驱动飞轮旋转。当飞轮达到一定转速后，其储存的动能可以用于汽车再次启动或加速。当汽车再次启动或加速时，控制装置会启动飞轮，使其通过传动装置将储存的动能转化为汽车行驶的驱动力，这种驱动力可以有效地提高汽车的加速性能和燃油经济性。飞轮储能系统是一种高效、环保的能量回收和利用技术，它可以有效地提高汽车的能源利用效率和减少尾气排放。随着技术的不断发展，飞轮储能系统在未来有望得到更广泛的应用。

图 1.4.18　飞轮储能式制动能量回收系统原理图

图 1.4.19 所示为一种飞轮储能式制动能量回收系统示意图。系统主要由发动机、高速储能飞轮、增速齿轮、离合器和驱动桥组成。发动机用来提供驱动汽车的主要动力；高速储能飞轮用来回收制动能量及作为负荷平衡装置，为发动机提供辅助的功率，以满足峰值功率的要求。

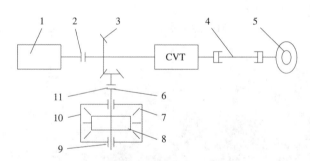

图 1.4.19　飞轮储能式制动能量回收系统示意图
1—发动机；2—主离合器；3—增速齿轮；4—传动轴；5—驱动轴；6—飞轮轴；7—空气流；
8—高速储能飞轮；9—轴承；10—飞轮箱；11—飞轮离合器

2. 液压储能式制动能量回收系统

液压储能式制动能量回收系统原理图如图 1.4.20 所示。它先将汽车在制动或减速过程中的动能转换成液压能，并将液压能储存在液压储能器中；当汽车再次启动或加速时，储能系统又将储能器中的液压能以机械能的形式反作用于汽车，以增加汽车的驱动力。液压储能式制动能量回收系统的优点在于其高效性和环保性。这种系统能够有效地将制动或减速过程中的动能转化为液压能并储存起来，避免了能量的浪费。同时，由于液压储能器的储存容量较大，故这种系统可以适应不同工况下的能量回收和利用需求。此外，液压储能式制动能量回收系统还具有结构简单、维护方便等优点。

图 1.4.20　液压储能式制动能量回收系统原理图

此回收系统由发动机、液压泵/电动机、储能器、变速器、驱动桥、离合器和液压控制系统组成。当汽车需要启动、加速或爬坡时,液控离合器会接合,使液压储能器与连动变速器连接。此时,液压储能器中的液压能被液压泵/电动机转化为驱动汽车的动能,用于辅助发动机满足驱动汽车所需的峰值功率。这种辅助动能的利用可以有效地提高汽车的启动和加速性能,同时减少燃油消耗。当汽车减速时,电控元件会发出信号,使系统处于储能状态。在这个过程中,系统将动能转换为压力能并储存在液压储能器内。这种压力能的储存可以有效地减少能量的浪费,并且可以在后续的启动或加速过程中再次得到利用。此时,汽车行驶阻力增大,车速降低直至停车。在紧急制动或初始车速较高时,能量回收系统不工作,以确保原车制动系统的正常工作。这是因为能量回收系统介入可能会对原车的制动性能产生影响。

液压储能式制动能量回收系统示意图如图 1.4.21 所示。

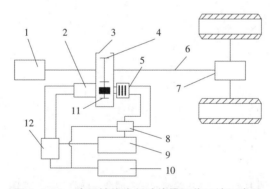

图 1.4.21　液压储能式制动能量回收系统示意图

1—发动机；2—液压泵；3—连动变速箱；4—大齿轮；5—液控离合器；6—转动轴；7—后桥；
8—离合器控制阀；9—液压油箱；10—储能器；11—小齿轮；12—液压控制系统.

3. 电化学储能式制动能量回收系统

电化学储能式制动能量回收系统原理图如图 1.4.22 所示。它先将汽车在制动或减速过程中的动能,通过发电机转化为电能并以化学能的形式储存在储能器中,当汽车再次启动或加速时,再将储能器中的化学能通过电动机转化为汽车行驶的动能。储能器可采用动力电池或超级电容,由发电机/电动机实现机械能和电能之间的转换。系统还包括一个控制单元,用来控制蓄电池或超级电容的充放电状态,并保证蓄电池的剩余电量在规定的范围内。

图 1.4.22　电化学储能式制动能量回收系统原理图

图 1.4.23 所示为一种用于前轮驱动汽车的电化学储能式制动能量回收系统示意图。当汽车以恒定速度或加速度行驶时,电磁离合器脱开;当汽车制动时,行车制动系统开始工作,汽车减速制动,电磁离合器接合,从而接通驱动轴和变速器的输出轴。这样,汽车的动能由输出轴、离合器、驱动轴、驱动轮和从动轮传到发动机和飞轮上。制动时的机械能由电动机转换为电能,存入动力电池。当离合器再分离时,传到飞轮上的制动能驱动发电机产生电能,存入蓄电池。在发电机和飞轮回收能量的同时会产生负载作用,作为前轮驱动的制动力。当汽车再次启动时,动力电池的化学能被转换成机械能用来加速汽车。电动汽车一般采用这种形式实现再生制动能量的回收,即在制动或减速时将驱动电机转化为发电机。

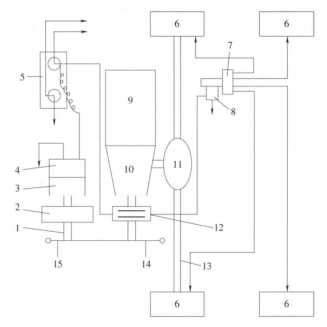

图 1.4.23　电化学储能式制动能量回收系统示意图

1—被驱动轴；2—飞轮；3, 9—发动机；4—整流器；5—蓄电池；6—车轮；
7—制动系统；8—制动踏板；10—变速器；11—驱动桥；12—电磁离合器；
13—半轴；14—驱动轮；15—被驱动轮

制动能量回收问题在提高电动汽车的能量利用率方面具有极其重要的意义。当汽车在行驶过程中进行制动时,其动能会通过与摩擦材料的接触转化为热能,并最终耗散在空气中,这导致了大量能量的浪费。而这部分能量如果能够被有效地回收和再利用,将极大地延长电动汽车的续航里程,并提高其能源利用效率。据有关研究数据显示,城市道路行驶的汽车,由于频繁的起停和减速,会有大量的驱动能量转化为制动能量并最终消散掉。从平均数值来看,制动能量占到了总驱动能量的 50% 左右。这是一个相当大的能源损失,也是我们需要通过能量回收技术来改善的地方。在电动汽车上采取制动能量回收方法的主要优势有以下几点：

(1) 提高电动汽车的能量利用率。

(2) 延长电动汽车的行驶里程。电制动与传统制动相结合,可减轻传统制动器的磨损,增长其使用周期,降低成本。

(3)减少汽车制动器在制动,尤其是缓速下长坡及滑行过程中产生的热量,降低汽车制动器的热衰退,提高汽车的安全性和可靠性。

再生制动系统的结构与原理如图 1.4.24 所示,其主要由驱动轮、主减速器、变速器、电动机、AC/DC 转换器、DC/DC 转换器、能量储存系统及控制器组成。

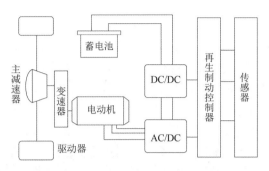

图 1.4.24　再生制动系统结构与原理

汽车在制动或滑行过程中,根据驾驶员的制动意图,由制动控制器计算得到汽车需要的总制动力,再根据一定的制动力分配控制策略得到电动机应该提供的电动机再生制动力,电动机控制器计算需要的电动机电枢中的制动电流,并通过一定的控制方法使电动机跟踪需要的制动电流,从而较准确地提供再生制动力矩,而在电动机的电枢中产生的电流经 AC/DC 整流后,再经 DC/DC 控制器反充到储能装置中保存起来。

在城市循环工况下,汽车的平均车速较低,负荷率起伏变化大,需要频繁地启动和制动,汽车制动过程中以热能方式消耗到空气中的能量约占驱动总能量的 50%。如果可以将该部分损失的能量加以回收利用,汽车的续驶里程将会得到很大提高,对于具有制动能量回收系统的电动汽车,一次充电续驶里程至少可以增加 10%~30%。

项目 1.5 比亚迪秦 EV 整车驱动与充电三输入模块识别

一、智能钥匙输入系统

智能钥匙输入系统（Passive Entry Passive Start，PEPS）代表了汽车安全领域中的一项重要技术进步，它是对传统电子防盗装置（IMMO）与射频（RF）系统的整合和升级。在这一系统中，PEPS 的创新点之一是射频识别（RFID）技术的应用。随着射频识别技术的不断进步和广泛应用，它被逐步引入汽车领域，为智能汽车系统的发展提供了强大支持。PEPS 系统的推出标志着车辆进入和启动的新时代。通过 RFID 技术，PEPS 系统实现了无须主动操作钥匙即可自动识别车主身份，并且提供一键式启动功能。这项技术革新为驾驶者带来了更为便利的汽车使用体验。随着这一创新技术在汽车行业的广泛应用，车辆安全和用户体验得到了大幅提升。

无钥匙进入模块采用最先进的 RFID（无线射频识别）技术，通过车主随身携带的智能卡里的芯片感应自动开关门锁，当走近车辆一定距离时，门锁会自动打开并解除防盗。一般装备有无钥匙进入系统的车辆，其车门把手上有感应按钮，同时也有钥匙孔，以便于智能卡损坏或没电时，车主仍可用普通方式开启车门。当车主进入车内时，车内的检测系统会马上识别智能卡，再按动车内的启动按钮（或者是旋钮），就可以正常启动车辆了。与 RKE 的单向通信不同，PKE 应用的是双向通信的原理，即通过 RF 射频信号来验证电子钥匙的身份以提高安全性。

智能钥匙模块主要部件的功能体现为：

（1）启动开关，当启动开关信号传输至 Keyless 系统时，一键启动开关上的绿色/黄色指示灯会告知驾驶员系统正常或系统存在异常情况。

（2）当智能钥匙电池电量低时，车身内的探测天线向 Keyless 系统发送信号，Keyless 模块通过网关控制器与仪表模块通信，仪表同时会显示"检测不到钥匙"。

（3）若仪表出现"检测不到钥匙"，则只需拿钥匙靠近一键启动开关按钮旁，按下启动开关即可完成车辆上电。

2019 款比亚迪秦 EV 的智能遥控钥匙提供了三种独特的开锁方式，充分考虑到了不同用户的需求和使用习惯。

第一种是遥控钥匙进入方式（Remote Key Entry，RKE）。这种方式允许用户通过远程控制来解锁、闭锁车辆以及打开行李箱，用户只需按下遥控钥匙上的相应按钮，即可实现这些操作，极大地方便了用户在需要时进行远程操作。

第二种是传统的机械钥匙进入方式。这种方式允许用户直接使用机械钥匙打开驾驶员侧车门，无须依赖遥控钥匙，同时保证了在遥控钥匙没电时可以正常进行开锁。这种方式的保留也为那些习惯于传统开锁方式的用户提供了便利。

第三种是无钥匙（智能钥匙）进入方式（Passive Keyless Entry，PKE）。这种方式是凭借驾驶员身上的智能钥匙的感应功能实现的。当驾驶员踏进指定范围时，车辆能感知到钥匙的存在并自动解锁车门，无须驾驶员对车辆钥匙进行任何操作。这种先进的技术为用户提供了极大的便利性，无钥匙进入方式为用户节省了宝贵的时间和精力。

PEPS 系统通过一系列巧妙设计的智能安全保护机制，能够自动识别用户的身份，使得车辆的进入与启动不再需要物理钥匙，而是实现了无钥匙进入及一键式启动功能。这一系统的推出极大地提升了用户对车辆的操作安全性和使用的便捷性，用户只需携带智能钥匙，便可实现对车辆的安全识别和便捷操作。PEPS 的一键启动功能不仅提供了方便的使用体验，同时也为用户的安全感和操作便捷性带来了革命性的变化。如图 1.5.1 和图 1.5.2 所示，一键启动及 PEPS 系统的应用已经成为现代汽车技术中不可或缺的一部分。

图 1.5.1　一键启动按键　　　　图 1.5.2　PESP 模块示意图

2019 款比亚迪秦 EV 的无钥匙进入方式分为验证和开锁两个步骤，其典型的开锁工作过程分析如下：

第一步：秦 EV 车门微动开关动作的信号连接到智能钥匙模块上，微动开关被按下后，智能钥匙模块就会驱动检测天线发送 125 kHz 的低频电磁信号，检测是否有智能钥匙进入检测范围。

第二步：进入检测范围的钥匙接收到汽车天线发出的低频触发信号，低频无线标签（TAG）被激活，读出钥匙 TAG 内保存的数据并与触发信号进行比较，如果匹配，则整个钥匙电路被唤醒。

第三步：唤醒后的钥匙电路分析从汽车发送过来的"口令"，根据一定的算法计算出对应的数据并加密，将加密信息通过钥匙（频率为 350 MHz）发送给汽车，汽车的高频接收模块（秦 EV 的高频模块集成在智能钥匙模块内部）将来自智能钥匙的密钥信息送给智能钥匙模块，智能钥匙模块分析从钥匙收到的数据，并与自己所计算出的数据进行比较验证。

第四步：如果验证通过，智能钥匙模块就会通过启动网 CAN 总线通知汽车车身控制器模块，由车身控制器模块开启所有车门的门锁。

二、电子挡位控制系统

电子挡位控制系统（EGSM）是纯电动车辆中不可或缺的重要组成部分，在新能源汽车中扮演着关键角色。它代替了传统的机械式换挡机构，极大地简化了操作流程，体积小巧，减少了空间占用，并且具备较轻的质量，便于装配。电子挡杆主要就是由变速杆和变速杆传感器控制单元组成的。当驾驶员挂入某一个挡位时，变速杆传感器就会给出一个电信号，传送到变速箱控制单元 TCU，TCU 会根据汽车上其他的各种信号，比如发动机转速、车速、节气门开度以及安全带、车门开关信号等，来确定这种操作是否是真实可靠的。如果确认没有任何问题，TCU 会发出指令，给变速箱中相应的电磁阀通电或断电，来控制各种液压控制阀的通断，从而实现挡位的切换。这一系统一般采用旋钮式或传动挡把式设计，包含常见的 R（后退挡）、N（空挡）、D（空挡）等挡位设置，而有些纯电动汽车还设计有 E（经济模式）挡位。在这种系统中，P 挡位（驻车挡）采用按键式操作，或与 R（后退挡）、N（空挡）、D（空挡）等挡位集成设计。当前，挡位控制系统更倾向于采用旋钮式的设计方案。与此趋势不同，比亚迪秦 EV 采用传统挡把式设计，并将 P 挡集成在此设计中，同时也保留了按键式的 P 挡设计，其结构图如图 1.5.3 所示，实现功能分析如下：

（1）当 N 挡处于有效状态时，D 挡或 R 挡处于可触发状态，允许按下 D 挡或 R 挡以触发其功能。但是，N 挡具有优先权，随时可以取消 D 挡或 R 挡的有效状态。

（2）当 D 挡处于有效状态时，R 挡会被设置为无效状态。此时，若按下 R 挡，可能会导致蓝色背光闪烁并产生蜂鸣器报警的警示信号。

（3）在这种情况下，当 R 挡有效且被激活时，D 挡会被设定为无效状态。如果在此状态下尝试按下 D 挡，则可能导致蓝色背光闪烁并触发蜂鸣器报警。

图 1.5.3 比亚迪秦 EV 的挡位设计

（4）在系统中，有效的按键通常会有背光点亮的状态，使其更容易被用户识别。而无效的按键则可能会导致背光熄灭，或者采用其他颜色的指示灯来提示其状态。

三、辅助控制模块

比亚迪秦 EV 的行李箱内部左侧设置了一个类似于交流充电的控制模块，该模块提供了诊断充电口故障的入口，为车辆维护提供了便利。它与车辆控制单元（VCU）、电池管理系统（BMS）等模块之间通过 CAN 线进行通信。在正常工作状态下，这个模块可以为慢充口盖打开状态指示灯和充电状态指示灯提供 12 V 电源。此外，当驾驶员踩下制动踏板时，制动踏板会向辅助控制模块（ACM）发送一个控制信号。这个信号的目的是让 ACM 判断车辆处于行驶状态时不能进行充电，以确保充电过程的安全性。需要注意的是，并非所有电动汽车型号都配置了 ACM 模块。例如，帝豪 EV450 纯电动汽车已不再装备此模块，而其他一些国产或其他品牌的车型也不具备这个模块。图 1.5.4 所示为辅助控制模块位置图。

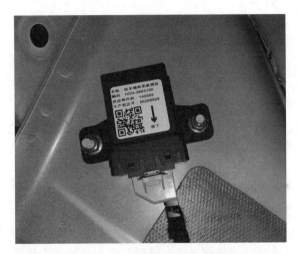

图 1.5.4　辅助控制模块位置图

项目1.6 纯电动汽车故障诊断前准备工作

一、高压安全防护

高压电是在高压线中进行传输的,这种电力传输方式具有极高的效率和可靠性。然而,高压线产生的磁场在一定范围内对人体存在一定的危害。电磁辐射对人体的危害主要表现在以下几个方面:

(1) 中枢神经系统。研究表明,人脑对电磁场非常敏感,外加电磁场可以破坏生物电的自然平衡,导致出现头晕、头疼、多梦、失眠、易激动、易疲劳、记忆力减退等主要症状。此外,还可以观察到一些客观症状,如舌颤、脸颤、脑电图频率和振幅偏低等。

(2) 心血管系统。电磁辐射对心血管系统也有一定的影响。人们已经观察到电磁辐射会引起血压不稳和心律不齐,高强度微波连续照射可使人心律加快、血压升高、呼吸加快、喘息、出汗等,严重时可以使人出现抽搐和呼吸障碍,直至死亡。

(3) 血液系统。在电磁辐射的作用下,血液系统也可能会受到影响,常会出现多核白细胞、嗜中性白细胞、网状白细胞增多而淋巴细胞减少的现象;血液生化指标方面则会出现胆固醇偏高和胆碱酯酶活力增强的趋势。

(4) 内分泌系统。电磁场还会影响内分泌系统的正常功能。在电磁场的作用下,人体可发生甲状腺机能的抑制、肾上腺皮质功能障碍等改变,这些改变的程度取决于电磁场的强度和照射时间。

(5) 诱发癌症。长期处于高电磁辐射的环境中会使血液、淋巴液和细胞原生质发生改变,影响人体的循环及免疫系统、激素分泌、生殖和代谢功能,严重的还会加速人体的癌细胞增殖,诱发癌症以及糖尿病、遗传性疾病等病症,对儿童还可能诱发白血病。

另外,装有心脏起搏器的病人处于高电磁辐射的环境中,会影响心脏起搏器的正常使用,甚至危及生命。

当人体触及带电体,或者带电体与人体之间闪击放电,或者电弧触及人体时,电流通过人体进入大地或其他导体,形成导电回路,这种情况就叫触电。触电时,人体会受到某种程度的伤害,通常包括电击和电伤两种。

(1) 电击。电击是指电流流经人体内部,引起疼痛发麻、肌肉抽搐,严重的会引起强烈痉挛、心室颤动或呼吸停止,甚至由于因人体心脏、呼吸系统以及神经系统的致命伤害,造成死亡。电击是电流对人体内部组织的伤害,是最危险的一种伤害,绝大多数(大约85%)的触电死亡事故都是由电击造成的。

(2) 电伤。电伤是指触电时,人体与带电体接触不良部分发生的电弧灼伤,或者是人体与带电体接触部分的电烙印,由于被电流熔化和蒸发的金属微粒等侵入人体皮肤引起的皮肤金属化。这种伤害会给人体留下伤痕,严重时也可能致死。电伤通常是由电流的热效应、化学效应或机械效应造成的。

电击和电伤也可能同时发生,这在高压触电事故中是常见的。为了保护人身安全,应尽量避免接触带电物体,特别是在没有专业知识和技能的情况下不要尝试修理电器设备。

同时，在使用电器设备时要注意安全操作规程，避免发生触电事故。

人体触电有直接触电（单线触电、两线触电）和间接触电（跨步电压触电、其他触电形式）两种方式。直接触电是指人体直接接触或过分靠近电器设备及线路的带电导体而发生的触电现象。间接触电是指人体触及了在正常运行时不带电，而在意外情况下带电的金属部分。其他触电形式还有感应电压触电、剩余电荷触电、静电触电和雷电电击等。

（1）单线触电。

单线触电是指当人体的一部分接触到一相电源或接触到漏电的电器设备时，电流会通过人体流入大地，从而造成触电。这种触电方式可以分为两种情况：一种是电源中性点搭铁的单线触电，这种情况占据了多数；另一种是电源中性点不搭铁的单线触电。在人体与大地之间互不绝缘的情况下，人体的某一部位如果触及三相电源线中的任意一根导线，电流就会从带电导线经过人体流入大地，从而造成触电伤害。在这种情况下，电流通过人体可能会导致严重的烧伤和伤害，甚至可能危及生命。为了避免单线触电事故的发生，我们应该采取措施来保护自己和他人免受这种伤害。例如，定期检查电器设备是否漏电，避免使用破损的电器设备；在使用电器设备时要注意安全操作规程；对于可能接触到电源线的部位，应该使用绝缘材料进行保护；对于可能接触到电源线的区域，应该使用警示标志或围栏进行隔离等。

（2）两线触电。

两线触电也叫作相间触电，这是指在人体与大地绝缘的情况下，同时接触到两根不同的相线，或者人体同时触及电器设备的两个不同相的带电部位时，电流由一根相线经过人体到另一根相线，形成闭合回路，导致人体内的器官和组织受到严重的损伤。两线触电人体承受的线电压比单线触电时高，危险性更大。

（3）接触正常不带电的金属体。

当电器设备内部绝缘损坏而与外壳接触时，将使其外壳带电，当人体触及带电设备的外壳时相当于单线触电，大多数触电事故属于这一种。

（4）跨步电压触电。

跨步电压触电是一种危险的情况，它通常发生在高压电网搭铁点、防雷搭铁点以及高压相线断落或绝缘损坏处。当有电流流入地下时，强大的电流会在搭铁点周围的土壤中产生电压降，这种现象称为跨步电压。如果有人误入搭铁点附近，就会面临被电击的危险。为了避免跨步电压触电，应该采取一些预防措施。如果发现自己接近了高压电网搭铁点、防雷搭铁点或高压相线断落处，应该立即远离这些区域。如果无法远离，应该双脚并拢或单脚跳出危险区，以避免电流通过身体。从安全防护的角度而言，对于那些需要查找搭铁故障点的人员，应该穿戴符合安全标准的绝缘靴。这种靴子可以有效地防止电流通过身体，从而保护人员免受跨步电压电击的危害。同时，还应该使用其他必要的安全装备，如绝缘手套和头盔，以确保人员的安全。

直接接触电击预防技术分为绝缘、屏护和间距三类（最常见的安全措施）。

（1）绝缘。绝缘就是使用不导电的物质将带电体隔离或包裹起来，以对触电起到保护作用的一种安全措施。瓷、玻璃、云母、橡胶、木材、胶木、塑料、布、纸和矿物油等都是常用的绝缘材料。应当注意，很多绝缘材料受潮后会丧失绝缘性能或在强电场作用下会遭到破坏，丧失绝缘性能。

绝缘材料的种类包括气体绝缘材料、液体绝缘材料和固体绝缘材料。气体绝缘材料有空气、氮气、氢气、二氧化碳和六氟化硫等；液体绝缘材料有矿物油（如变压器油、开关油、电容器油、电缆油等）、硅油、蓖麻油、十二烷基苯、聚丁二烯和三氯联苯等合成油等；固体绝缘材料有绝缘纤维制品（如纸、纸板）、绝缘浸渍纤维制品（如漆、漆布和绑扎带）、绝缘漆、绝缘胶、熔敷粉、绝缘云母制品、电工用薄膜、复合制品和黏带，以及电工用层压制品、电工用塑料和电工用橡胶及玻璃制品等。

绝缘材料的绝缘性能是以绝缘电阻、泄漏电流、击穿强度和介质损耗等指标来衡量，通过绝缘试验来判定的。绝缘电阻是最基本的绝缘性能指标，其阻值是直流电压与流经绝缘体表面泄漏电流之比，绝缘电阻阻值越大，绝缘性能越好。不同的电器设备和线路对绝缘电阻有不同要求的指标值，一般来说，高压的比低压的要求高，新设备比老设备要求高。

当绝缘材料所能承受的电压超过某一数值时，在强电场的作用下，会在某些部位发生放电，使其绝缘性能遭到破坏，这种放电现象叫作电击穿。当固体绝缘被击穿后一般不能恢复绝缘性能；气体绝缘在击穿电压消失后，绝缘性能还能恢复；液体绝缘被击穿一般是沿电极间气泡、固体杂质等连成的"小桥"被击穿。液体多次被击穿可能导致液体失去绝缘性能。

（2）屏护。屏护是一种通过采用遮拦、护罩、护盖箱闸等措施，将带电体与外界隔离开来的方法。其主要目的是防止人员或物体接触到带电体，从而避免触电事故的发生。在电器的设计和使用中，一般不能将带电体的可动部分使用绝缘材料进行隔离，而是需要采取屏护措施，对于高压设备来说，无论是否已经进行了绝缘处理，都应该采取屏护措施。这是因为高压设备在操作或故障时可能会产生电弧、电火花等危险现象，这些现象可能会破坏绝缘材料，导致触电事故的发生。屏护装置可以根据其使用场景和需求分为不同的类型。例如，有些屏护装置是永久性的，如配电装置的遮拦、开关的罩盖等，这些装置一般由金属材料制成，可以有效地防止人员接触到带电体。还有一些屏护装置是临时性的，如检修工作中使用的临时屏护装置和临时设备的屏护装置，这些装置一般由绝缘材料制成，可以在需要时快速地安装和使用。

根据装置的移动性，屏护装置可以分为固定屏护装置和移动屏护装置。固定屏护装置如母线的护网等，这些装置一般固定在特定位置，用于长期保护设备。而移动屏护装置如跟随起重机移动的行车滑触线的屏护装置等，这些装置可以随着设备的移动而移动，用于保护移动设备的安全。屏护是防止触电事故的重要措施之一，对于带电体和电器设备，应该根据其电压等级、使用场景和需求选择合适的屏护措施，并严格遵守相关安全操作规程进行操作和维护。

（3）间距。间距是保证安全的必要距离。间距除了可防止触及或过分接近带电体外，还能起到防止火灾、防止混线、方便操作的作用。在低压工作中，最小检修距离不应小于 0.1 m。间距的大小取决于电压的高低、设备的类型和安装的方式等因素。

在进行维修操作时如果遭受了电击，要及时对受伤人员进行救助。在援救电气事故中的受伤人员时，应谨记：自身的安全是第一位的，绝对不要去触碰仍然与电压有接触的人员；如果可能，马上将电气系统断电（关闭点火开关或者马上拔出维修开关），用不导电的物体（木板、扫帚等）把事故受害者或者导电体与电压分离。

触电急救注意事项：

①救护人不得采用金属和其他潮湿的物品作为救护工具。

②在未采取绝缘措施前,救护人员不得直接接触触电者皮肤、潮湿衣服以及鞋子。

③在拉拽触电人脱离开电源线路的过程中,救护人员适合用单手操作。

④当触电人员处于较高的位置时,应采取预防摔伤措施,预防触电人员在解脱电源时从高处坠落摔伤或摔死。

⑤夜间发生触电事故,在切断电源时会使照明断电,应考虑切断后的临时照明,如应急灯等,以利于开展救护工作。

在实施触电急救时要对症抢救,将触电者脱离电源后应立即移到通风处,并将其仰卧,迅速鉴定触电者是否有心跳、呼吸等体征。

①若触电者神志清醒,但感到全身无力、四肢发麻、心悸、出冷汗、恶心或一度昏迷,但未失去知觉,应将触电者抬到空气新鲜、通风良好的地方舒适地躺下休息,让其慢慢地恢复正常。要时刻注意保温和观察,若发现呼吸与心跳不规则,应立刻设法抢救。

②触电者呼吸停止但有心跳,应用口对口人工呼吸法抢救。

③若触电者心跳停止但有呼吸,应用胸外心脏按压和口对口人工呼吸法抢救。

④若触电者呼吸、心跳均已停止,需同时进行胸外心脏按压法与口对口人工呼吸法抢救。

⑤千万不要给触电者打强心针或拼命摇动触电者,也不要用木板石来压,以及强行夹持触电者,避免使触电者的情况更加恶化。

抢救要不停地进行,在送往医院的途中也不能停止抢救。当抢救者出现面色好转、嘴唇逐渐红润、瞳孔缩小、心跳和呼吸逐渐恢复正常时,即为抢救有效的特征。

触电急救的施救方法如下:

(1) 口对口人工呼吸。在做人工呼吸之前,首先要检查触电者口腔内有无异物、呼吸道是否堵塞,特别要注意清理咽喉部分有无痰堵塞;其次,要解开触电者身上妨碍呼吸的衣裤,且维持好现场秩序。

①将触电者仰卧,并使其头部充分后仰,一般应将一手托在其颈后,使其鼻孔朝上,以利于呼吸道畅通,但头下不得垫枕头,同时将其衣扣解开。

②救护人员在触电者头部的侧面,用一只手捏紧其鼻孔,另一只手的拇指和食指掰开其嘴巴。

③救护人员深吸一口气,紧贴掰开的嘴巴向内吹气,也可搁一层纱布。吹气时要用力并使其胸部膨胀,一般应每 5 s 吹一次,吹 2 s,放松 3 s。对儿童可小口吹气。

④吹气后应立即离开其口或鼻,并松开触电者的鼻孔或嘴巴,让其自动呼气。

⑤在实行口对口(鼻)人工呼吸,发现触电者腹部充气膨胀时,应用手按住其腹部,并同时进行吹气和换气。

(2) 胸外心脏按压法。胸外心脏按压法是触电者心脏停止跳动后使心脏恢复跳动的急救方法,是每一个电气工作人员应该掌握的救护技能。

①首先使触电者仰卧在坚实的地方,解开领口衣扣并使其头部充分后仰,鼻孔向上;也可由另一人将手托在触电者颈后或将其头部放在木板端部,在其胸后垫软物。

②救护者跪在触电者一侧或骑跪在其腰部的两侧,两手相叠,下面手掌根部放在心窝上方,胸骨下三分之一至二分之一的位置。

③掌根用力垂直向下挤压,力量要适中不得太猛,对成人应压陷 3~4 cm,频率每分钟 60 次;对 16 岁以下儿童,一般应用一只手挤压,用力要比成人稍轻一点,压陷 1~2 cm,

频率每分钟 100 次为宜。

④挤压后掌根应迅速全部放松,让触电者胸部自动复原,放松时掌根不要离开压迫点,只是不向下用力而已。

⑤为了达到良好的效果,在进行胸外心脏挤压术的同时,必须进行人工呼吸。因为正常的心脏跳动和呼吸是相互联系且同时进行的,没有心跳,呼吸也要停止,而呼吸停止,心脏也不会跳动。

注意:实施胸外心脏挤压术时,切不可草率行事,必须认真坚持,直到触电者苏醒或其他救护人员、医生赶到。

纯电动汽车在行驶过程中将储存在动力电池中的电能,通过驱动电机转换为机械能,从而带动整个动力传动系统,推动汽车前进。这种转换涉及高压直流电,其电压可能高达几百伏。在相关行业规定中,安全电压通常被规定为不超过 36 V,持续接触的安全电压则为 24 V,而安全电流则被限制在 10 mA 以下。电击对人体的伤害程度主要由通过人体的电流大小和通电时间的长短决定。

为了确保安全用电,纯电动汽车必须配备一系列技术设施来防止触电事故的发生。这些设施包括但不限于绝缘检测系统、漏电保护装置、维修用的开关设备、高压互锁装置以及等电位线的设施等。同时,专业的维修人员在进行与车辆电气设备相关的工作时,必须穿戴适当的绝缘装备,并在工作区域明显悬挂相应的警示标识。常用的绝缘装备包括绝缘手套、绝缘鞋、绝缘安全帽和绝缘工作服等,如图 1.6.1~图 1.6.7 所示。

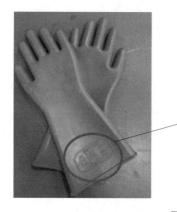

图 1.6.1 绝缘手套

图 1.6.2 绝缘鞋

图 1.6.3　绝缘帽

图 1.6.4　护目镜

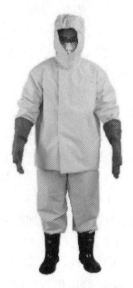

图 1.6.5　绝缘工作服

图 1.6.6 绝缘垫

图 1.6.7 绝缘工具

绝缘手套检验步骤：

第一步：检查绝缘手套是否在有效检验期内。

第二步：检查绝缘手套橡胶完好，外表无损伤、破漏。

第三步：吹气检查绝缘手套是否有漏气现象。

第四步：正确佩戴好绝缘手套，并按要求使用。

第五步：使用后擦净、晾干，最好洒上一些滑石粉，以免粘连。

在进行汽车故障诊断与排除工作时，除了个人穿戴护具用品外，车身也有一些安全设计，例如高压互锁、高压接插件和碰撞安全等。

图 1.6.8 所示为高压互锁系统（High Voltage Inter-lock，HVIL），其是电动汽车安全系统中非常重要的一个环节。它通过使用低压信号来监控和高压母线相连的所有分路与电气连接的完整性。简单来说，HVIL 是一种安全监控系统，其目的是确认整个高压系统的完整性。HVIL 的工作原理是，当电动汽车的电源开关处于闭合状态时，会形成一个闭合的高压电流回路，这个回路会通过所有的高压电气组件，如电机控制器、电池管理系统等，形成一个完整的电气连接。当这个连接因为某种原因被断开或者完整性受到破坏时，例如线束断裂、连接器松动等情况，HVIL 就会立即启动安全措施，将高压电源切断，以防止可能的电气故障和安全隐患。设计高压互锁的初衷是提高电动汽车的安全性。在电动汽车的发展初期，由于高压电气系统的复杂性和危险性，人们对于电动汽车的安全性能提出了更高的要求。因此，引入了 HVIL 这样的监控系统，以实现对高压电气系统的实时监控，确保驾驶者的安全。

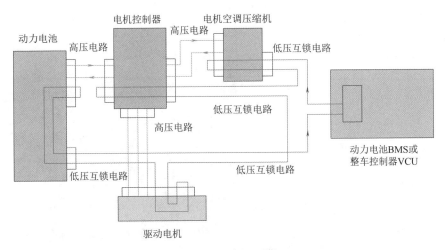

图 1.6.8 高压互锁

总的来说，HVIL 是一种通过低压信号监控高压电气系统完整性的安全监控系统。当高压系统回路断开或者完整性受到破坏时，它会立即启动安全措施，切断高压电源，从而保障驾驶者的安全。这种设计理念在电动汽车的安全领域具有重要的意义和应用价值。

高压部件的绝缘接插件在新能源汽车中发挥着至关重要的作用。这些接插件不仅可防止人员直接接触到高压，保障操作安全，还可以防水、防尘，降低环境因素对高压系统的影响，从而减小高压系统绝缘出现问题的风险。在新能源汽车的充电或行驶过程中，高压部件如电机控制器、换挡机构、整车控制器等需要协同工作，而这些部件之间的连接就需要依靠绝缘接插件。这些接插件的材质和设计能够确保在高压环境下保持良好的绝缘性能，避免发生电击等危险情况。除了安全防护作用外，绝缘接插件还可以有效防止水、尘等环境因素对高压系统的侵害。在新能源汽车的使用过程中，可能会遇到各种恶劣的天气和环境条件，如雨、雪、尘土等，这些接插件能够阻挡水分和灰尘的侵入，从而保持高压系统的干燥和清洁，避免因绝缘性能下降导致的风险。此外，绝缘接插件的设计与制造过程也需要严格遵循相关标准和规范，其绝缘材料应具有高耐压、低介电损耗等特性，并且要通过特殊的制造工艺确保接插件的尺寸和接触电阻等参数符合要求。同时，在安装和使用过程中，也需要按照操作指南进行，避免因不当操作导致的安全问题，如图 1.6.9 所示。

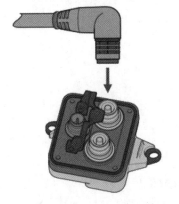 

图 1.6.9 高压接插件

在新能源汽车中，除动力电池外，其他高压部件都是由整车控制器 VCU 通过高压接触器（见图 1.6.10）控制高电压的接通与关闭的。接触器实际上是一个大功率的继电器，用于控制高压正、负极导线之间的接通与断开。如果断开，整车仅 HV 蓄电池上会存在高电压，位于接触器下游的高电压系统部件将没有高电压。在电路中使用接触器的目的就是利用小电流来控制大电流。根据电路中负载大小不一样，接触器在电路中的应用也不一样。电流容量大的电路中使用接触器，如电池包的正负极、预充电路、电机控制电路等；电流容量小的电路中使用继电器，如汽车的照明系统、刮水系统等。

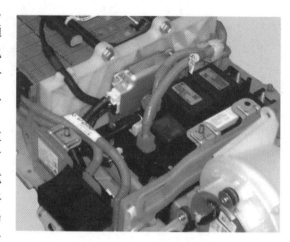

图 1.6.10　高压接触器

接触器就是利用小电流来控制大电流吸合或断开接触点来控制负载的交、直流主电路或大容量控制电路的自动化切换电器，如图 1.6.11 和图 1.6.12 所示。在新能源汽车领域，接触器主要应用于驱动电机、动力电池包和配电系统中。接触器主要由电磁机构、触头系统和灭弧装置组成，如图 1.6.13 所示。其中电磁机构是感测元件，当它感测到一定的电信号时就会带动触头闭合或断开，其主要由线圈、铁芯和衔铁组成。当接触线圈通上 12 V 或 24 V 电源后，线圈电流产生磁场，使静铁芯产生电磁吸力吸引动铁芯，并带动触点动作：常闭触点断开，常开触点吸合。当接触线圈断开 12 V/24 V 的线圈电源时，电磁吸力消失，衔铁在释放弹簧的作用下释放，使触点复原：常开触点断开，常闭触点闭合，断开电源。磁吹式灭弧装置可将触点周边的电弧扑灭，保证接触器在接通或断开的瞬间触点不被电弧烧结。

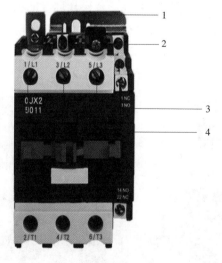

图 1.6.11　交流接触器

1—控制线圈触点 A1；2—控制线圈触点 A2；3—接触点；4—主触点

图 1.6.12 直流接触器

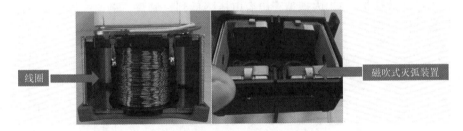

图 1.6.13 接触器内部结构

碰撞安全：车辆发生碰撞时，车辆的安全系统在碰撞过程中以及碰撞后都要保证相关人员的人身安全。车辆的控制系统通过 CAN 网络监测到安全气囊被引爆后，将自动切断正常高电压。如图 1.6.14 所示。

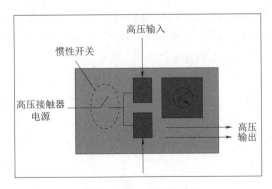

图 1.6.14 碰撞安全

在高压系统中，每一个高压回路均有短路保护器（熔丝）做过流保护，如图 1.6.15 所示。在动力电池总成内部增加了一定数量的接触器和短路保护器进行保护，此外，每根采样线也有单独的熔丝保护。一般情况下，熔丝主要应用于电池组串联的中央、DC/DC

变换器回路、暖风加热器回路、电动空调压缩机回路等。

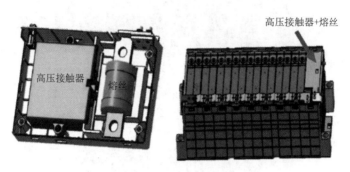

图 1.6.15　断路保护器

高压电气系统通常通过电流传感器等部件检测车辆的绝缘电阻，当检测到短路（漏电）发生时，高压接触器在切断高电压的同时启动主动泄放保护和被动泄放保护，如图 1.6.16 所示。

(1) 主动泄放保护：5 s 内把预充电容电压降低到≤60 V，迅速释放危险电能。

(2) 被动泄放保护：2 min 内把预充电容电压降低到≤60 V。

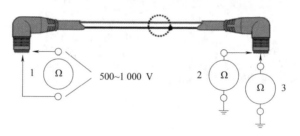

图 1.6.16　绝缘电阻检测

二、安全准备工作流程

在进行汽车故障诊断和排除工作时，确保操作安全至关重要，要做到"7S"原则：整理（Seiri）、整顿（Seiton）、清扫（Seiso）、清洁（Seiketsu）、素养（Shitsuke）、安全（Safety）以及速度/节约（Speed/Saving）。

在安全准备工作的流程中，需要严格按照一定顺序进行检查。首先，要检查个人是否穿戴了适当的防护装备，接着进行车辆周围场地的安全检查，然后进行高压设备和工作防护装备的检查，接着检查设备和仪表的状况，记录车辆基本信息，对车内进行防护和清洁，并核查基本的维护项目。这些步骤有助于确保在故障排除过程中安全高效地进行工作。其具体内容简述如下。

1. 检查个人穿戴护具

当检查个人穿戴护具时，需要着重关注防护服和绝缘鞋的状况，确保其符合安全要求。

防护服的检查主要包括以下几个方面：

(1) 衣着整洁：确保穿戴的防护服干净整洁，不沾染有害物质或杂质，避免污染车辆表面，同时保持工作环境清洁。

(2)无金属外露:检查防护服是否有金属部件外露,避免金属接触车辆表面,以免产生划痕或损伤车辆的外观。

绝缘鞋的检查主要侧重以下几个方面:

(1)鞋面完好:确保绝缘鞋的鞋面没有损坏、裂纹或磨损,以防水分或外界物质渗入鞋内,损害绝缘性能。

(2)底板无刺穿:检查绝缘鞋的底板,确保没有被刺穿或穿透的痕迹,以保证其绝缘效果不受损。

(3)绝缘等级高于 6 kV:确保绝缘鞋的绝缘等级符合安全标准,能够有效隔离高压电源,并保护操作人员免受电击伤害。

这些检查步骤对于个人防护具的使用非常关键,能够保障操作人员的安全并预防对车辆表面的损坏。典型的检查项目如图 1.6.17 所示。

图 1.6.17 防护服的检查

2. 车外场地安全检查

在进行工作前的车外场地安全检查时,需要重点关注以下几个方面,确保工作环境安全可靠:

(1)警示牌:检查并确认警示牌的位置是否清晰可见,确保周围人员了解工作区域的安全状态。

(2)隔离带:确认隔离带设置是否合适,能够有效隔离工作区域,避免未授权人员进入。

(3)灭火器:检查灭火器的位置和状态是否符合标准,确保灭火器处于可用状态,以备突发火灾时使用。

(4)防火沙:确认防火沙的摆放位置是否合适,应便于应对火灾发生时使用。

(5)车辆放置:检查周围车辆的停放状态和位置,确保其不会妨碍工作或造成安全隐患。

(6)环境潮湿情况:观察环境潮湿程度,特别关注有无积水或潮湿区域,确保工作环境干燥安全。

(7)充电桩(枪)连接状态:检查充电桩连接是否完好,确保充电设备连接牢固可靠，避免因松动或故障导致电气安全问题。

以上内容在工作前进行检查和确认，能够有效降低工作风险，保障操作人员和周围环境的安全。典型的检查项目通过图示展示（见图1.6.18），以便于操作人员快速了解和实施安全检查步骤。

图1.6.18　车辆围栏、警示牌摆放检查

灭火器通常采用水基型和干粉型灭火器。在对灭火器进行检查时，有以下一些要点需要特别注意：

（1）压力表指针位置：检查灭火器上的压力表指针位置，确保其在绿色区域内。如果指针指向黄色区域或红色区域，则表明压力不足或压力过高，需要更换灭火器，如图1.6.19所示。

（2）保质期：一般而言，灭火器的保质期为一年。在达到保质期后，必须及时更换灭火器，无论压力表指针的位置如何。

（3）压力异常：即使在未达到保质期的情况下，如果压力表指针未在正常范围（非绿色区域），也需要及时更换灭火器。异常的压力可能意味着灭火器存在问题，不足以提供有效的灭火作用。如图1.6.19所示。

图1.6.19　检查灭火器表面及压力指示

这些检查步骤和细节对于确保灭火器在工作时能够正常可靠发挥作用至关重要。定期检查并确保灭火器状态良好可以提高安全性，并确保在需要时能够有效地使用，如图1.6.20所示。

图1.6.20　检查消防桶内是否存有灭火沙

通过多个角度和多个人的视角来确保车辆的停放位置。一般来说，这些步骤如下：

（1）挡块放置位置确认：确保车辆停放时挡块（防止车辆移动的物体）放置在正确的位置，以防止车辆无意中移动或滑动。

（2）车辆摆放位置：车辆应该整齐地摆放，保持车辆的正常位置。车辆轮胎应垂直于停车线或停车位，确保车辆没有偏离或错位。

（3）多个角度确认：两名人员站在车辆前面、后面、中间位置，从左侧、右侧和车顶位置查看车辆。他们应该检查车辆是否垂直于地面，轮胎是否在停车线或停车位内，并确保车辆没有偏离正常停放位置。

（4）周正确认：通过这种多角度的检查，确定车辆的停放位置是否周正。这种方法可以帮助确保车辆停放位置准确，不会影响周围车辆或行人通行，并提供整体上的视觉确认；有助于确保车辆停放在合适的位置，以保持交通通畅和安全。如图1.6.21所示。

图1.6.21　确认场地安全，目测车辆停放是否周正

充电桩检查步骤（见图1.6.22）：

（1）检查充电桩整体放置位置：确保充电桩周围环境干燥整洁，没有积水或其他液体，确保周围没有杂物堆积或其他阻碍。

（2）检查底座安装是否牢固：充电桩的底座应该牢固地安装在地面上，以确保其稳定性。任何松动或不稳定的底座都可能影响充电桩的稳定性和安全性。

（3）检查充电枪放置位置：确保充电枪放置在规定的位置，这有助于避免充电枪的损坏或交叉连接问题。正确的放置位置有助于保持充电枪的整洁和安全。

（4）检查充电桩与配电设备连接是否正常：确保充电桩与电源系统连接良好、接地正常，以及所有电缆、插头和连接线都处于良好状态且未受损。

（5）检查使用环境是否满足安全用电要求：充电桩应在符合安全用电要求的环境中使用，这包括保持干燥、通风良好、远离易燃物品等。

图 1.6.22　充电设备检查

以上步骤的检查能够确保充电桩的正常工作和安全使用，预防潜在的故障或安全问题。

3. 高压、工作防护检查

高压、工作防护检查主要是检查安全帽、护目镜、棉线手套、绝缘手套等其他个人防护，典型的检查项目如图 1.6.23 所示。

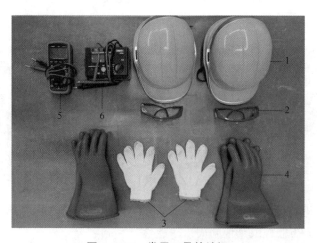

图 1.6.23　常用工具的认识

1—安全帽；2—护目镜；3—棉线手套；4—绝缘手套；5—万用表；6—绝缘电阻测试仪

绝缘手套使用橡胶、乳胶、塑料等材料制成，具有防电、防水等功能。高压绝缘手套用于高电压下作业，适用于 500~36 000 V 的工作电压范围。在新能源汽车故障诊断过程中选用的绝缘手套，必须满足 DC 1 000 V 及以上的绝缘防护要求。绝缘手套主要检查表面是否整洁、有无划痕、是否干燥、气密性是否良好、是否为正规产品、是否满足 DC 1 000 V 以上防护要求等内容，在进行气密性检查时，在穿戴好面纱、手套的前提下，不得通过用嘴对手套内部吹气的方式进行检查，否则容易导致绝缘手套内部潮湿，通常需要将绝缘手套旋转 360°，待空气进入后，通过攥紧手套口检查内部空气是否有泄漏，进而判断绝缘手套的气密性。棉线手套和绝缘手套的检查如图 1.6.24 和图 1.6.25 所示。

图 1.6.24　棉线手套检查

图 1.6.25　绝缘手套检查

安全帽在检查时，需要检查是否为合格产品、有无产品商标标识、表面是否有裂纹和划痕、防护等级是否达到要求等；护目镜检查主要是考虑护目镜是否清晰、有无划痕等。如图 1.6.26 和图 1.6.27 所示。

图 1.6.26　安全帽检查

图 1.6.27　护目镜检查

4. 设备仪表检查

工作前检查工具车所需要使用的绝缘工具，校准仪器的检测、仪器的诊断、仪表的测试、万用接线盒的线束检查、诊断仪的连接、典型的检查如图 1.6.28 和图 1.6.29 所示。

纯电动汽车绝缘工具是指涉及高压的零件拆装而使用绝缘拆装工具，绝缘拆装工具必须装有耐压 1 000 V 以上的绝缘柄，可以在额定电压 AC 25 V 和 DC 60 V 以上的带电和近电体上进行零部件的拆装。

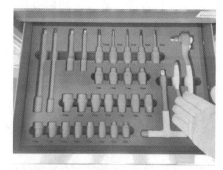
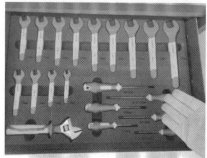

图 1.6.28　逐层检查工具箱各工具及安全耐压等级

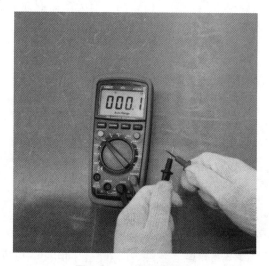

图 1.6.29　万用表校表

绝缘测试仪在进行测试检查时，需要戴好绝缘手套，选择合适的量程，一般选择 DC 1 000 V 挡位，完成绝缘测试仪的开路、短路和实际工作场地绝缘性检测。

绝缘测试仪在做开路、短路测量时，需要戴好绝缘手套，选择 DC 1 000 V 挡位，按下测试键 10 s 左右，再次按下测试键，完成开路、短路测量，该测量值即为开路、短路测量时的实际值。如图 1.6.30 所示。

图 1.6.30　绝缘测试仪使用前做开路、短路测试
(一般要求测试时间 10 s 以上)

使用绝缘测试仪对场地绝缘垫的四个角与地面之间分别进行绝缘测量,测量时间、选择量程与开路、短路调试要求相同,在进行实际测量时,确定绝缘测试仪是否性能良好,一般绝缘垫与地面(接地)之间的电阻值应达到兆欧数量级及以上,如图 1.6.31 所示。

绝缘测试仪使用注意事项是确保操作安全和正确测量的关键。以下是对这些注意事项的扩展说明:

(1) 严格遵循使用手册规定:使用绝缘测试仪时,务必仔细研读和遵守使用手册中的说明,避免误操作或错误的使用方式,以免损坏测试仪或导致不正确的测量结果。

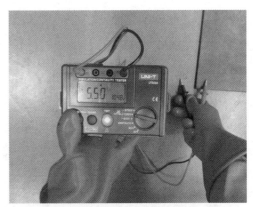

图 1.6.31　绝缘垫分 4 个角依次进行绝缘性检测
(一般要求检测 10 s 以上)

(2) 正确选用端子、开关位置和量程:在连接测试仪与被测电路之前,应确保选用了正确的测试端子、设置了正确的开关位置和量程。错误的设置可能导致不准确的测试结果。

(3) 验证测试仪操作是否正常:使用已知电压来验证测试仪的操作是否正常。这有助于确认测试仪的准确性和可靠性。

(4) 电压不能超过额定值:始终注意避免在测试仪允许的范围之外施加电压。超出额定值可能导致测试仪损坏,甚至对用户构成安全威胁。

(5) 特别小心高电压:处理电压超过 30 V AC、42 V AC(交流)峰值或 60 V DC(直流)时要格外小心,这些高电压可能对人体造成触电危险,需采取额外的防护措施。

(6) 及时更换电池:测试仪电池低电量指示符显示时,应立即更换电池。低电量可能导致测试仪性能下降,影响准确性和可靠性。

以上注意事项可确保绝缘测试仪的正确使用,并提供安全可靠的测试环境。

在对万用接线盒进行检查时,查看插针是否齐全、针脚是否有弯曲等情况;诊断仪需要做开机检查和连接检查,保障万用接线盒内的线束能够被有效利用、诊断仪能够合理使用。如图 1.6.32 和图 1.6.33 所示。

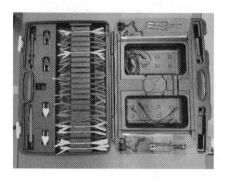

图 1.6.32　万用接线盒的检查

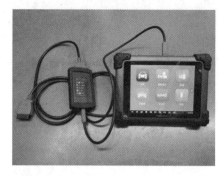

图 1.6.33　故障诊断仪连接及检查

5. 记录车辆基本信息

在故障诊断与排除准备工作前要掌握车辆的一些基本信息并记录，如车辆品牌、VIN 码、电池的容量及电机功率等，如图 1.6.34 所示。

图 1.6.34　记录车辆基本信息的名牌

6. 车内外防护整洁套件

在汽车故障诊断与排除工作中要做到无车身划伤，无碰触工作痕迹，做好干净整洁的标准化操作，如铺设翼子板布和前格栅布，铺设车内地板垫，套座椅套、转向盘套等。如图 1.6.35 所示。

图 1.6.35　驾驶室、前机舱室防护套件的准备

7. 基本维保项目检验

基本维保项目检验主要是检验汽车前机舱内启动所需的"三水"液位（包含冷却液液位、洗涤液液位、制动液液位）及蓄电池是否牢固等，还有各个橙色连接线束是否牢固、插座是否存在松动等情况，典型的检查项目如图 1.6.36~图 1.6.40 所示。

图 1.6.36　冷却液液位检查

图 1.6.37　洗涤液液位检查

图 1.6.38　制动液检查

图 1.6.39　蓄电池牢固性检查

图 1.6.40　MICU 高压线束检查

以上为纯电动汽车故障诊断前的准备工作，各环节根据场地实际情况，有针对性地进行准备工作，但上述准备工作不得缺少。对于绝缘测试仪的使用，必须佩戴绝缘防护手套，需根据不同仪器使用说明书要求，决定是单人还是双人进行使用前的性能检测操作，同时对于车辆场地安全，可根据实际放置挡块等。

第2篇 诊断篇

在传统的汽车维修过程中，70%左右的时间常常用于故障的查找，而只有30%左右的时间用于故障的排除。然而，纯电动汽车的维修过程与传统的内燃机汽车有所不同。由于纯电动汽车的机械结构相对简单，传动和运转部件较少，而电气结构复杂，它是由多个分布式子系统构成的一个电子化集成度高的系统［这些子系统之间通过控制器局域网络（Controller Area Network，CAN）相互通信］，故当发生电子电气或通信故障时，依靠传统的经验和手用工具往往很难排除车辆故障，需要结合电路图，通过故障诊断仪器和仪器仪表进行故障检修。

诊断篇在这一背景下应运而生，它结合了纯电动汽车常见的故障，精心设置了32个项目。这些项目详细介绍了各个项目的原理和典型故障的检修方法，其中包括无钥匙（智能钥匙）进入模块、ESC网、动力网、舒适网、网管模块、电机控制器、整车控制器、电池管理系统、高压互锁线路等系统部件的常见故障。通过深入剖析模块的工作原理、电路图和端子识别，读者可以更加准确地判断故障并进行检修。

纯电动汽车的故障检测是一个综合性的过程，需要通过观察、检测、分析和判断等一系列工作来完成。这需要结合故障现象、电路图和诊断仪进行排故，最终确定故障点并恢复车辆的正常运行。这一过程不仅需要维修人员的专业知识和技能，还需要他们具备丰富的实践经验和准确的判断能力。

总的来说，随着电动汽车技术的不断发展和普及，对电动汽车的维修和故障排除也提出了更高的要求。通过深入了解纯电动汽车的典型结构和故障诊断方法，维修人员可以更加有效地解决车辆故障问题，保障电动汽车的安全和稳定运行。这对于推动电动汽车产业的发展和普及具有重要意义。

项目 2.1　智能钥匙模块供电线断路

现有一辆 2019 款比亚迪秦 EV 出现"低压不上电、仪表无法正常点亮、仪表显示未检测到智能钥匙"的故障现象,作为维修技师,需要对故障现象进行确定,尝试分析智能钥匙模块的特点、组成、电路图,按照维修手册中的标准与规范,对故障进行维修检测,确定具体故障点,完成该故障的系统性诊断。

一、智能钥匙模块工作原理

2019 款比亚迪秦 EV 的智能遥控钥匙提供了三种独特的开锁方式,充分考虑到不同用户的需求和使用习惯。

第一种是遥控钥匙进入方式(Remote Key Entry,RKE)。这种方式允许用户通过远程控制来解锁、闭锁车辆以及打开行李箱,用户只需按下遥控钥匙上的相应按钮,即可实现这些操作,极大地方便了用户在需要时进行远程操作。

第二种是传统的机械钥匙进入方式。这种方式允许用户直接使用机械钥匙打开驾驶员侧车门,无须依赖遥控钥匙,同时保证了在遥控钥匙没电时可以正常进行开锁。这种方式的保留也为那些习惯于传统开锁方式的用户提供了便利。

第三种是无钥匙(智能钥匙)进入方式(Passive Keyless Entry,PKE)。这种方式是凭借驾驶员身上的智能钥匙的感应功能来实现的。当驾驶员踏进指定范围时,车辆能感知到钥匙的存在并自动解锁车门,无须驾驶员对车辆钥匙进行任何操作。这种先进的技术为用户提供了极大的便利性,无钥匙进入方式为用户节省了宝贵的时间和精力。

二、智能钥匙模块各部件位置

探测系统是由 4 个探测天线总成(车内 2 个、行李箱 1 个、车外主驾门把手 1 个)和 1 个集成在智能钥匙模块内部的高频接收模块组成,用于探测车内有效范围及车外一定的范围。智能钥匙检测部件感应位置如图 2.1.1 所示。

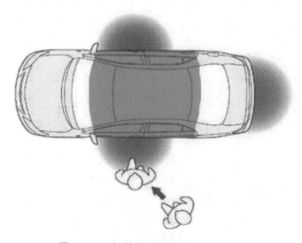

图 2.1.1　智能钥匙检测部件感应位置

三、智能钥匙模块及相关电路图

智能钥匙模块及相关电路图见附图 1。

1. 智能钥匙模块的供电、搭铁线识别

附图 1 中低压蓄电池正极与 KG25（A）/1 连接，为智能钥匙模块供电；KG25（A）/9 和 KG25/10 为智能钥匙模块接地（也称为模块的搭铁线），与车身搭铁。

2. 智能钥匙模块与其他主要模块（或元件）连接识别

KG25（A）/13 与 KG25（A）/18、KG25（A）/14 与 KG25（A）/4、KG25（A）/15 与 KG25（A）/5、KG25（A）/11 与 KG25（A）/16、KG25（B）/1 与 KG25（B）/8 分别与车内前部磁卡探测天线总成、车内中部磁卡探测天线总成、车内后部磁卡探测天线总成、车外左前门钥匙探测天线（左前门）、左前门微动开关（车门把手开关）连接。

3. 智能钥匙模块与外部网络通信线识别

KG25（B）/12、KG25（B）/6 分别是启动子网的 CAN-H 与 CAN-L，与车身控制器（BCM）相连接，实现通信信息交换。

4. 上电策略

（1）低压供电系统正常。常电、双路电于"ON"的条件下，电压在 9~16 V 为正常。汽车电路中"常电"指的是不受任何开关、继电器等控制的电路，例如双闪灯就是常电。"双路电"指一个负载有两个电源供电，两个电源之间可以切换，在其中一个电源失电的情况下可以切到另一个电源供电。

（2）防盗认证通过。汽车的一键启动防盗认证指的是没有检测到车钥匙，汽车就无法上电。出现这种状况的原因大部分是车钥匙没有电或者是接收模块出了问题，还有就是存在一些外界干扰，比如附近磁场紊乱导致传递的信号混乱，通信出现问题，无法正常传递信号。

（3）制动踏板信号、挡位信号有效。

（4）高压互锁连接完整。

（5）BMC 通过自检，预充完成。

四、智能钥匙模块供电线断路故障检修

在做好个人安全防护、维修场地安全检查之后，按照诊断维修的准备流程，做好诊断前的各项组织工作，实施故障诊断任务。

1. 故障现象确认及范围确定

1）车辆故障现象确认

（1）钥匙无法遥控车辆解锁、闭锁。按下门把手微动开关，无法解锁、闭锁，车辆无反应，启动按钮背光灯正常点亮，踩下制动踏板，按下启动按钮，仪表提示"未检测到钥匙，请将钥匙靠近射频读卡器后启动车辆"。

（2）故障现象如图 2.1.2 所示。

2）模块通信状态及故障检查

（1）故障码文字描述。

根据故障现象显示，连接诊断仪，显示车身控制器报与智能钥匙失去通信，智能钥匙模块无法通信，无法进入，诊断该模块初步判定智能钥匙模块相关系统线路及元件存在故障。故障诊断仪显示的相关故障信息如图 2.1.3 所示。

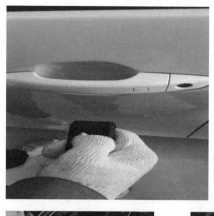
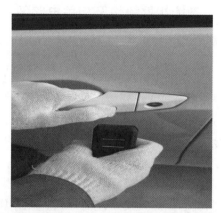

图 2.1.2 智能钥匙模块供电线断路故障现象

图 2.1.3 诊断仪显示的相关故障信息

(2)相关数据流文字描述：无法读取数据流。
(3)相关数据流故障诊断仪显示图片：无。

3）确认故障范围

智能钥匙模块供电、搭铁、通信 CAN 线、探测天线，以及 4 个部分的相关线路和保险等。

4）故障分析

根据智能遥控钥匙尝试遥控车辆进行解锁时发现解锁失败，尝试上电过程中，仪表提示防盗模块相关故障信息，诊断系统无法进入相关模块读取故障码以及数据流，能够引起以上故障现象的线路问题主要出现在供电、搭铁、通信、高频接收模块以及无钥匙进入模块本身等。

2. 故障检测与排除

1）故障相关电路图（见附图 1）

2）具体检测过程

故障诊断与排除准备工作完毕之后，具体诊断过程如图 2.1.4~图 2.1.11 所示。

图 2.1.4　背插测量智能钥匙模块 KG25（A)/1 电压值（不正常，正常值为 12 V）

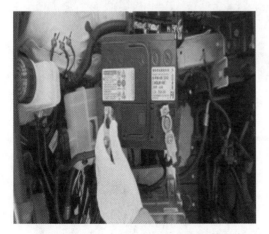

图 2.1.5　车辆下电，断开低压电源负极，做绝缘处理

图 2.1.6　断开动力电池母线，做绝缘处理，车辆静止 5 min

图 2.1.7　测量 F2/46 保险底座输入端至 B+之间电阻（正常）

图 2.1.8　测量 F2/46 保险丝阻值（正常）

图 2.1.9　测量 G2E/1 至 KG25（A）/1 之间电阻（不正常，正常值为<1 Ω）

图 2.1.10　测量 G2E/1 至 GJK01/15 之间电阻（正常）

图 2.1.11　测量 KG25（A）/1 至 KJG01/15 之间电阻（不正常，正常值<1 Ω）

3）故障点确定及恢复

按照以上检测步骤对供电线路进行测量时发现智能钥匙系统 KG25（A）-1 号线至 KJG01-15 号线间电阻无穷大，处于断路状态。根据智能钥匙系统电路图所给出的电路，在排查过程中，尤其注意所测线路过程中故障点要锁定在最小的区间内，故障恢复并上电清码之后，再次读取故障码，显示车辆无故障。经过上述检测，可以得出当无钥匙进入模块出现电源线断路故障时，其故障点如图 2.1.12 所示。

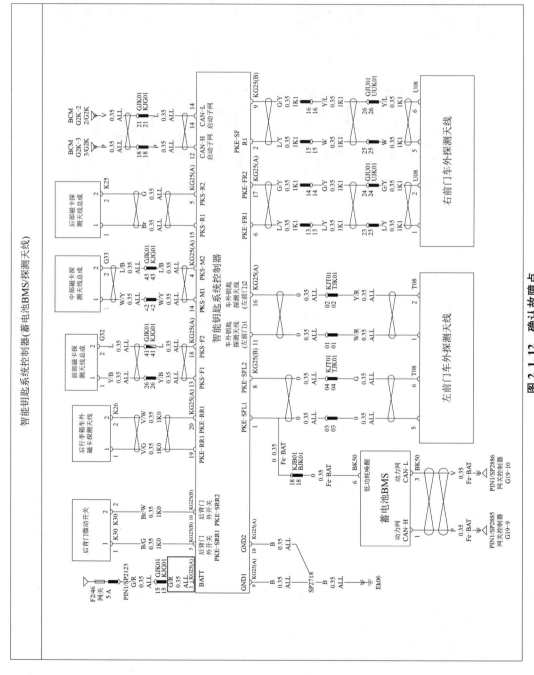

图 2.1.12 确认故障点

项目 2.2　智能钥匙模块 CAN-L 线断路

现有一辆 2019 款比亚迪秦 EV 出现"低压不上电、仪表无法正常点亮、仪表显示未检测到智能钥匙"的故障现象。作为维修技师，需要对故障现象进行确定，尝试分析智能钥匙模块的特点、组成、电路图，按照维修手册中的标准与规范，对故障进行维修检测，确定具体故障点，完成该故障的系统性诊断。

一、智能钥匙模块工作原理

利用 2019 款比亚迪秦 EV 的智能遥控钥匙，可以实现三种开锁方式，一种为遥控钥匙进入方式，第二种为传统机械钥匙进入方式，第三种为无钥匙（智能钥匙）进入方式。

（1）遥控钥匙进入（Remote Key Entry，RKE）：使用遥控方式进行远程的开锁、闭锁和行李箱开锁操作。

（2）机械钥匙进入：使用机械钥匙打开驾驶员侧车门。

（3）无钥匙进入（Passive Keyless Entry，PKE）方式：驾驶员踏进指定范围时，凭借身上的智能钥匙感应，就能直接可以解锁车门，驾驶员不需要对汽车钥匙作任何操作便可打开车门。

无钥匙进入模块采用最先进的 RFID（无线射频识别）技术，通过车主随身携带的智能卡里的芯片感应自动开关门锁，当走近车辆一定距离时，门锁会自动打开并解除防盗。一般装备有无钥匙进入系统的车辆，其车门把手上有感应按钮，同时也有钥匙孔，以便于智能卡损坏或没电时，车主仍可用普通方式开启车门。当车主进入车内时，车内的检测系统会马上识别智能卡，再按动车内的启动按钮（或者是旋钮），就可以正常启动车辆了。与 RKE 的单向通信不同，PKE 应用的是双向通信的原理，即通过 RF 射频信号来验证电子钥匙的身份，以提高安全性。

智能钥匙模块的主要部件承载了多样的功能，以下是几个核心功能的详细描述：

（1）启动开关是这个模块的关键部分。当驾驶员按下这个开关时，一个信号会被传输至 Keyless 系统。为了给予驾驶员即时的反馈，一键启动开关上设计有绿色和黄色指示灯。当系统正常工作时，绿色指示灯会亮起，告诉驾驶员一切都在正常运行。但是，如果系统中存在任何异常或问题，黄色指示灯则会亮起，提醒驾驶员需要关注或检查车辆的相关系统。

（2）智能钥匙的电量是模块正常工作的另一个重要因素。如果智能钥匙的电池电量低，车身内部的探测天线会察觉到智能钥匙的电量，并迅速地向 Keyless 系统发送一个信号。接收到这个信号后，Keyless 模块会通过网关控制器与仪表模块进行通信。为了及时通知驾驶员，仪表上会显示"检测不到钥匙"的警告信息，这样驾驶员就能尽快地采取相应措施。

（3）如果仪表显示了"检测不到钥匙"的信息，驾驶员不必过于紧张或担忧，只需要将智能钥匙靠近一键启动开关按钮，然后按下启动开关，即可完成车辆的上电操作。这样的设计确保了即使在一些特殊情况下，如钥匙电池电量低，驾驶员也能轻松地启动车辆。

二、智能钥匙模块各部件位置及端子识别

智能钥匙模块、后部磁卡探测天线总成的低压线束为地板线束（见图2.2.1），前部、中部磁卡探测天线总成的线束为仪表板线束（见图2.2.2），左前门车外探测天线为车门线束（见图2.2.3）。

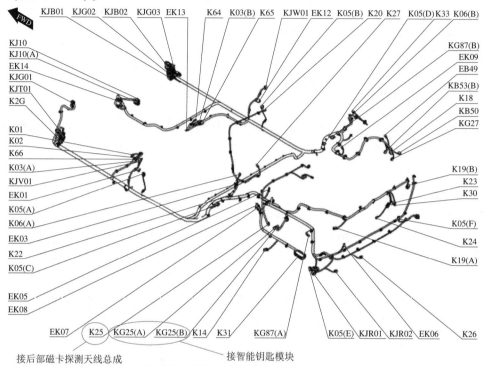

图 2.2.1　智能钥匙模块、后部磁卡探测天线总成低压线束

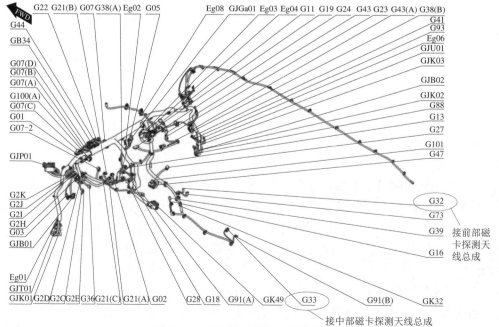

图 2.2.2　仪表板线束相关部件的位置

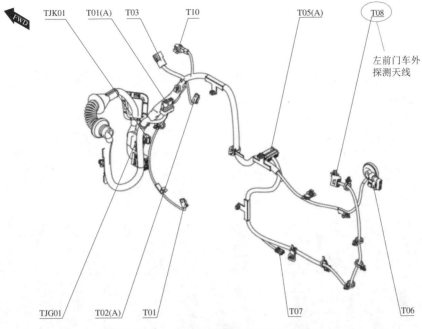

图 2.2.3 左前门线束相关部件的位置

三、智能钥匙模块及相关电路图

智能钥匙模块及相关电路图如附图 1 所示。

四、智能钥匙模块 CAN-L 线断路故障检修

在做好个人安全防护、维修场地安全检查之后，按照诊断维修的准备流程，做好诊断前的各项组织工作，实施故障诊断任务。

1. 故障现象确认及范围确定

1）车辆故障现象确认

（1）钥匙无法遥控车辆解锁、闭锁，按下门把手微动开关，无法解锁、闭锁，车辆无反应，启动按钮背光灯正常点亮，踩下制动踏板，按下启动按钮，仪表提示"未检测到钥匙，请将钥匙靠近射频读卡器后启动车辆"。

（2）故障现象如图 2.2.4 所示。

2）模块通信状态及故障检查

（1）故障码文字描述

根据故障现象显示，连接诊断仪，显示车身控制器报与智能钥匙失去通信，智能钥匙模块无法通信，无法进入，诊断该模块，初步判定智能钥匙模块相关系统线路及元件存在故障。故障诊断仪显示的相关故障信息如图 2.2.5 所示。

（2）相关数据流文字描述：无法读取数据流。

（3）相关数据流故障诊断仪显示图片：无。

3）确认故障范围

智能钥匙模块供电、搭铁、通信 CAN 线、探测天线，以及 4 个部分的相关线路和保险等。

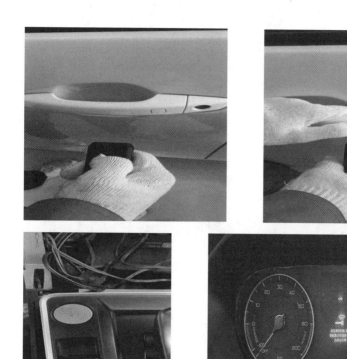

图 2.2.4　智能钥匙模块 CAN-L 线断路故障现象

图 2.2.5　诊断仪显示的故障信息

4）故障分析

通过智能遥控钥匙尝试遥控车辆进行解锁时发现解锁失败，在尝试上电过程中，仪表提示防盗模块相关故障信息，诊断系统无法进入相关模块读取故障码以及数据流，能够引起以上故障现象的线路问题主要出现在供电、搭铁、通信、高频接收模块以及无钥匙进入模块本身等。

2. 故障检测与排除

1）故障相关电路图（见附图1）

2. 具体检测过程

故障诊断与排除准备工作完毕之后，具体诊断过程如图 2.2.6~图 2.2.12 所示。

图 2.2.6　测量 KG25（A）对地电压（正常）

图 2.2.7　测量 KG25（B）/12、KG25（B）/6 对地电压
（不正常，正常值 CAN-H 为 2.7 V 左右、CAN-L 为 2.3 V 左右）

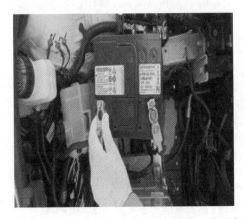

图 2.2.8　车辆下电，断开低压电源负极，做绝缘处理

图 2.2.9　断开动力电池母线，做绝缘处理，车辆静止 5 min

图 2.2.10　测量 KG25（B）/6 至 G2K/2 之间电阻（不正常，正常值<1 Ω）

图 2.2.11　测量 G2K/2 至 GJK01/21 之间电阻（正常）

图 2.2.12　测量 KG25（B）/6 至 KJG01/21 之间电阻（不正常，正常值<1 Ω）

3) 故障点确定及恢复

按照以上检测步骤对通信线路进行测量时发现智能钥匙系统 KG25（B）/6 至 KJG01/21 之间电阻无穷大，处于断路状态。根据智能钥匙系统电路图所给出的电路，在排查过程中，尤其注意所测线路过程中，故障点要锁定在最小的区间内，故障恢复并上电清除故障码之后，再次读取故障码，显示车辆无故障。经过上述检测，可以得出当无钥匙进入模块出现通信线断路故障时，其故障点如图 2.2.13 所示。

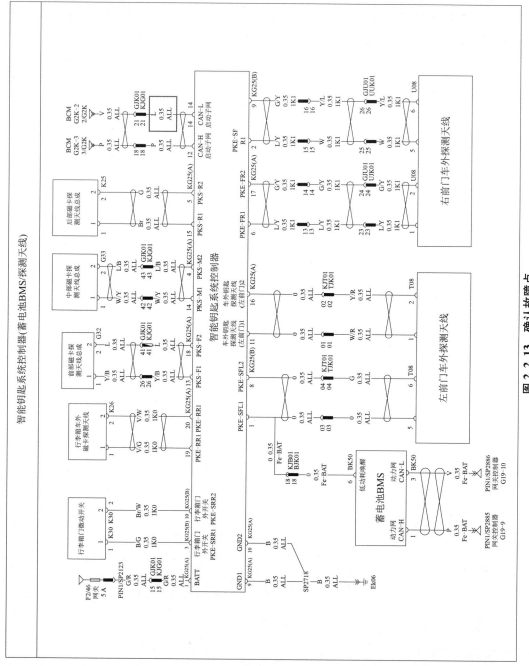

图 2.2.13 确认故障点

项目 2.3　智能钥匙模块 CAN 线短路

现有一辆 2019 款比亚迪秦 EV 出现"低压不上电、仪表无法正常点亮、仪表显示未检测到智能钥匙"的故障现象，作为维修技师，对故障现象进行确定，尝试分析智能钥匙模块的特点、组成和电路图，按照维修手册中的标准与规范，对故障进行维修检测，确定具体故障点，完成该故障的系统性诊断。

一、智能钥匙模块工作原理

2019 款比亚迪秦 EV 的无钥匙进入方式分为验证和开锁两个步骤，智能钥匙检测系统的连接框图如图 2.3.1 所示。

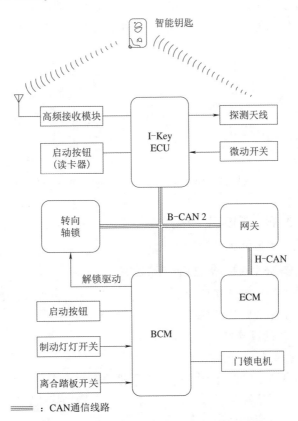

图 2.3.1　智能钥匙检测系统车内连接框图

与 RKE 的单向通信不同，PKE 应用的是双向通信的原理，通过 RF 射频信号来验证电子钥匙的身份以提高安全性。2019 款比亚迪秦 EV 的无钥匙进入方式分为验证和开锁两个步骤，其典型的开锁工作过程分析如下：

第一步：秦 EV 车门微动开关动作的信号连接到智能钥匙模块上，微动开关被按下后，智能钥匙模块就会驱动检测天线，发送 125 kHz 的低频电磁信号，检测是否有智能钥匙进入检测范围。

第二步：进入检测范围的钥匙接收到汽车天线发出的低频触发信号，低频无线标签（TAG）被激活，读出钥匙 TAG 内保存的数据与触发信号进行比较，如果匹配，则整个钥匙电路被唤醒。

第三步：唤醒后的钥匙电路分析从汽车发送过来的"口令"，根据一定的算法计算出对应的数据并加密，将加密信息通过钥匙（频率为 350 MHz）发送给汽车。汽车的高频接收模块（秦 EV 的高频模块集成在智能钥匙模块内部）将来自智能钥匙的密钥信息送给智能钥匙模块，智能钥匙模块分析从钥匙收到的数据，并与自己所计算出的数据进行比较验证。

第四步：如果验证通过，智能钥匙模块就会通过启动网 CAN 总线通知汽车车身控制器模块，由车身控制器模块开启所有车门的门锁。

二、智能钥匙模块各部件位置及端子识别

智能钥匙模块相关的低压线束端子接插件为智能钥匙模块 KG25（A）和智能钥匙模块 KG25（B），其中接插件 KG25（A）外形如图 2.3.2 所示，接插件 KG25（B）外形如图 2.3.3 所示。

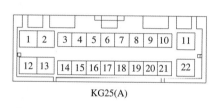

图 2.3.2　G25（A）接插件外形

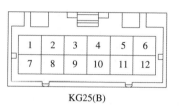

图 2.3.3　G25（B）接插件外形

三、智能钥匙模块及相关电路图

智能钥匙模块及相关电路图如附图 1 所示。

四、智能钥匙模块 CAN 线短路故障检修

在做好个人安全防护、维修场地安全检查之后，按照诊断维修的准备流程，做好诊断前的各项组织工作，实施故障诊断任务。

1. 故障现象确认及范围确定

1）车辆故障现象确认

（1）钥匙无法遥控车辆解锁、闭锁。按下门把手微动开关，无法解锁、闭锁，车辆无反应，启动按钮背光灯正常点亮，踩下制动踏板，按下启动按钮，仪表提示"未检测到钥匙，请将钥匙靠近射频读卡器后启动车辆"。

（2）故障现象如图 2.3.4 所示。

2）模块通信状态及故障检查

（1）故障码文字描述。

根据故障现象显示，连接诊断仪，显示车身控制器报与智能钥匙失去通信，智能钥匙模块无法通信，无法进入，诊断该模块，初步判定智能钥匙模块相关系统线路及元件存在故障。故障诊断仪显示的相关故障信息如图 2.3.5 所示。

项目 2.3　智能钥匙模块 CAN 线短路

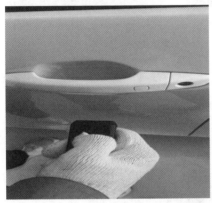

图 2.3.4　智能钥匙模块 CAN 线短路故障现象

图 2.3.5　诊断仪显示的故障信息

（2）相关数据流文字描述：无法读取数据流。

（3）相关数据流故障诊断仪显示图片：无。

3）确认故障范围

智能钥匙模块供电、搭铁、通信 CAN 线、探测天线，以及 4 个部分的相关线路和保险等。

4）故障分析

通过智能遥控钥匙尝试遥控车辆进行解锁时发现解锁失败，在尝试上电过程中，仪表提示防盗模块相关故障信息，诊断系统无法进入相关模块读取故障码以及数据流，能够引起以上故障现象的线路问题主要出现在供电、搭铁、通信、高频接收模块以及无钥匙进入模块本身等。

2. 故障检测与排除

1）故障相关电路图（见附图 1）

2）具体检测过程

故障诊断与排除准备工作完毕之后，具体诊断过程如图 2.3.6~图 2.3.11 所示。

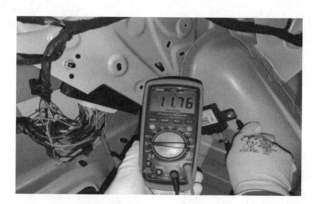

图 2.3.6　测量 KG25（A）/1 对地电压（正常）

图 2.3.7　测量 KG25（B）/12、KG25（B）/6 对地电压
（不正常，正常值 CAN-H 为 2.7 V 左右、CAN-L 为 2.3 V 左右）

图 2.3.8　车辆下电，断开低压电源负极，做绝缘处理

图 2.3.9　断开动力电池母线，做绝缘处理，车辆静止 5 min

图 2.3.10　测量 KG25（B）/12、KG25（B）/6 之间电阻（不正常，正常值为 120 Ω）

图 2.3.11　拔下 KJG01 插头测量 KG25（B）/12、KG25（B）/6 之间电阻
（不正常，正常值为无穷大）

3）故障点确定及恢复

按照以上检测步骤对通信线路进行测量时发现智能钥匙系统 KG25（B)/12 与 KG25(B)/6 之间电阻小于 1 Ω，处于短路状态。根据智能钥匙系统电路图所给出的电路，在排查过程中，尤其注意所测线路过程中，故障点要锁定在最小的区间内，故障恢复并上电清码之后再次读取故障码，显示车辆无故障。经过上述检测，可以得出当无钥匙进入模块出现通信线短路故障时，其故障点如图 2.3.12 所示。

项目 2.3 智能钥匙模块 CAN 线短路

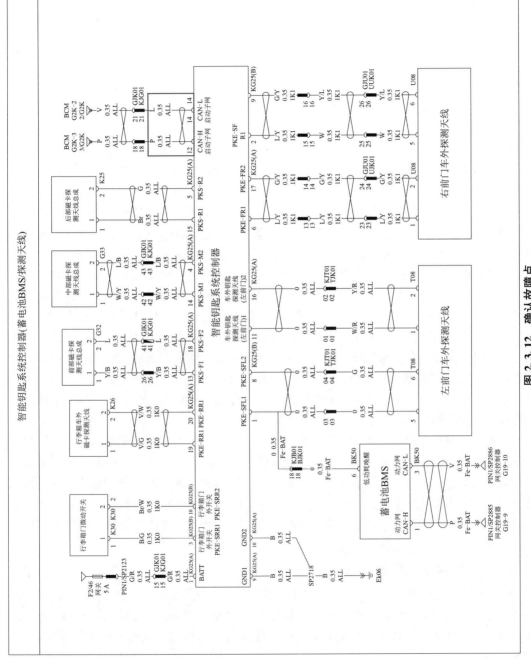

图 2.3.12 确认故障点

项目2.4　ESC网CAN-L线断路

现有一辆2019款比亚迪秦EV出现转向助力故障灯点亮、ABS故障灯点亮、制动系统故障灯点亮等故障现象，作为维修技师，分析该车型的特点、组成、电路图，并对故障进行系统检测，依据检测结果确认故障点，按照维修手册中的标准与规范对系统故障进行维修。

一、电子稳定系统工作原理

电子稳定系统（Electronic Stability Controller，ESC）是一种辅助驾驶者控制车辆的主动安全技术，同时也是汽车防抱死制动系统（Antilock Brake System，ABS）和牵引力控制系统（Traction Control System，TCS）功能的进一步扩展，在ESC上可以看到ABS和TCS功能的影子。电子稳定系统是对旨在提升车辆的操控表现的同时，有效地防止汽车达到其动态极限时失控的一套主动安全控制系统或一款计算机控制程序的通称。ESP电子稳定系统也叫行驶动力控制系统。ESP控制是在ABS的基础上进一步优化改进，增加了车身稳定功能。它是一个防离心力系统，能识别出离心力危险，并校正车辆状态。

电子稳定系统（ESC）在车辆的纵向和横向稳定性控制中起着至关重要的作用，旨在确保车辆在各种条件下的稳定行驶。当汽车在湿滑的路面上左拐过度转向或出现甩尾等情况时，ESC会迅速对车辆进行制动，尤其是对右前轮进行制动，使其恢复附着力。这样会产生一种相反的转矩，使汽车保持在原来的车道上，防止偏离或滑动。

ESC网络包含多个控制模块，如电子驻车制动EPB、防抱死制动系统ABS、齿轮式转向助力R-EPB、转向盘转角传感器、诊断座DLC以及4G模块。这些模块通过高效的通信网络相互连接，实现信息的实时交换和协同工作，传输速率高达500 Kb/s，保证了数据传输的实时性和准确性。

在ESC网络中，终端电阻分别位于网关和ABS模块中，这种设计有效地吸收了信号反射，增强了信号的稳定性，从而保证了数据传输的可靠性和稳定性。同时，ABS模块作为ESC的重要组成部分，通过精确控制制动系统，能够确保车辆在制动过程中的稳定性和操控性。电子稳定系统（ESC）通过对车辆纵向和横向稳定性的精确控制，能够确保车辆在各种行驶条件下的稳定性和安全性。同时，ESC网络中包含的控制模块和高效的通信协议，实现了车辆的智能化和高效化管理。

二、ESC网涉及电路图与端子识别

ESC网涉及电路图见附图2。ESC与多个控制模块相互通信，并与8寸显示屏、网关、4G模块、ESP、EPB、胎压监测模块、DLC诊断口等相关模块进行连接。G19/13为ESC网CAN-L，G19/14为EASC网CAN-H。G19接插件和诊断接口外形图分别见附图3和附图4。

三、ESC网CAN-L线断路故障检修

在做好个人安全防护、维修场地安全检查之后，按照诊断维修的流程，做好诊断前的各项组织工作，实施故障诊断任务。

1. 故障现象确认及范围确定

1) 车辆故障现象确认

(1) 仪表显示主警告灯点亮、转向助力故障灯点亮、ABS 故障灯点亮、制动系统故障灯点亮，仪表提示"请检查车辆网络"。

(2) 故障现象如图 2.4.1 所示。

图 2.4.1　ESC 网 CAN-L 线断路故障现象

2) 模块通信状态及故障码检查

(1) 故障码文字描述：连接诊断仪，显示与多个模块无法进行通信。

(2) 故障诊断仪显示的故障信息如图 2.4.2 所示。

图 2.4.2　故障诊断仪显示的故障信息

(3) 相关数据流文字描述：无。

(4) 相关数据流故障诊断仪显示图片：无。

3) 确认故障范围

网关模块及通信网线相关线路故障。

2. 故障检测与排除

1) 故障相关电路图（见附图 2）

2) 具体检测过程

故障诊断与排除准备工作完毕之后，具体诊断过程如图 2.4.3～图 2.4.8 所示。

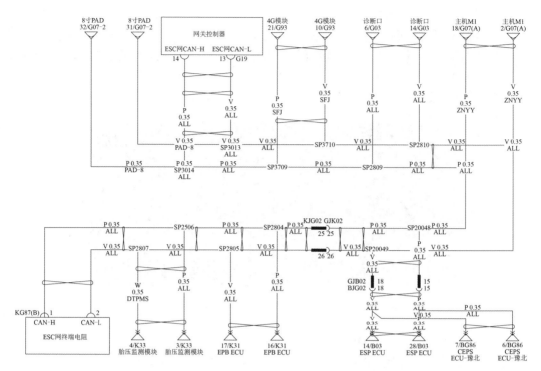

图 2.4.3 ESC 网 CAN-L 线断路故障相关电路图

图 2.4.4 测量 G03/6、G03/14 对地电压
(不正常,正常值 CAN-H 为 2.7 V 左右、CAN-L 为 2.3 V 左右)

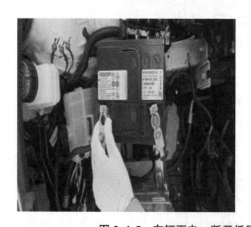

图 2.4.5 车辆下电,断开低压电源负极,做绝缘处理

图 2.4.6　断开动力电池母线，做绝缘处理，车辆静止 5 min

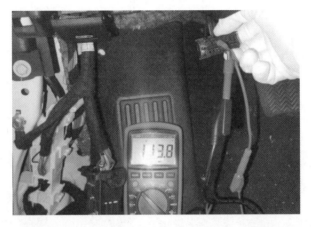

图 2.4.7　测量 G03/6 与 G03/14 之间电阻（不正常，正常值为 60 Ω 左右）

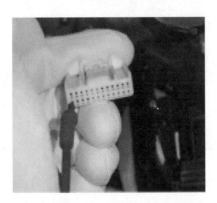

图 2.4.8　测量 G03/14 至 G19/13 之间电阻（不正常，正常值<1 Ω）

3）故障点确定及恢复

经上述检测，测得 G03/6、G03/14 对地电压不正常，且 G03/6 与 G03/14 之间电阻大于正常值 60 Ω，测量 G03/14 至 G19/13 之间电阻为无穷大，由此可以得出 ESC 网线束 CAN-L 断路，其故障点如图 2.4.9 所示。

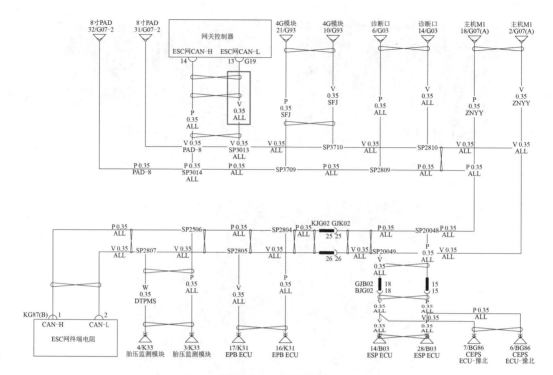

图 2.4.9 故障点确认

项目 2.5 ESC 网 CAN 线短路

现有一辆 2019 款比亚迪秦 EV 出现转向助力故障、ABS 故障灯亮、制动系统故障灯亮的故障现象,作为维修技师,分析该车型的特点、组成、电路图,并对故障进行系统检测,依据检测结果确认故障点,按照维修手册中的标准与规范对系统故障进行维修。

一、电子稳定系统工作原理

电子稳定系统(Electronic Stability Controller,ESC)是一种先进的主动安全技术,旨在辅助驾驶者更好地控制车辆。该系统通过一系列传感器实时监测车辆的动态和行驶状态,并通过对制动系统和发动机进行精确控制,确保车辆在各种行驶条件下的稳定性和操控性。电子稳定系统不仅是汽车防抱死制动系统(ABS)和牵引力控制系统(TCS)功能的进一步扩展,而且还在这些功能的基础上进行了优化和升级。通过集成 ABS、TCS 和 ESC 等功能,电子稳定系统能够更好地控制车辆的制动和驱动系统,从而在紧急情况下提高车辆的操控性能和稳定性。

在电子稳定系统 ESC 上可以看到 ABS 和 TCS 功能的影子,因为它们都涉及对车辆制动和驱动系统的控制。然而,电子稳定系统不仅仅是对这些功能的简单组合,它还通过先进的传感器与控制算法来识别车辆的行驶状态和驾驶者的操控意图,从而更精确地控制车辆的动态响应。电子稳定系统是对旨在提升车辆操控表现的同时,有效地防止汽车达到其动态极限时失控的一套主动安全控制系统或一款计算机控制程序的通称。该系统通过复杂的算法和传感器数据实时监测车辆的动态变化,并在需要时采取相应的控制措施,以确保车辆的稳定性和安全性。

ESP 电子稳定系统也叫行驶动力控制系统。它是一种综合性的主动安全系统,通过识别车辆的行驶状态和驾驶者的操控意图,对车辆的制动系统和发动机进行精确控制,从而防止车辆在达到动态极限时失控。ESP 控制是在 ABS 基础上进一步优化改进,增加了车身稳定功能。它是一个防离心力系统,能识别出离心力危险,并校正车辆状态。ESP 电子稳定系统的核心是控制单元(ECU),它通过复杂的算法和传感器数据实时监测车辆的动态变化,并在需要时采取相应的控制措施。

电子稳定系统的应用范围非常广泛,无论是轿车、SUV,还是商用车都可以受益于该系统的辅助控制。在高速行驶、急转弯、紧急制动等高风险情况下,电子稳定系统都能够提供额外的安全保障,降低事故发生的可能性。此外,电子稳定系统还可以在冰雪、湿滑等低附着力路面上提供更好的操控性能和行驶稳定性。

电子稳定系统是一种重要的主动安全技术,它通过精确控制车辆的制动和驱动系统来提高车辆的操控性能和稳定性。同时,它还能够有效地防止车辆在达到动态极限时失控,为驾驶者和乘客提供更高的安全保障。

ESC 主要对车辆纵向和横向稳定性进行控制,保证车辆稳定行驶,例如汽车在路滑时左拐过度转向,右侧甩尾、打滑,会产生相对滑动,此时就会迅速制动右前轮使其恢复附着力,产生一种相反的转矩而使汽车保持在原来的车道上。

ESC 网包含的控制模块有电子制动系统 EPB、防抱死制动系统 ABS、齿轮式转向助力系统 R-EPB、转向盘转角传感器、诊断座 DLC、4G 模块,其传输速率为 500 Kb/s,其终端电阻分别在网关和 ABS 模块中。

二、ESC 网涉及电路图与端子识别

ESC 网涉及电路见附图 2。G19/13 为 ESC 网 CAN-L,G19/14 为 ESC 网 CAN-H。G19 接插件和诊断接口外形图分别见附图 3 和附图 4。

三、ESC 网 CAN 线短路故障检修

在做好个人安全防护、维修场地安全检查之后,按照诊断维修的流程,做好诊断前的各项组织工作,实施故障诊断任务。

1. 故障现象确认及范围确定

1)车辆故障现象确认

(1)仪表显示主警告灯点亮、转向助力故障灯点亮、ABS 故障灯点亮、制动系统故障灯点亮,仪表提示"请检查车辆网络"。

(2)故障现象如图 2.5.1 所示。

图 2.5.1　ESC 网 CAN 线短路故障现象

2)模块通信状态及故障码检查

(1)故障码文字描述:连接诊断仪,显示与多个模块无法进行通信。

(2)故障诊断仪显示的故障信息如图 2.5.2 所示。

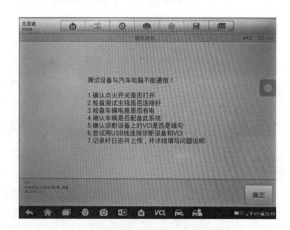

图 2.5.2　故障诊断仪显示的故障信息

(3) 相关数据流文字描述：无。
(4) 相关数据流故障诊断仪显示图片：无。
3) 确认故障范围
网关模块及通信网线相关线路故障。
2. 故障检测与排除
1) 故障相关电路图（见附图2）
2) 具体检测过程
故障诊断与排除准备工作完毕之后，具体诊断过程如图2.5.3~图2.5.8所示。

图2.5.3 测量G03/6、G03/14对地电压（不正常，正常值CAN-H为2.7 V左右、CAN-L为2.3 V左右）

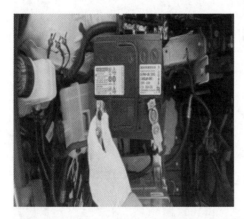 

图2.5.4 车辆下电，断开低压电源负极，做绝缘处理

图2.5.5 断开动力电池母线，做绝缘处理，车辆静止5 min

图 2.5.6　测量 G03/6、G03/14 之间电阻（不正常，正常值为 60 Ω 左右）

图 2.5.7　拔掉 KJG02 插头，测量 G03/6、G03/14 之间电阻（不正常，正常值为 120 Ω 左右）

图 2.5.8　拔掉 GJB02 插头，测量 G03/6、G03/14 之间电阻（不正常，正常值为 120 Ω 左右）

3) 故障点确定及恢复

经上述检测,测得 G03/6、G03/14 对地电压不正常,且 G03/6、G03/14 之间电阻很小,不符合正常值,由此可以得出 ESC 网线束 CAN-H 与 CAN-L 短路,其故障点如图 2.5.9 所示。

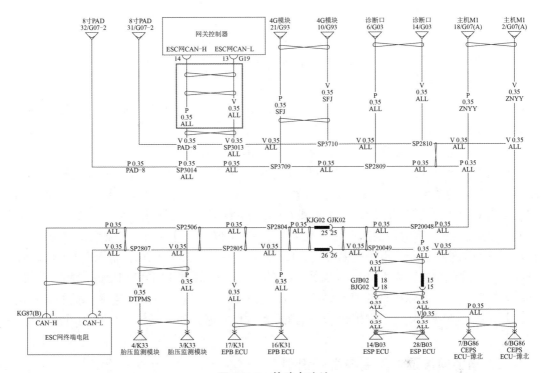

图 2.5.9 故障点确认

项目 2.6　动力网 CAN-L 线断路

现有一辆 2019 款比亚迪秦 EV 出现高压不上电、无法充电、仪表显示多个故障灯的故障现象，作为维修技师，分析该车型的特点、组成、电路图，并对故障进行系统检测，依据检测结果确认故障点，按照维修手册中的标准与规范对系统故障进行维修。

一、动力网工作原理

动力网络线是汽车动力系统中不可或缺的一部分，它连接着各个部件，传输着各种数据和控制指令，为车辆的正常运行提供了有力的支持。同时，终端电阻的存在也进一步提高了网络的稳定性和可靠性，为车辆的安全行驶提供了保障。

动力 CAN 是控制汽车有关动力系统节点的 CAN 线，如 ECU、制动、加速这些位置。由于汽车的动力系统需要更快的通信速率，所以动力 CAN 很多时候也被称为高速 CAN。除了动力 CAN 外，还有标准 CAN 和扩展 CAN。标准 CAN，也称为 CAN 2.0A，是最常用的 CAN 总线类型，它的传输速率为 1 Mb/s，支持 11 位标识符，用于控制和监测应用，如汽车的发动机控制、车身电子控制等。扩展 CAN，也称为 CAN 2.0B，是标准 CAN 总线的升级版，它的传输速率为 1 Mb/s，支持 29 位标识符，用于数据采集和处理，如工业自动化、航空航天等。另外还有低速 CAN，也称为 LS-CAN，是一种传输速率较低的 CAN 总线，其速率为 40 Kb/s，主要用于电动车辆的控制和监测，如电动汽车的电池管理、电机控制等。

二、动力网涉及电路图与端子识别

动力网涉及电路图见附图 5。动力网与多个控制模块相互通信，并与 8 寸显示屏、网关、4G 模块、挡位传感器、BCM、DLC、驱动电机、蓄电池 BMS 等相关模块进行连接。G19/10 为动力网 CAN-L，G19/9 为动力网 CAN-H。G19 接插件和 G03 诊断接口外形图分别见附图 3 和附图 4。

三、动力网 CAN-L 线断路故障检修

在做好个人安全防护、维修场地安全检查之后，按照诊断维修的流程，做好诊断前的各项组织工作，实施故障诊断任务。

1. 故障现象确认及范围确定

1）车辆故障现象确认

（1）高压无法上电、无法充电，仪表无挡位显示；动力电池故障灯点亮、制动故障灯亮、主警告故障灯亮、动力系统故障灯亮、没有动力电池电量显示。

（2）故障现象图片如图 2.6.1 所示。

2）模块通信状态及故障码检查

（1）故障码文字描述。

根据故障现象显示，连接诊断仪，显示无法与多个模块进行通信，只能与 ESC、舒适网通信。

图 2.6.1 动力网 CAN-L 线断路故障现象

（2）故障诊断仪显示的故障信息如图 2.6.2 所示。

（3）相关数据流文字描述：无法读取数据流。

（4）相关数据流故障诊断仪显示图片：无。

图 2.6.2 故障诊断仪显示的故障信息

3）确认故障范围

网关模块及通信相关线路。

2. 故障检测与排除

1）故障相关电路图（见附图 5）

2）具体检测过程

故障诊断与排除准备工作完毕之后，具体诊断过程如图 2.6.3~图 2.6.7 所示。

图 2.6.3 测量 G03/12、G03/13 对地电压（不正常，正常值 CAN-H 为 2.7 V、CAN-L 为 2.3 V）

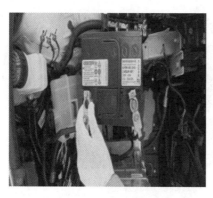 

图 2.6.4　车辆下电,断开低压电源负极,做绝缘处理

图 2.6.5　断开动力电池母线,做绝缘处理,车辆静止 5 min

图 2.6.6　测量 G03/12 与 G03/13 之间电阻(不正常,正常值为 60 Ω 左右)

图 2.6.7　测量 G03/13 至 G19/10 之间电阻(不正常,正常值为小于 1 Ω)

3) 故障点确定及恢复

经上述检测,测得 G03/12、G03/13 对地电压不正常,且 G03/13 至 G19/10 之间电阻为无穷大,确定连接点直接为断路状态,因此可以得出动力网 CAN-L 线路断路,其故障点如图 2.6.8 所示。

项目 2.6 动力网 CAN-L 线断路

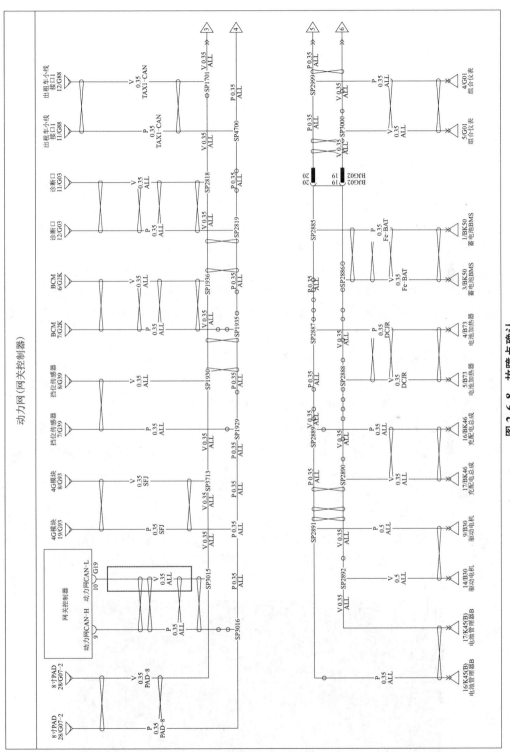

图 2.6.8 故障点确认

项目 2.7　动力网 CAN 线短路

现有一辆 2019 款比亚迪秦 EV 出现高压不上电、无法充电、仪表显示多个故障灯的故障现象,作为维修技师,对故障现象进行确定,分析动力 CAN 的特点、组成和电路图,并对故障进行系统检测,依据检测结果确认故障点,按照维修手册中的标准与规范对系统故障进行维修。

一、动力网工作原理

由于动力系统的网络一般要求比较高,需要快速地传输数据和控制指令,因此动力网络线的传输速度比较快,其传输速率为 250 Kb/s。这种高速传输可以确保车辆在行驶过程中能够及时地响应各种操作指令,从而保持良好的驾驶体验。动力网络线的终端电阻(120 Ω)分别位于网关和电池管理器模块中,这个终端电阻的作用是抵抗电磁干扰,保护网络信号的稳定性。同时,网关和电池管理器模块也是动力系统中非常重要的组成部分。网关负责协调各个控制模块之间的通信,确保数据和指令能够正确地传输到目标模块;而电池管理器模块则负责监控和管理电池的状态,确保电池能够正常工作并延长其使用寿命。

二、动力网涉及电路图与端子识别

动力网涉及电路图见附图 5。G19/10 为动力网 CAN-L,G19/9 为动力网 CAN-H。G19 接插件和 G03 诊断接口外形图分别见附图 3 和附图 4。

三、动力网 CAN 线短路故障检修

在做好个人安全防护、维修场地安全检查之后,按照诊断维修的流程,做好诊断前的各项组织工作,实施故障诊断任务。

1. 故障现象确认及范围确定

1)车辆故障现象确认

(1)高压无法上电、无法充电,仪表无挡位显示;动力电池故障灯点亮、制动故障灯亮、主警告故障灯亮、动力系统故障灯亮、没有动力电池电量显示。

(2)故障现象图片如图 2.7.1 所示。

图 2.7.1　动力网 CAN 短路故障现象

2）模块通信状态及故障码检查

（1）故障码文字描述。

根据故障现象显示，连接诊断仪，显示无法与多个模块进行通信，只能与 ESC、舒适网通信。

（2）故障诊断仪显示的故障信息，如图 2.7.2 所示。

（3）相关数据流文字描述：无法读取数据流。

（4）相关数据流故障诊断仪显示图片：无。

图 2.7.2　故障诊断仪显示的故障信息

3）确认故障范围

网关模块及通信相关线路。

2. 故障检测与排除

1）故障相关电路图（见附图 5）

2）具体检测过程

故障诊断与排除准备工作完毕之后，具体诊断过程如图 2.7.3~图 2.7.7 所示。

图 2.7.3　测量 G03/12、G03/13 对地电压（不正常，
正常值 CAN-H 为 2.7 V、CAN-L 为 2.3 V）

图 2.7.4　车辆下电，断开低压电源负极，做绝缘处理

图 2.7.5　断开动力电池母线，做绝缘处理，车辆静止 5 min

图 2.7.6　测量 G03/12 与 G03/13 之间电阻（不正常，正常值为 60 Ω 左右）

图 2.7.7　拔掉 KJG02 插头，测量 G03/12 与 G03/13 之间电阻
（不正常，正常值为 120 Ω 左右）

3) 故障点确定及恢复

经上述检测,测得 G03/12、G03/13 对地电压不正常,且 G03/12 与 G03/13 之间电阻与 G03/12 与 G03/13 之间电阻很小,约为 0.2 Ω,均不符合正常值(120 欧姆左右),由此可以得出动力网 CAN-H 与 CAN-L 线路短路,其故障点如图 2.7.8 所示。

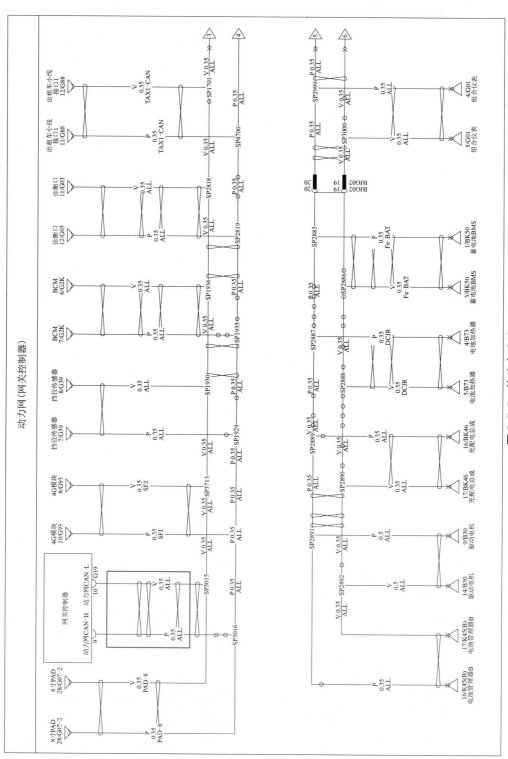

图 2.7.8 故障点确认

项目 2.8　舒适网 2 CAN-L 断路

现有一辆 2019 款比亚迪秦 EV 出现主警告灯点亮、仪表显示多个故障灯故障现象，作为维修技师，对故障现象进行确定，尝试分析舒适 CAN 的特点、组成、电路图，按照维修手册中的标准与规范对系统故障进行维修检测。实施对该故障的系统性诊断，进行系统检测，并依据检测结果确认故障点。

一、舒适网工作原理

舒适网的控制模块设计精良，涵盖了多种功能，以满足驾驶者及乘客的各种需求。这些模块主要包括组合开关、空调面板、多媒体设备、安全气囊（SRS）、引擎音模拟器、多功能屏、玻璃升降开关、倒车雷达、外部胎压监测、空调控制器和诊断座（DLC）。这些模块不仅功能各异，而且相互连接，构成了一个传输速率为 125 Kb/s 的网络，保证了信息的实时交换和高效处理。

此外，舒适网还包含了 4G 模块和车身电脑（BCM）。4G 模块使得车辆能够与外部网络进行连接，为驾驶者提供了实时路况信息、导航服务以及其他在线功能。而车身电脑（BCM）则是车辆的中枢控制系统，负责监控和管理车辆的各种系统，如引擎、制动、灯光等。这些模块的加入，使得车辆的功能更加丰富，同时也提高了车辆的智能化和安全性。

在网络的连接上，这些模块通过传输线相互连接。而为了确保信号的稳定传输，终端电阻被放置在网关和车身电脑 BCM 模块中。这种设计能够有效地吸收信号反射，增强信号的稳定性，从而保证了数据传输的可靠性。

总的来说，舒适网的控制模块设计涵盖了多种功能，满足了驾驶者及乘客的多样化需求。同时，通过高效的传输网络和智能化的控制策略，实现了车辆的高效管理和安全运行。这种设计理念体现了汽车制造业在智能化、人性化方向上的发展趋势。

舒适系统 CAN 总线具有 100 Kb/s 的速率。为了提高低速 CAN 总线的抗干扰能力和降低电流消耗，与动力 CAN 总线相比，它进行了一些改动。具体来说，这些改动包括使用单独的驱动器（功率放大器），使得两个 CAN 信号不再依赖于彼此。这意味着如果任一根 CAN 线断路，CAN 系统仍能正常工作。因此，舒适 CAN 总线的 CAN-H 线和 CAN-L 线间没有终端电阻，它们作为独立的信号工作。在隐性状态（静电平）时，CAN-H 线信号为 0 V，而在显性状态时则不低于 3.6 V。对于 CAN-L 信号来说，隐性电平为 5 V，显性电平则不高于 1.4 V。这些特性使得舒适系统能够更稳定、更有效地进行数据传输和处理。

二、舒适网涉及电路图与端子识别

舒适网涉及电路图见附图 6。舒适网与多个控制模块相互通信，包括组合开关、空调面板、多媒体、安全气囊 SRS、引擎音模拟器、多功能屏、玻璃升降开关、倒车雷达、外部胎压监测、空调控制器、诊断座 DLC、4G 模块、车身电脑 BCM。G19/8 为动力网 CAN-L，G19/7 为动力网 CAN-H。G19 接插件与 G03 诊断接口外形图分别见附图 3 和附图 4。

三、舒适网 2 CAN-L 断路故障诊断

在做好个人安全防护、维修场地安全检查之后，按照诊断维修的流程，做好诊断前的各项组织工作，实施故障诊断任务。

1. 故障现象确认及范围确定

1）车辆故障现象确认

（1）仪表显示主警告灯点亮、ESP 故障灯点亮、OK 灯点亮，仪表提示"请检查车辆网络，请检查 ESP 系统，风扇常转"。

（2）故障现象如图 2.8.1 所示。

图 2.8.1　舒适网 2 CAN-L 断路故障现象

2）模块通信状态及故障码检查

（1）故障码文字描述。

根据故障现象显示，连接诊断仪，显示无法与舒适网 2 相关模块进行通信。

（2）故障诊断仪显示的故障信息如图 2.8.2 所示。

图 2.8.2　故障诊断仪显示的故障信息

（3）相关数据流文字描述：无法读取数据流。

（4）相关数据流故障诊断仪显示图片：无。

3）确认故障范围

网关模块及通信相关线路故障。

2. 故障检测与排除
1) 故障相关电路图（见附图 7）
2) 具体检测过程

故障诊断与排除准备工作完毕之后，具体诊断过程如图 2.8.3~图 2.8.7 所示。

图 2.8.3　测量 G03/3、G03/11 对地电压（不正常，
正常值 CAN-H 为 2.7 V 左右、CAN-L 为 2.3 V 左右）

图 2.8.4　车辆下电，断开低压电源负极，做绝缘处理

图 2.8.5　断开动力电池母线，做绝缘处理，车辆静止 5 min

图 2.8.6 测量 G03/3 与 G03/11 之间电阻（不正常，正常值为 60 Ω 左右）

图 2.8.7 测量 G03/11 至 G19/2 之间电阻（不正常，正常值小于 1 Ω）

3）故障点确定及恢复

经上述检测，测得 G03/11 至 G19/2 之间电阻为无穷大，由此可以得出舒适 2 网络线束 CAN-L 线路断路，其故障点如图 2.8.8 所示。

项目 2.8 舒适网 2 CAN-L 断路

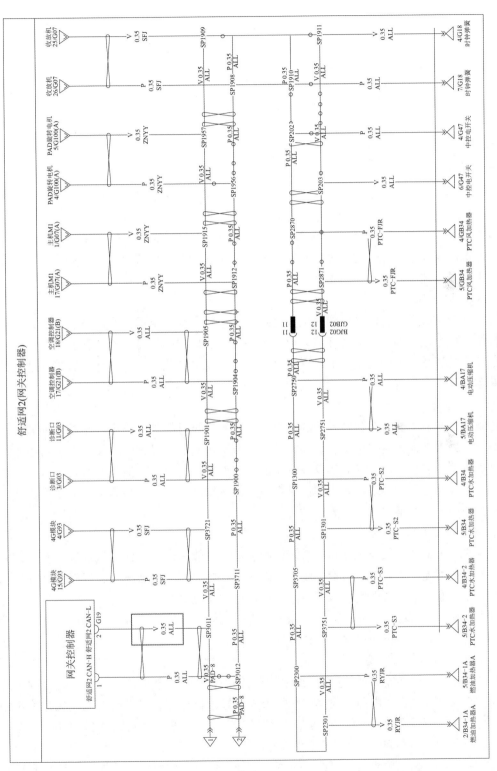

图 2.8.8 确认故障点

项目 2.9 舒适网 2 CAN 线短路

现有一辆 2019 款比亚迪秦 EV 出现主警告灯点亮、仪表显示多个故障灯的故障现象，作为维修技师，对故障现象进行确定，尝试分析舒适 CAN 的特点、组成、电路图，按照维修手册中的标准与规范对系统故障进行维修检测。实施对该故障的系统性诊断，进行系统检测，并依据检测结果确认故障点。

一、舒适网工作原理

舒适网包含的控制模块有组合开关、空调面板、多媒体、安全气囊 SRS、引擎音模拟器、多功能屏、玻璃升降开关、倒车雷达、外部胎压监测、空调控制器、诊断座 DLC、4G 模块、车身电脑 BCM，传输速率为 125 Kb/s，其终端电阻分别在网关和车身电脑 BCM 模块中。

新能源汽车在整体的舒适性和用户体验方面有很多领域可以应用舒适网或类似的智能家居系统。主要体现在以下几个方面：

1. 智能空调系统

智能空调系统是舒适网提供的一项先进技术，也可以被新能源汽车所整合，为乘客创造更智能、更个性化的车内舒适环境。通过这一系统，用户不仅可以通过智能手机应用事先设定或随时调整车内的温度，更能根据个人喜好实现自动化调节。这样的智能功能使乘客能够在车程中享受舒适、个性化的驾乘体验。

2. 智能座椅调节

智能座椅调节功能是舒适网系统的一部分，这一系统可能与新能源汽车的座椅调节系统相结合，为乘客提供更加精确和个性化的座椅调节体验。通过这项功能，乘客可以精准地调整座椅的角度、温度，甚至享受按摩功能，让驾乘体验更为舒适和定制化。这种智能座椅调节系统将在车辆乘坐过程中提供更高级别的座椅舒适性，为乘客带来更多个性化的座椅调节选择，提升整体驾驶体验。

3. 空气净化和新风系统

新能源汽车整合空气净化和新风系统，而舒适网可能为这一方面提供解决方案。这种整合系统有助于提升车内空气质量，使车舱内的空气更加清新、洁净。通过舒适网提供的解决方案，新能源汽车可以实现对车内空气进行过滤净化，并引入新鲜空气，有效减少尘埃、异味以及有害微粒的存在，提供更加健康舒适的驾乘环境。这种空气净化和新风系统的整合可以为乘客创造更加愉悦和舒适的驾乘体验。

4. 智能照明和氛围设置

有些舒适网的智能家居系统包含智能照明和氛围设置，而新能源汽车可以充分利用这些功能，这种整合允许车内照明根据乘客的个人偏好进行调整，提供更加个性化和愉悦的驾乘环境。通过舒适网提供的解决方案，新能源汽车可以实现对车内灯光的智能控制，乘客可以根据自己的喜好调整灯光强度、色彩和氛围模式，创造出更加温馨、舒适或独特的驾乘氛围。这样的智能照明与氛围设置提供了更加个性化和愉悦的驾乘体验，让乘客感到更加舒适和轻松。

5. 个性化设置和控制

新能源汽车可以提供个性化的舒适性设置和控制功能，用户可以利用智能手机应用或车载系统根据自己的喜好来进行定制。通过这些应用程序或者车载系统的界面，驾驶员和乘客可以调整座椅的倾斜角度、温度和按摩功能等座椅参数，使其更贴合个人的舒适需求。此外，还可以根据偏好设置车内温度和空调系统，调整音响设置，甚至个性化调整车辆的照明效果和其他舒适性功能。这种个性化设置与控制功能为用户提供了更加便捷和舒适的驾乘体验，满足了不同用户对汽车舒适性的个性化需求。

6. 语音控制和智能互联

舒适网很可能提供与智能家居系统集成的语音控制功能，让用户通过语音指令来操作家居设备。同样，新能源汽车也可以将这些技术整合到车内，实现语音控制的智能舒适系统。这一技术允许乘客通过简单的语音命令控制汽车内的各项舒适功能，例如调节座椅、温度、音响系统等，提供了更便捷、更安全的操作体验。这样的智能互联功能让驾驶员和乘客专注于驾驶或旅途中的其他事物，而不必分心进行手动控制，提高了驾乘的便利性和舒适性。

综上所述，新能源汽车可以从舒适网或智能家居系统中汲取技术和理念，为乘客提供更加智能、舒适和个性化的驾乘体验。

二、舒适网涉及电路图与端子识别

舒适网涉及电路图见附图6。舒适网与多个控制模块相互通信，包括组合开关、空调面板、多媒体、安全气囊SRS、引擎音模拟器、多功能屏、玻璃升降开关、倒车雷达、外部胎压监测、空调控制器、诊断座DLC、4G模块、车身电脑BCM。G19/8为动力网CAN-L，G19/7为动力网CAN-H。G19接插件和G03诊断接口外形图分别见附图3和附图4。

三、舒适网2 CAN线短路故障检修

在做好个人安全防护、维修场地安全检查之后，按照诊断维修的流程，做好诊断前的各项组织工作，实施故障诊断任务。

1. 故障现象确认及范围确定

1）车辆故障现象确认

（1）仪表显示主警告灯点亮、ESP故障灯点亮、OK灯点亮，仪表提示"请检查车辆网络，请检查ESP系统，风扇常转"。

（2）故障现象如图2.9.1所示。

图2.9.1 舒适网2 CAN线短路故障现象

2）模块通信状态及故障码检查

（1）故障码文字描述。

根据故障现象显示，连接诊断仪，显示无法与舒适网2相关模块进行通信。

（2）故障诊断仪显示的故障信息如图2.9.2所示。

图 2.9.2　故障诊断仪显示的故障信息

（3）相关数据流文字描述：无法读取数据流。
（4）相关数据流故障诊断仪显示图片：无。

3）确认故障范围

网关模块及通信相关线路故障。

2. 故障检测与排除

1）故障相关电路图（见附图7）

2）具体检测过程

故障诊断与排除准备工作完毕之后，具体诊断过程如图2.9.3~图2.9.7所示。

图 2.9.3　测量 G03/3、G03/11 对地电压（不正常，
正常值 CAN-H 为 2.7 V 左右、CAN-L 为 2.3 V 左右）

图 2.9.4　车辆下电，断开低压电源负极，做绝缘处理

图 2.9.5　断开动力电池母线，做绝缘处理，车辆静止 5 min

图 2.9.6　测量 G03/3 与 G03/11 之间电阻
（不正常，正常值为 60 Ω 左右）

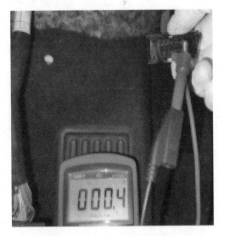

图 2.9.7　拔掉 GJB02 插头，测量 G03/3 与 G03/11 之间电阻（不正常，正常值为 120 Ω 左右）

3) 故障点确定及恢复

经上述检测，测得 G03/3、G03/11 对地电压不符合正常值，且 G03/3 与 G03/11 之间电阻仅为 0.4 Ω，由此可以得出舒适 2 网络线束 CAN-H 与 CAN-L 线路短路，其故障点如图 2.9.8 所示。

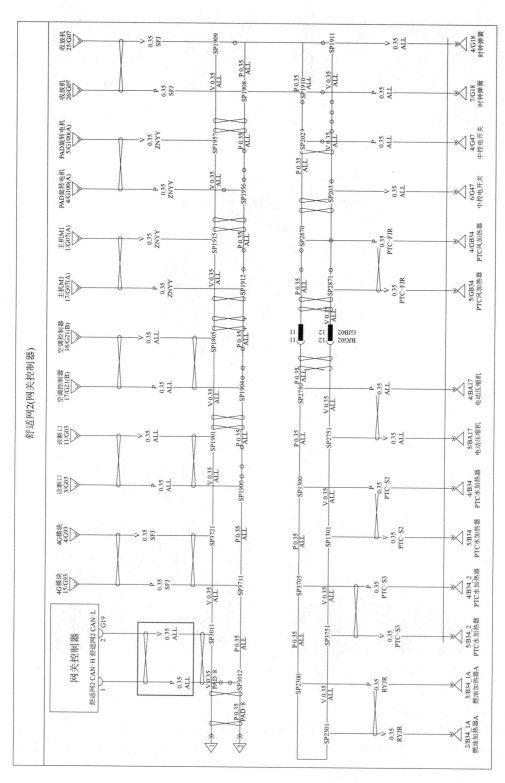

图 2.9.8 故障点确认

项目 2.10　网关模块搭铁线断路

现有一辆 2019 款比亚迪秦 EV 出现高压不上电、无法充电、仪表显示多个故障灯、风扇常转的故障现象，作为维修技师，对故障现象进行确定，尝试分析网关的特点、组成、电路图，按照维修手册中的标准与规范对系统故障进行维修检测。实施对该故障的系统性诊断，进行系统检测，并依据检测结果确认故障点。

一、网关模块工作原理

网关（Automotive Gateway）可以被视为汽车网络中的翻译官，它发挥着至关重要的作用，作为整车网络的数据交互枢纽，是整车电子电气构架中的核心部件。它的主要功能是确保数据在车辆内部的多个网络（如 CAN、LIN、MOST、FlexRay 等）之间进行安全可靠的传输，实现数据的顺畅交互。

网关的主要作用是在网络和 ECU（电子控制单元）之间提供安全的无缝通信，它为车辆的多个内部网络与外界的外部网络之间搭建起一座桥梁，使得车辆可以与外部设备进行数据交换，同时也可以在车辆内部的不同网络之间传递数据和信息。作为车内网络的中心枢纽，网关可以跨功能域（如动力底盘域、车身控制域、信息娱乐域、驾驶辅助域等）帮助车辆中不同类型的网络之间实现安全可靠的相互传输和处理数据，这种跨域通信使得车辆能够更好地实现各种复杂的功能，并提高整车的智能化和自动化水平。此外，网关还具有一些其他的重要特性。例如，它可以过滤和转发数据，确保只有符合规定的数据能够在不同的网络之间传输。此外，它还可以提供故障保护措施，当检测到故障或异常情况时，可以采取相应的措施进行保护和应对，保障车辆的安全和稳定运行。网关通过实现多个网络之间的数据交互和安全传输，使得车辆内部的各个系统可以协同工作，实现车辆的各项功能，提高车辆的性能和安全性。

（1）CAN（Controller Area Network）总线是德国博世公司于 20 世纪 80 年代初为解决现代汽车中众多的控制与测试仪器之间的数据交换而开发的一种串行数据通信协议，它是一种多主总线，以广播形式发送数据，通信速率最高可达 1 Mb/s，目前已经在汽车行业得到了广泛应用。CAN 总线具有以下特点：

①数据通信在这种协议下没有固定的主从关系，这意味着任意一个节点都能够向其他一个或多个节点发起数据通信。通信的次序则是根据各节点信息的优先级来确定的，优先级的不同决定了信息的发送顺序。这种灵活性允许不同节点在需要时相互交换数据，而无须预先定义固定的通信层级。

②当多个节点同时发起通信时，各节点按照其设定的优先级进行交互。优先级较低的节点会避让具有较高优先级的节点，这样做有助于避免通信线路出现拥塞。在这种方式下，即使有多个节点同时发送信息，系统也能够根据设定的优先级原则，有序地进行通信，保障线路的通畅性，有效避免通信堵塞的发生。

③数据传输速度快，即使在大量信息同时传输的情况下也能保持高效率的数据传输。它拥有优秀的实时性，可以实时传送和处理信息，对于需要快速响应的系统具有良好的适

应性。此外，该系统具备出色的抗干扰能力，能有效应对外部环境因素对通信线路造成的各种干扰，确保信息传输的可靠性和稳定性。

④通信距离可远达 10 km（通信速率低于 5 Kb/s），在这种情况下，数据传输速率稍低。但如果通信距离缩短至 40 m 以内，通信速率最高可达到 1 Mb/s，数据传输速度更快。

（2）LIN（Local Interconnect Network）总线是基于 UART/SCI（通用异步收发器/串行通信接口）的低成本串行通信协议，在汽车领域主要用于车门、天窗、座椅控制等，最大传输速度为 20 Kb/s。LIN 总线有其"局域"特性，在汽车中一般不独立存在，通常与上层 CAN 网络相连，形成 CAN-LIN 网络节点，一般会规定该"网络节点"的控制器归属。例如：空调主控，通过 LIN 总线连接雨量传感器、刮水器、空调-天窗等。在车载网络系统中，LIN 处于低端，可与 CAN 网络互补优势，如在 LIN 系统中加 70 个新节点时，不需要从其他节点做任何软件或硬件的改动。LIN 和 CAN 一样，传送的信息带有一个标识符，它给出的是这个信息的意义或特征，而不是这个信息传送的地址。LIN 总线的电气性能对网络结构有很大影响。网络节点数不仅受标识符长度的限制，而且受总线物理特性的限制。在 LIN 系统中，建议节点数不超过 16 个，LIN 系统每增加一个节点大约使网络阻抗降低 3%。LIN 总线的传输速率可达 20 Kb/s，最大为 64 个标识符。使用万用表测量 LIN 总线的电压，正常情况下的电压值为 6~10 V，网络越忙，其电压值越低。如果出现 12 V 或者 0 V 情况，则说明存在短路或者断路故障。

（3）面向媒体信息传输的 MOST（Media Oriented Systems Transport）网络以光纤为载体，通常是环形拓扑。MOST 可提供高达 25 Mb/s 的带宽，远远高于传统的汽车总线，可以同时播放 15 个不同的音频流，主要应用于汽车信息娱乐系统。MOST 总线主要由光导纤维、光导插头、内部供电装置、电气插头、专用部件、标准微型控制器、MOST 发射接收机、光导纤维发射机等部件构成。MOST 采用塑料光缆网络协议，将音响装置、电视、全球定位系统及电话等设备相互连接起来，给用户带来了极大的便利。MOST 网络可以不需要额外的主控计算机系统，结构灵活、性能可靠、易于扩展。MOST 网络支持"即插即用"方式，在网络上可以随时添加和去除设备。光导纤维是 MOST 的传输媒介，由几层材料组合而成。由于光信号在光导纤维内进行的是全反射，故要求光纤走向尽量接近直线，光导纤维的特殊结构能够保证光信号在一定弯曲度内全反射，但光纤弯曲部位的弯曲半径必须大于 25 mm，否则就会出现信息传输故障。

网关的主要任务是将采用不同协议的网络段相互连接起来。在网络环境中，各种设备可能使用不同的传输协议，导致数据交流存在障碍。这时，网关就如同一个高效的翻译官，以确保这些数据能够顺畅地进行互相转换和传递。因此，它常被誉为网间连接器或协议转换器，专门用于连接高层协议有所差异的网络。网关承担不同总线类型之间的协议转换工作，并参与各网段的网络管理；根据实际需求路由信号和消息控制路由时序。网关通常是直接与 OBD（车载诊断系统）接口相连的车载节点。OBD 接口是车辆与外部设备进行通信的重要通道，而网关则负责管理这些通过 OBD 接口进入或发出的诊断信息，这包括对整车诊断报文的转发与控制，确保车辆内部各个系统都能够及时接收到必要的诊断信息。网关还承担着对外界潜在风险的防御任务。由于车辆的网络系统日益复杂，与外界的连接也越来越频繁，故增加了车辆受到网络攻击的风险。网关作为车辆网络的核心组件，具备对外部网络威胁进行识别和防御的能力，能够保护车内网络免受未经授权的访问和恶意攻击。网关的作用可以归纳为以下几点：

（1）协议转换：协议转换是一种技术，用于在不兼容的网络之间进行数据和控制信息的转换，以便让它们能够相互通信和交换信息。该技术允许将来自一个网络的数据转换为另一个网络可识别的格式，以确保不同网络系统之间的互操作性和数据传输的顺利进行。

（2）数据路由：数据路由指的是在网络中将数据从源地址传输到目的地址的路径选择和传输过程。在这个过程中，数据可能需要经过不同的网络设备和节点，以及进行协议转换，以适应不同网络之间的通信要求。数据路由是网络中实现数据传输的重要机制，它决定了数据包的传输路径以及如何在网络中进行转发和传递。

（3）诊断路由：诊断路由指的是在外部诊断设备与车辆内部的电子控制单元（ECU）之间传输诊断消息的路径选择和传输过程。这个过程可能需要将不同诊断协议（例如DoIP 和 UDS）之间的消息进行转换，以确保外部诊断设备能够与车辆的各种控制单元进行有效的通信和诊断。在诊断车辆的过程中，诊断路由起着至关重要的作用，它确保诊断设备可以与车辆上的各种电子控制单元进行通信，获取诊断信息并执行必要的诊断和测试。

（4）防火墙：防火墙是一种网络安全设备，可以监视与控制进入和离开网络的流量。它根据预定义的规则或策略来过滤网络流量，从而保护网络免受未经授权或恶意来源的数据传输。其主要功能包括以下几点：

①入站和出站流量过滤，防火墙可以监控传入和传出网络的数据流量，并根据事先定义的规则来允许或拒绝特定类型的流量。

②访问控制，它可以基于源地址、目标地址、端口号或协议等多种因素对网络流量进行筛选，控制数据包的访问权限。

③上下文感知过滤，一些高级防火墙具有上下文感知能力，可以根据流量的具体上下文信息（例如数据包内容、用户身份、应用程序类型等）来进行更智能的过滤和决策。

④安全审计和日志记录，防火墙通常记录流经它的流量信息，以便进行安全审计和事件分析，帮助识别潜在的网络威胁或安全漏洞。

总的来说，防火墙是网络安全的重要组成部分，能够帮助保护网络免受未经授权或恶意访问的影响，并确保网络安全和数据的完整性。

（5）消息镜像：消息镜像是一种网络技术，它允许网络管理员或分析人员捕获从一个网络接口接收到的数据，并将其复制并转发到另一个接口。这种技术常用于网络故障排除、安全监控以及数据分析等方面。通过消息镜像，管理员可以将特定接口收到的数据进行复制并传输到其他设备或存储位置。这种功能有助于进行实时监控，了解网络流量，分析网络行为，甚至可用于故障诊断、安全审计或记录重要数据。一般情况下，消息镜像由网络交换机或网络设备支持，管理员可以配置设备使其捕获特定接口的流量，然后将复制的数据发送到指定的端口或设备，以供进一步分析或存档使用。

（6）入侵监测：入侵监测是指对网络流量、系统活动和用户行为进行持续监视和分析，以侦测可能表示网络安全威胁或恶意行为的异常情况。入侵监测系统（IDS）或入侵检测系统（IDS）能够识别并警示管理员可能存在的潜在攻击。入侵监测系统通常使用预定义的规则、特征、行为模式或算法来检测异常或恶意行为。这些系统可以监控网络流量、主机日志、系统活动等，并在检测到异常或可能的入侵行为时发出警报，以便管理员采取进一步的调查和应对措施。入侵监测系统的目标是尽早发现潜在的安全威胁,例如端口扫描、恶意软件、异常的网络流量、登录失败、未经授权的访问等,通过不断分析和监控数据流,IDS 可以帮助组织及时发现并应对网络安全威胁,以保护网络和系统的安全。

(7) 网络管理:网络管理是指管理整个网络系统和连接到网络的各种设备单元(ECU),以确保网络的稳定性、安全性和高效性。这种管理涵盖了一系列任务和操作,包括配置、监视、维护和诊断网络设备和连接。网络管理的主要目标是确保网络设备正常运行,并优化其性能。

①配置管理:管理网络设备的配置信息,包括对设备进行配置、更改、备份和恢复,以确保它们按照预期方式运行。

②监视和分析:实时监视网络设备和连接的状态,收集性能指标和数据,分析网络流量和使用情况,以便及时发现问题并做出相应调整。

③故障排除和诊断:进行故障排除,及时识别和解决网络中的问题,并进行根本原因分析。

④安全管理:实施安全策略、访问控制、身份验证和授权,以保护网络免受恶意攻击和未经授权的访问。

⑤性能优化:通过调整网络配置、优化资源使用和流量管理来提高网络性能。

网络管理通常依赖于特定的网络管理工具和软件来执行这些任务,并通过各种协议和标准来实现网络设备之间的有效通信和数据传输。有效的网络管理可以提高网络的可靠性和安全性,确保网络设备与系统的正常运行和协同工作。

(8) 秘钥管理:秘钥管理是指对网络中使用的密钥和证书进行安全、有效的管理过程。这些密钥和证书用于保障数据传输的安全性、验证身份和加密通信。

秘钥管理涉及以下方面:

①生成和分发密钥:生成强密码学的安全密钥,并确保它们安全地分发给合适的实体或设备。密钥分发通常需要安全的通道和加密方法。

②存储和保护:密钥和证书需要妥善存储并进行保护,以防止未经授权的访问。安全的存储方法可能包括使用硬件模块、加密技术或专用的安全存储设备。

③周期性更换和更新:定期更换密钥和证书可以降低安全风险,因为长时间使用同一密钥可能使其暴露于潜在的攻击下。周期性地更新和更换密钥可以提高安全性。

④密钥的撤销和失效管理:在密钥被泄露、丢失或不再需要时,应对其进行撤销和失效管理,以确保不再被使用,并确保网络的安全性。

⑤密钥审计和合规性:对密钥使用进行审计,以验证它们的使用情况,并确保符合安全政策和法规要求。

⑥密钥恢复和应急响应:在密钥丢失或损坏时,需要备份和恢复措施。同时,应建立应急响应计划,以应对密钥泄露或被破坏的情况。秘钥管理对于确保网络和通信的安全至关重要,因为安全的密钥管理可以有效地防止未经授权的访问和信息泄露。

(9) 车载系统在线升级技术(OTA)管理涉及管理车辆内部电子控制单元(ECU)的远程固件更新。

以下是 OTA 管理的关键方面:

①固件更新管理:管理车辆各个 ECU 的固件更新,包括版本控制、发布新版本、安排

和执行更新，确保固件的兼容性和稳定性。

②远程访问和连接：通过互联网或特定通信网络与车辆内的 ECU 建立远程连接，并提供访问权限以执行 OTA 更新，这可能需要安全加密和认证机制，以确保安全访问。

③安全性和数据隐私：实施安全措施，确保 OTA 更新的安全性，防止未经授权的访问或潜在的网络攻击。同时，尊重用户隐私，确保车辆数据不被滥用或泄露。

④更新策略和排程：制定 OTA 更新的策略，包括排程更新，以最大程度地减少对车辆使用者的影响，同时确保车辆在适当的时间和条件下接收更新。

⑤远程监控和诊断：实施远程监控和诊断功能，可以通过 OTA 管理对车辆系统进行远程诊断和监测，以及实时监控固件更新的状态和进度。

⑥故障回滚和恢复：提供 OTA 更新的故障回滚机制，以防更新失败或出现兼容性问题，确保车辆可以恢复到稳定的工作状态。

⑦用户通知和沟通：向车主或车辆使用者发送通知，告知他们有关 OTA 更新的相关信息，包括更新内容、安全性和使用指南。

OTA 技术管理对于保持车辆系统的最新性、安全性和性能至关重要，它提供了一种便捷的方式来更新车辆软件和固件，而不需要将车辆带到服务中心进行物理操作，为车辆制造商提供了更快速、高效和实时的管理方式。

传统的网关按照实现方式可分为独立网关和集成网关：

（1）集成网关。集成网关是一种将路由功能集成到仪表或车身控制器中的设备。使用集成网关时，车辆的网络拓扑结构相对较为简单，通常由集成网关和各个 ECU（电子控制单元）组成。这种集成方式具有较高的集成度，可以将多个功能整合到单一的系统中，从而降低综合成本。然而，集成网关也存在一些局限性。由于其集成了多种功能，通信数据量可能会相对较小，这意味着在处理大量数据时，集成网关可能会面临性能瓶颈。此外，一旦集成网关出现问题，必须同时更换集成网关及其载体，这增加了系统的维护成本。与单独更换网关或载体相比，这种一次性更换的方式可能会增加维修时间和成本。

（2）独立网关。独立网关是一种专注于实现路由功能的设备，其网络拓扑结构相对复杂。与集成网关不同，独立网关通常不集成其他功能，而是专注于为车辆网络提供强大的路由能力。

独立网关的优点在于其具有通信数据量大、信息安全性高、整车 UDS 诊断和 BT 下载方便、产品开发和布置方式灵活的特点。首先，独立网关的通信数据量较大，可以满足车辆中多个 ECU 之间传输大量数据的需求。其次，独立网关的信息安全性较高，可以采取多种安全措施来保护数据传输和存储的安全性。此外，独立网关提供整车 UDS 诊断和 BT 下载功能，方便对车辆进行故障诊断和软件更新。最后，独立网关的产品开发和布置方式灵活，可以根据具体需求进行定制和部署。

网关路由的类型可以分为：信号路由、报文路由、TP 路由（诊断路由）。

（1）信号路由。将从源网段接收到的一条或多条报文中的部分信号（或信号组）打包在新报文中，然后在目标网段上按照定义的方式发送出来。信号从源网段到目标网段的路由过程中，信号所在报文的发送方式、信号所在报文中的位置、信号所在报文的 ID 和信号所在报文的周期都可以改变，另外源网段和目标网段的通信协议也可以不一致。

（2）报文路由。从源网段接收到报文后转发到目标网段。根据目标网段的发送形式，报文路由又可以分为事件型报文路由和周期型报文路由。事件型报文路由在源网段收到报文后立即触发目标网段的发送，周期型报文路由在源网段和目标网段都有固定的周期，源网段接收到报文的周期和目标网段发送报文的周期没有必然关系。

（3）TP 路由。带有传输协议报文的路由称为 TP 路由。TP 路由分为两种：不带协议转换的 TP 路由（一般称为报文透传）和带有协议转换的 TP 路由。前者在部分 OEM 的定义中与事件型报文路由未作区分，但实际两种路由的应用场景是不同的，事件型报文路由针对应用报文强调转发速率，且强调最新信号值的重要性，报文透传对速率的要求不高但要求先入先出（First in Frst Out）和不丢。带有协议转换的 TP 路由的主要特点是：可以实现协议转换（源网段和目标网段的协议可以不一致），且网关作为传输连接的一部分，在源网段的接收和转发均须符合传输协议，不符合传输协议的不转发。

二、网关系统部件位置及端子识别

1. 网关系统部件位置

网关系统相关部件位置如图 2.10.1 所示。

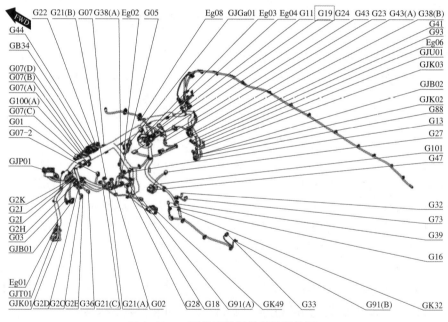

图 2.10.1 网关系统相关部件的位置

2. 网关系统端子识别

网关相关的低压线束端子常电为网关端子 G19/16 和网关端子 G19/12。网关端子 G19/12 接插件外形见附图 3。

三、网关模块涉及电路图识别

1. 网关模块的供电搭铁线识别

附图 8 中低压蓄电池正极与 G19/16 连接，为网关模块供电；G19/15 和 G19/11 为网关模块的接地线（也成为模块的搭铁线），与车身搭铁。

2. 网关模块与舒适网通信线识别

G19/7、G19/8 分别连接舒适网的空调、SRS、灯光、车窗和多媒体等系统（包括空调子网 CAN）。

3. 网关模块与动力网通信线识别

G19/9、G19/10 分别连接汽车动力系统的所有部件（包括直流充电 CAN 和 BIC-、BMS CAN）。

4. 网关模块与 ESC 网通信线识别

GI9/14、G19/13 分别连接车身稳定系统的 ABS、EPS 和 EPB 部件，以及车载 OBD 诊断接口。

5. 网关模块与 ECM 网通信线识别

G19/3、G19/4 与 ECM CAN 通信，对自身故障、各传感器和执行元件、串行数据线、故障指示灯电路进行检测，当检测到故障时，ECM 记忆相应故障码并采取有关措施。

四、网关模块搭铁线断路故障检修

在做好个人安全防护、维修场地安全检查之后，按照诊断维修的流程，做好诊断前的各项组织工作，实施故障诊断任务。

1. 故障现象确认及范围确定

1）车辆故障现象确认

（1）仪表显示主警告灯点亮、ESP 警告灯点亮、ABS 警告灯点亮、安全气囊故障灯点亮、转向系统故障灯点亮，仪表提示"请检查车辆网络，风扇常转，无转向助力，整车下电异常"。

（2）故障现象如图 2.10.2 所示。

图 2.10.2　网关模块搭铁线断路故障现象

2）模块通信状态及故障码检查

（1）故障码文字描述。

根据故障现象显示，连接诊断仪，显示无法与多个模块进行通信，只能与 ESC 网通信。

（2）故障诊断仪显示的故障信息如图 2.10.3 所示。

（3）相关数据流文字描述：无法读取数据流。

（4）相关数据流故障诊断仪显示图片：无。

图 2.10.3　故障诊断仪显示故障信息

3）确认故障范围

网关模块供电、搭铁、相关通信线路及保险故障。

2. 故障检测与排除

1）故障相关电路图（见附图 8）

2）具体检测过程

故障诊断与排除准备工作完毕之后，具体诊断过程如图 2.10.4~图 2.10.8 所示。

图 2.10.4　测量 G19/16 对地电压（正常）

项目 2.10 网关模块搭铁线断路

图 2.10.5 测量 G19/12 对地电压（正常）

图 2.10.6 车辆下电，断开低压电源负极，做绝缘处理

图 2.10.7 断开动力电池母线，做绝缘处理，车辆静止 5 min

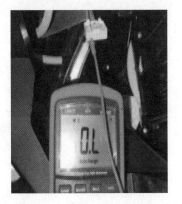

图 2.10.8 测量 G19/15、G19/11 对地电阻（不正常，正常值小于 1 Ω）

3) 故障点确定及恢复

经上述检测，测得 G19/16、G19/12 对地电压正常，G19/15、G19/11 对地电阻为无穷大，判定为网关模块搭铁线路断路，其故障点如图 2.10.9 所示。

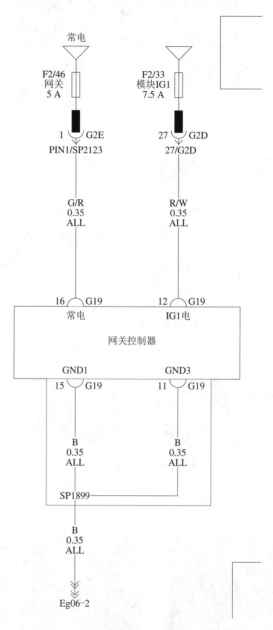

图 2.10.9　网关模块搭铁线路断路故障点确认

项目 2.11　双路电继电器触点断路

现有一辆 2019 款比亚迪秦 EV 出现高压不上电、仪表显示多个故障灯的故障现象，作为维修技师，对故障现象进行确定，尝试分析双路电模块的特点、组成、电路图，按照维修手册中的标准与规范，对故障进行维修检测，确认具体故障点，完成该故障的系统性诊断。

一、双路电工作原理

纯电动汽车的 BMS（电池管理系统）和 BCM（车身控制器）等核心模块在车辆上电和充电过程中都需要正常工作。因此，除了由蓄电池提供常规电源外，还需要另外的电路为其提供电源，这样的电路电源被称为双路电。然而，部分新能源汽车在钥匙开关关闭后，作为动力电源系统核心的电源管理模块将失去电源，从而无法发送预警信息提示，也无法确保下次运行时的安全性。为了解决电动汽车供电系统存在的上述问题，纯电动汽车采用了电动汽车双路供电系统，这种供电系统能够保证停车后电源管理模块在设定时间内继续有电，以便对电池进行维护、自检和评价。这样，纯电动汽车在下次运行时就能得到安全保障，并提前消除可能的不安全因素。纯电动汽车的双路供电系统是解决其供电问题的有效方法，能够确保车辆在停车期间对电池进行必要的维护和自检，并在下次运行前消除潜在的安全隐患。

双路电是指一个负载由两个电源供电，这两个电源之间可以进行切换，在其中一个电源失电的情况下，可以迅速切换到另一个电源继续供电，确保负载的正常运转。双路电是给车辆控制设备提供持续电力的两路电路，它可以在收到点火开关信号或充电信号时，通过双路电为动力系统相关模块及接触器提供 12 V 低压电源。这种设计确保了车辆在任何情况下都能够获得所需的电力，从而保证其正常运行。

双路电包括普通蓄电池供电电路和驱动管理系统电路两部分。具体来说：

第一电路：负责给 BMS（电池管理系统）、驱动电机控制器、整车控制器、电控冷却水泵、无极风扇等设备供电。这一电路的主要任务是控制和调节电池及驱动系统的运行，确保车辆的动力输出和能量效率。

第二电路：负责给电子膨胀阀、电动压缩机、液位传感器、空调 ECU（电子控制单元）、空调控制面板、电池包冷却水泵等设备供电。这一电路主要负责空调系统的运行以及车内的环境控制，如温度、湿度等。

这两路电路分工合作，使得车辆的各个系统都能够得到稳定的电力支持，从而保证车辆的安全性、舒适性和运行效率。

二、双电路系统部件位置及端子识别

在图 2.11.1 中，K1-7 继电器受 BCM 的 G2H/1 端控制，继电器吸合后通过 F1/34、F1/11、F1/12 给不同系统供电。图 2.11.2 所示为 K1-7（IG3）、F1/34、F1/11、F1/12 位置。

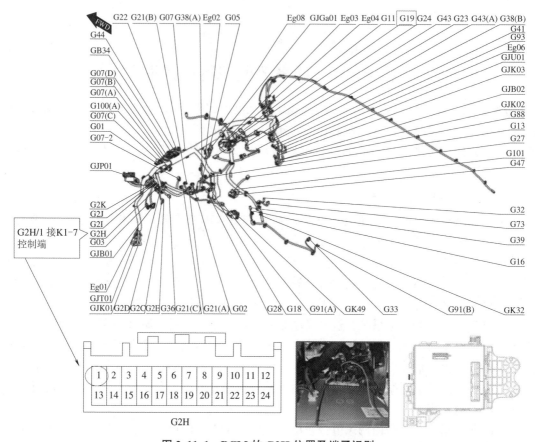

图 2.11.1　BCM 的 G2H 位置及端子识别

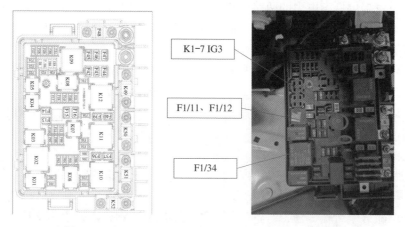

图 2.11.2　K1-7（IG3）、F1/34、F1/11、F1/12 位置

三、双路电模块涉及电路图识别

在附图 9 中，K1-7（IG3）继电器受 BCM 的 G2H/1 端控制，继电器的另一端对前舱配电盒的内部接地，当 BCM 控制继电器吸合时，继电器输出端分别接 F1/34、F1/11、F1/12，F1/34 给电机控制器和电池管理系统供电，F1/11 给电机冷却水泵供电，F1/12 给

整车控制器供电。

四、双路电继电器触点断路故障检修

在做好个人安全防护、维修场地安全检查之后,按照诊断维修的流程,做好诊断前的各项组织工作,实施故障诊断任务。

1. 故障现象确认及范围确定

1) 车辆故障现象确认

(1) 仪表显示动力系统故障警告灯、ESP 警告灯、电子驻车系统故障灯,仪表提示"请检查动力系统,无挡位显示,无法高压上电无真空助力"。

(2) 故障现象如图 2.11.3 所示。

图 2.11.3 双路电继电器触点断路故障现象

2) 模块通信状态及故障码检查

(1) 故障码文字描述。

根据故障现象显示,连接诊断仪,显示无法与电机控制器、整车控制器通信。

(2) 故障诊断仪显示的故障信息如图 2.11.4 所示。

(3) 相关数据流文字描述:无法读取数据流。

(4) 相关数据流故障诊断仪显示图片:无。

图 2.11.4 故障诊断仪显示的故障信息

3) 确认故障范围

双路电系统相关线路及元件故障。

2. 故障检测与排除

1）故障相关电路图（见附图 9）

2）具体检测过程

故障诊断与排除准备工作完毕之后，具体诊断过程如图 2.11.5~图 2.11.11 所示。

图 2.11.5　测量 GK49/1、GK49/3 对地电压（不正常，正常值为 12 V 左右）

图 2.11.6　测量 F1/12 保险底座输入端对地电压（不正常，正常值为 12 V 左右）

图 2.11.7　车辆下电，断开低压电源负极，做绝缘处理

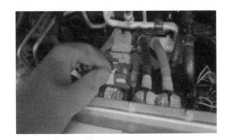

图 2.11.8　断开动力电池母线，做绝缘处理，车辆静止 5 min

图 2.11.9　测量 IG3 继电器输出端至 GK49/1、GK49/3 之间电阻（正常）

图 2.11.10　IG3 继电器静态检测（正常）

图 2.11.11　IG3 继电器动态检测（不正常，正常值为小于 1 Ω）

3）故障点确定及恢复

经上述检测，发现 GK49/1、GK49/3 对地电压不正常，F1/12 保险底座输入端对地电压不正常，且 IG3 继电器动态检测不正常，由此判定为 IG3 继电器元件损坏，其故障点如图 2.11.12 所示。

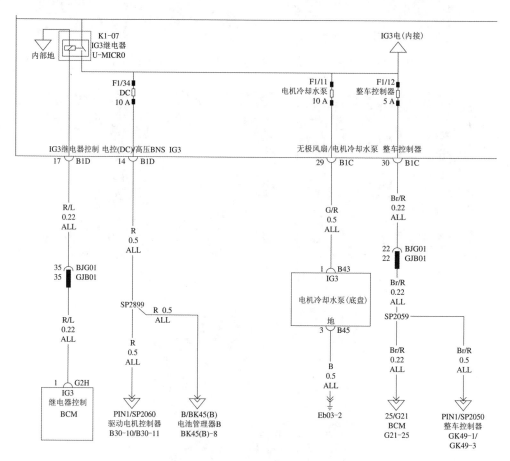

图 2.11.12　故障点确定

项目 2.12　电控保险丝 F1/34 断路

现有一辆 2019 款比亚迪秦 EV 出现高压不上电、开启电动机时高速风扇自启及仪表显示多个故障灯的故障现象，作为维修技师，分析该车型的特点、组成、电路图，对故障进行系统检测，依据检测结果确认故障点，并按照维修手册中的标准与规范对系统故障进行维修。

一、电机控制器工作原理

电机控制器是电动车辆驱动电机系统的核心控制单元，也被称为智能功率模块（Intelligent Power Module，IPM），通常在某些车辆中被称为 PDU（Power Distribution Unit）。这个控制器的主要职责是精确控制电机的旋转速度、旋转方向，以及在运行过程中回收再生能量。此外，电机控制器还负责对电流传感器、电压传感器、温度传感器等输入信号进行实时处理，并把驱动电机系统的运行状态通过控制器局域网络（Controller Area Network，CAN）发送给整车控制器。这种信息的交互使得车辆能够实现更为智能化和高效的控制。整车控制器（Vehicle Control Unit，VCU）具有以下关键功能：

（1）接收并处理驾驶人的驾驶操作指令，然后向各个部件控制器发送控制指令，使车辆能够按照驾驶员的期望进行行驶。

（2）与电机、直流/直流变换器（DC/DC）、蓄电池组等进行可靠通信，通过控制器局域网络进行状态的采集输入及控制指令量的输出。这使得各部件能够协同工作，确保车辆的稳定运行。

（3）接收并处理各个零部件的信息，特别是动力电池管理系统提供的当前动力电池的状态信息。这有助于整车控制器更好地管理电池的使用和保护电池的寿命。

（4）对系统故障进行判断和存储，动态监测系统信息，记录出现的故障。这有助于及时发现潜在问题，并提醒驾驶员或进行自动修复。

（5）对整车具有保护功能，视故障的类别对整车进行分级保护。在紧急情况下，可以关掉电机并切断母线高压系统，以防止故障扩大或确保乘员安全。

（6）协调管理车上的其他电器设备，确保车辆的各项功能都能正常运行。例如，空调、音响、灯光等设备都需要整车控制器的统一管理和协调。

通过以上功能，电机控制器和整车控制器共同实现了电动车辆的高效、安全和智能化控制。

电机控制器是永磁同步电机的控制大脑，是通过主动工作来控制电机按照设定的方向、速度、角度、响应时间进行工作的集成电路。电机控制器综合位置传感器、温度传感器、电流传感器所提供的电机转子位置、温度、速度和电流等反馈信息及外部输入的命令，通过程序进行分析处理，决定控制方式及故障保护等，向功率变换器发出执行命令，控制永磁同步电机运行。在纯电动车辆中，电机控制器的功能是根据挡位、加速、制动等指令，将动力电池所存储的电能转化为驱动电机所需的电能，来控制电动车辆的启动运行、进退速度、爬坡力度等行驶状态，或者帮助电动车辆进行制动，并将部分制动能量存储到动力电池中。它是纯电动车辆的关键零部件之一,可实时进行状态和故障检测,保护驱动电机系统和整车安全可靠运行。

电机控制器的核心部件是 IGBT(绝缘栅双极型晶体管)模块,它具有高电压、大电流、高频等特性。电机控制器主要由控制板、冷却水道、UVW 高压插件、直流高压插件、IGBT 模块及驱动板组成,如图 2.12.1 所示。控制板是电机控制器的核心,负责处理各种信号和数据,并发送控制指令给 IGBT 模块和其他插件。冷却水道用于对控制板和 IGBT 模块进行冷却,确保其正常工作。UVW 高压插件和直流高压插件则用于连接电池和电机,传输电能和控制信号。IGBT 模块是电机控制器的核心元件,它可以控制电机的开关状态和电流大小。驱动板则是用于驱动 IGBT 模块工作的电路板。电机控制器内部还设有故障诊断电路,当诊断出系统异常时会激活一个错误代码,发送给整车控制器,同时也会存储该故障码和数据。这样可以帮助驾驶员及时了解车辆的运行状态和故障情况,并进行相应的处理。电机控制器通过脉冲宽度调制(PWM)的方式控制 IGBT 工作,从而将电流从 DC(直流电)转换到 AC(交流电)(电池到驱动电机)或者从 AC 转化到 DC(驱动电机到电池)。PWM 控制技术可以通过调节占空比的方式实现对电流的精确控制,进而实现电机的平稳运转和能量的高效转换。

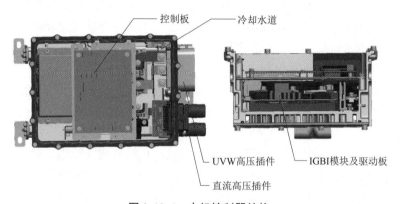

图 2.12.1 电机控制器结构

二、电机控制器系统部件位置及端子识别

从外部看,一般的电机控制器最少具备两对高压接口。一对是输入接口,用于连接动力电池包高压接口;另外一对是高压输出接口,连接电机,提供控制电源。其至少具备一只低压接头,所有通信、传感器、低压电源等都要通过这个低压接头引出,连接到整车控制器和动力电池管理系统。如图 2.12.2 所示。

驱动电机控制器相关的低压线束端子接插件为 B30,位置见附图 10,B30 接插件外形图见附图 11。

图 2.12.2 电机控制器

三、驱动电机控制器模块涉及电路图识别

电机控制器相关电路图见附图 12。

电机控制器中 B30/10 连接 IG3 电源 1，B30/11 连接 IG3 电源 2，F1/31 为电控保险丝，B30/5 连接碰撞信号，B30/9 连接动力网 CAN-H，B30/9 连接动力网 CAN-L。

四、电控保险丝 F1/34 断路故障检修

在做好个人安全防护、维修场地安全检查之后，按照诊断维修的流程，做好诊断前的各项组织工作，实施故障诊断任务。

1. 故障现象确认及范围确定

1）车辆故障现象确认

（1）仪表显示主警告灯点亮、动力系统故障灯点亮、ESP 警告灯点亮，提示"请检查动力系统，EV 功能受限，无法高压上电，无转向助力，风扇常转，整车下电异常"。

（2）故障现象如图 2.12.3 所示。

图 2.12.3　电控保险丝 F1/34 断路故障现象

2）模块通信状态及故障码检查

（1）故障码文字描述。

根据故障现象显示，连接诊断仪，显示整车控制器报与前电机控制器失去通信。

（2）故障诊断仪显示的故障信息如图 2.12.4 所示。

图 2.12.4　故障诊断仪显示的故障信息

（3）相关数据流文字描述：无法读取数据流。

（4）相关数据流故障诊断仪显示图片：无。

3）确认故障范围

电机控制器供电、搭铁、通信相关线路及元件故障。

2. 故障检测与排除

1）故障相关电路图（见附图12）

2）具体检测过程

故障诊断与排除准备工作完毕之后，具体诊断过程如图2.12.5~图2.12.11所示。

图2.12.5　测量B30/10、B30/11对地电压（不正常，正常值为12 V左右）

图2.12.6　车辆下电，断开低压电源负极，做绝缘处理

图2.12.7　断开动力电池母线，做绝缘处理，车辆静止5 min

图2.12.8　测量IG3继电器输出端至B30/10、B30/11之间电阻（不正常，正常值小于1 Ω）

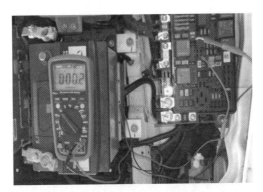

图 2.12.9　测量 IG3 继电器输出端至 F1/34 保险底座输入端之间电阻（正常）

图 2.12.10　测量 F1/34 保险底座输出端至 B30/10、B30/11 之间电阻（正常）

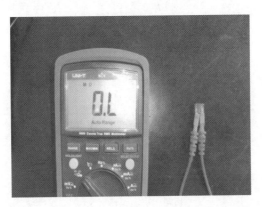

图 2.12.11　测量 F1/34 保险本身电阻（不正常，正常值小于 1 Ω）

3）故障点确定及恢复

经上述检测，测得 B30/10、B30/11 对地电压不正常，且 F1/34 电控保险本身电阻为无穷大，因此判定为 F1/34 保险熔断，其故障点如图 2.12.12 所示。

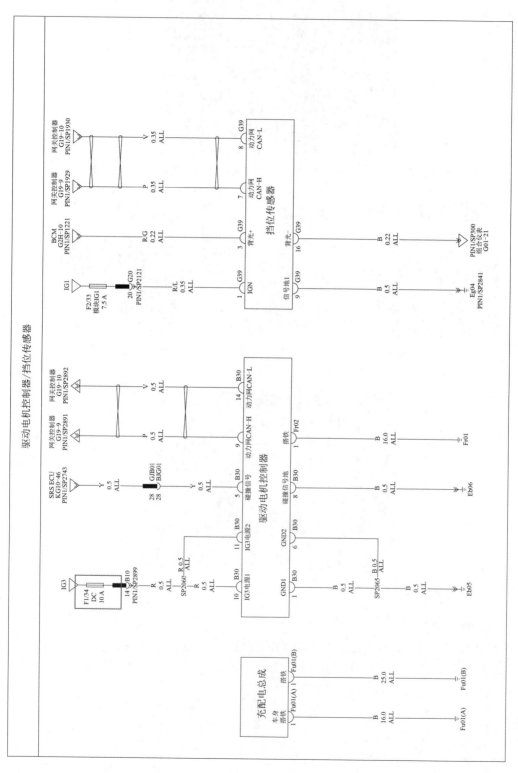

图 2.12.12 故障点确定

项目 2.13　整车控制器模块供电保险丝 F1/12 断路

现有一辆 2019 款比亚迪秦 EV 出现高压不上电、仪表显示多个故障灯的故障现象，作为维修技师，分析该车型的特点、组成、电路图，对故障进行系统检测，依据检测结果确认故障点，并按照维修手册中的标准与规范对系统故障进行维修。

一、整车控制器工作原理

1. 整车控制器的功能

整车控制系统的主要功能是根据驾驶员的操作和当前整车及零部件工作状况，在保证安全性、经济性和动力性的前提下，提供最优化的工作模式和能量分配比例，具体功能如图 2.13.1 所示。

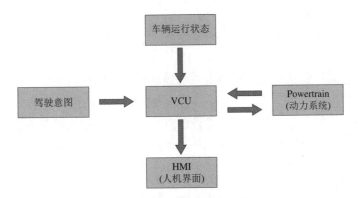

图 2.13.1　整车控制器的主要功能

1) 驾驶员意图解析

驾驶员意图解析主要是对驾驶员操作信息进行分析处理，也就是根据挡位开关、加速踏板和制动踏板的信号确定驾驶员的意图，进而控制车辆的运行。加速踏板开度越大，说明驾驶员需要驱动电机的输出功率越大；加速踏板踩得越猛，说明驾驶员的加速意图越明显；制动踏板踩得越深，说明驾驶员需要很大的制动力；制动踏板踩得越猛，说明驾驶员需要紧急制动。VCU 就是根据踩加速踏板或制动踏板的信息，通知驱动电机输出一定的驱动功率或再生制动功率的。在车辆运行过程中，VCU 一方面要合理解析驾驶员的操作，又要接收整车各系统的反馈信息，为驾驶员的决策提供修正信息。

2) 驱动控制

整车控制器接收、处理驾驶员的驾驶操作指令，根据驾驶员对车辆的操纵信息（加速踏板、制动踏板以及选挡开关）、车辆状态、道路及环境状况，经分析和处理，在动力蓄电池技术状态允许的前提下，向电机控制器发出相应的指令，控制电机的驱动转矩来驱动车辆，以满足驾驶员对车辆的动力性要求，同时保证车辆的安全性和舒适性。

3) 制动能量回收控制

纯电动汽车以驱动电机作为驱动转矩的输出机构，驱动电机同样具有回馈制动的性能，此时驱动电机转变为发电机，利用纯电动汽车的制动能量发电，同时将此能量储存在储能装置中，当满足充电条件时，将能量反充给动力蓄电池组。在这一过程中，VCU根据加速踏板和制动踏板的开度以及动力蓄电池的SOC值来判断某一时刻能否进行制动能量回收，如果可以进行，则VCU向电机控制器发出指令，在满足安全、制动以及舒适性的前提下回收部分能量。

制动能量回收过程可以分为两个阶段：阶段一是在车辆行驶过程中驾驶员松开加速踏板但没有踩下制动踏板的车辆滑行阶段；阶段二是在驾驶员踩下制动踏板后开始的制动初期阶段。制动能量回收过程是纯电动汽车的一项重要技术，它可以通过将车辆的动能转化为电能和热能，提高车辆的能源利用效率。在制动过程中，驾驶员应该根据实际情况选择合适的制动方式，以达到最佳的制动效果和能源利用效率。

在车辆制动能量回收过程中应遵循以下原则：
（1）制动能量回收不应干预ABS的工作；
（2）ABS进行制动力调节时，制动能量回收不工作；
（3）当ABS报警时，制动能量回收不工作；
（4）当驱动电机驱动系统有故障时，制动能量回收不工作。

4）整车能量优化管理

车载能源动力系统包括电动汽车的电机驱动系统、电池管理系统、传动系统以及其他车载能源动力系统（如空调、电动泵等），通过对这些系统的协调和管理，可以最大程度地提高整车能量利用效率。例如，当车辆行驶时，电机驱动系统和电池管理系统可以协同工作，使得电机与电池的能量输出和储存达到最优状态。同时，通过对传动系统的优化设计，可以减少能量传递过程中的损失，延长续驶里程。

5）充电过程控制

充电模式启动后，VCU、电机控制器被IG点火电源激活唤醒。在充电模式下，充配电总成会将充电模式启动信息发送至VCU，VCU根据当前驱动系统的状态，例如电池的电量、电机的工作状态等信息，判断是否允许车辆行驶。如果当前驱动系统状态不允许车辆行驶，VCU会发送禁行信息至电机控制器。收到禁行信息后，电机控制器会执行相应的操作，使得车辆无法换挡行驶，即处于禁行状态。这种状态可以避免在充电过程中车辆意外移动或发生其他意外情况，从而保证充电过程的安全性和稳定性。同时，在充电过程中，VCU还会对充电状态进行监控和管理。例如，VCU可以监测充电电流、充电电压以及充电状态等信息，并将这些信息发送给驾驶员或充电设备，以便驾驶员或充电设备了解充电情况并进行相应的操作。

6）高压上、下电控制

（1）高压上电控制。

根据驾驶员的上电请求指令，通过动力CAN、舒适1-CAN、启动CAN、网关控制器、车身控制模块（Body Control Module，BCM）、智能钥匙控制系统（Keyless ECU）进行身份验证以及接收解锁信息，并在接收到解锁信息后，与电池管理系统（Battery Management System，BMS）、电机控制器、充配电控制单元、挡位控制器等进行数据交换，确认高压系统互锁、绝缘以及动力电池荷电状态（State of Charge，SOC）、挡位信息、制动开关、各系统故障等信息正常后，向BMS发送上电许可信息。BMS接收到上电信息后，依次控制主负、预充、主正继电器吸合，进行整车高压上电。

(2) 高压下电控制。

当驾驶员再次按压启动按键后，车辆进入整车下电流程，BCM 根据启动按键的两个信号判断此时需要整车下电，随即通过舒适 1-CAN、网关控制器、动力 CAN 给 VCU 发送整车下电请求。VCU 接收到此消息后通过动力 CAN 发送高压下电命令至 BMS，BMS 接收到下电命令后依次断开主正、主负继电器，高压下电完成。同时 BMS 将这一信息发送至 VCU，VCU 接收到高压下电信息后，通过动力 CAN、网关控制器、舒适 1-CAN 给 BCM 发送高压下电完成信息，BMS 接收到此信息后断开 IG1、IG2、IG3、IG4 继电器，整车低压下电。

7) 上坡辅助功能

上坡辅助功能是一种针对汽车在坡道起步和行驶过程中可能出现的向后溜车现象而设计的控制功能。当车辆停在坡道上，驾驶员从松开制动踏板到踩下加速踏板的过程中，由于车辆重力的作用和摩擦力的减少，车辆可能会出现向后滑动的现象。同样，在坡上行驶过程中，如果驾驶员踩加速踏板的深度不够，车辆动力不足，车速可能会逐渐降低到零，然后车辆会向后滑动。为了解决这些问题，上坡辅助功能被引入到整车控制策略中。通过精确的计算和及时的干预，上坡辅助功能可以确保车辆在坡上起步时，向后溜车不会超过 10 cm。当驾驶员踩下加速踏板时，上坡辅助功能会根据车辆的状态和环境信息，提供适当的辅助力，帮助车辆平稳起步，并避免向后溜车。在坡上行驶过程中，如果驾驶员踩加速踏板的深度不够，导致车速逐渐降到零，上坡辅助功能会立即介入，它会通过精确的控制和调整，保持车辆的速度稳定，避免车辆向后溜车。此外，即使在动力不足的情况下，上坡辅助功能也能使车辆保持在稳定的零车速状态，为驾驶员提供更多的时间和空间来调整加速踏板深度，确保车辆安全稳定地行驶在坡道上。

8) 电动化辅助系统管理

电动化辅助系统主要包括电子稳定系统（Electronic Stability Controller，ESC）及其附属的电子制动辅助装置、电动助力转向系统（Electric Power Steering，EPS）、电子驻车控制系统（Electrical Park Brake，EPB）等，这些系统分布在 ESC-CAN 系统，VCU 依据动力 CAN 上 BMS 提供的动力蓄电池状态和电机控制器的需求，对整车系统进行策略管理。

9) 车辆状态的实时监测和显示

VCU 对车辆的状态进行实时监测，并且将各个系统的信息通过 CAN 总线发送给车载信息显示系统，将状态信息和故障诊断信息显示出来。

10) 行车控制模式

(1) 正常模式：按照驾驶人意愿、车载负荷、路面情况和气候环境的变化，调节车辆的动力性、经济性和舒适性。

(2) 跛行模式：当车辆某个系统出现中度故障时，系统不再采纳驾驶人的加速请求，启动跛行模式，最高车速被限制在 9 km/h。

(3) 停机保护模式：当车辆某个系统出现严重故障时，VCU 将停止发出指令，车辆进入禁行状态。

11) 故障诊断与处理

整车控制系统对整车系统故障进行实时判断，动态检测系统信息，并记录历史故障。

VCU 根据传感器的输入及其他通过 CAN 总线通信得到的电机、动力蓄电池、充电机等的信息，连续监视车辆的运行状态，对各种故障进行判断、等级分类、报警显示，并进行故障诊断与处理。

二、整车控制器部件位置及端子识别

VCU 线束分布在前机舱，线束包含前机舱的多个元器件线路。线束最终汇总到 VCU，如附图 13 所示，位置在挡位控制器前面。

VCU 线束端子为 GK49，插接件外形如附图 14 所示。

三、整车控制器模块涉及电路图识别

整车控制器模块及相关电路图如附图 15 所示。

1. 整车控制器模块的供电线、搭铁线识别

附图 15 中 IG3 的输出端与 F1/12 连接，F1/12 与 GK49/1、GK49/3 相连接，为整车控制器（VCU）模块供电；GK49/5、GK49/7 为 VCU 模块的接地线（也称为模块的搭铁线），与车身搭铁。

2. 整车控制器模块与外部网络通信线识别

GK49/21、GK49/22 分别与动力网的 CAN-L、CAN-H 连接，实现通信信息交换。

四、整车控制器模块供电保险丝 F1/12 断路故障检修

在做好个人安全防护、维修场地安全检查之后，按照诊断维修的流程，做好诊断前的各项组织工作，实施故障诊断任务。

1. 故障现象确认及范围确定

1）车辆故障现象确认

（1）仪表显示动力系统故障警告灯点亮、ESP 系统警告灯点亮、电子驻车故障灯点亮，仪表提示"请检查动力系统，无挡位显示，无法高压上电，无转向助力，无真空制动，整车下电异常"。

（2）故障现象如图 2.13.2 所示。

图 2.13.2　整车控制器模块供电保险丝 F1/12 断路故障现象

2）模块通信状态及故障码检查

（1）故障码文字描述。

根据故障现象显示，连接诊断仪，显示无法与 VCU 模块进行通信，多个模块报与 VCU 失去通信。

（2）故障诊断仪显示的故障信息如图 2.13.3 所示。

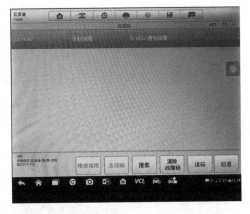

图 2.13.3　故障诊断仪显示的故障信息

（3）相关数据流文字描述：无法读取数据流。

（4）相关数据流故障诊断仪显示图片：无。

3）确认故障范围

VCU 模块供电、搭铁、通信相关线路及元件故障。

2. 故障检测与排除

1）故障相关电路图（见附图 15）

2）具体检测过程

故障诊断与排除准备工作完毕之后，具体诊断过程如图 2.13.4~图 2.13.10 所示。

图 2.13.4　测量 GK49/1、GK49/3 对地电压（不正常，正常值为 12 V 左右）

图 2.13.5　车辆下电，断开低压电源负极，做绝缘处理

图 2.13.6　断开动力电池母线，做绝缘处理，车辆静止 5 min

图 2.13.7　测量 IG3 继电器输出端至 GK49/1、GK49/3 之间电阻
（不正常，正常值为小于 1 Ω）

图 2.13.8　测量 IG3 继电器底座输出端至 F1/12 保险底座输入端之间电阻（正常）

图 2.13.9　测量 F1/12 保险底座输出端至 GK49/1、GK49/3 之间电阻（正常）

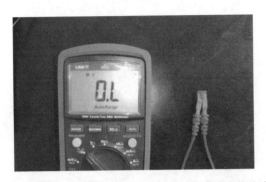

图 2.13.10　测量 F1/12 保险本身电阻（不正常，正常值为小于 1 Ω）

3）故障点确定及恢复

经上述检测，测得 GK49/1、GK49/3 对地电压不正常，IG3 继电器输出端至 GK49/1、GK49/3 之间电阻为无穷大，且 F1/12 保险本身电阻为无穷大，因此可以判定为 VCU 供电保险 F1/12 熔断，其故障点如图 2.13.11 所示。

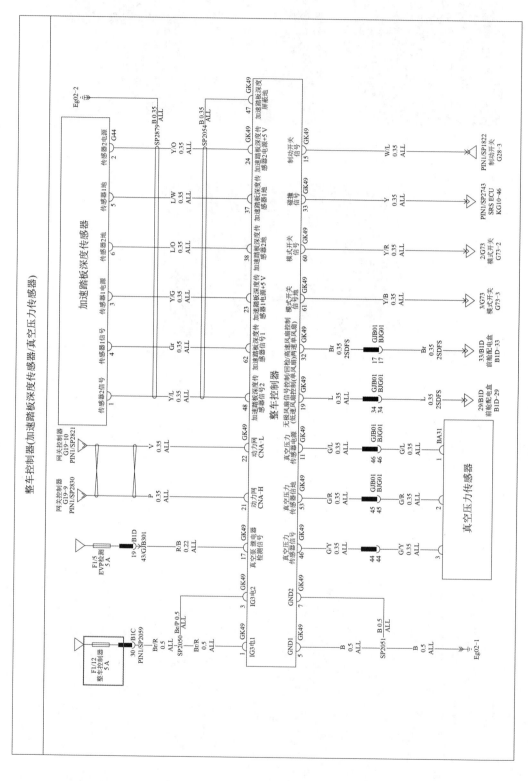

图 2.13.11 故障点确定

项目 2.14　整车控制器模块 CAN-H 线路断路

现有一辆 2019 款比亚迪秦 EV 出现高压不上电、仪表显示多个故障灯的故障现象，作为维修技师，分析该车型的特点、组成、电路图，并对故障进行系统检测，依据检测结果确认故障点，按照维修手册中的标准与规范对系统故障进行维修。

一、整车控制器工作原理

整车控制器（Vehicle Control Unit，VCU）是纯电动汽车不可或缺的核心控制器件，被誉为电动汽车的"神经中枢"。它的功能与燃油车中的发动机控制器（EMS）类似，在新能源车辆控制系统中发挥着"大脑级"的作用。具体来说，VCU 通过采集驾驶员的驾驶信号和车辆的各种状态信息，如加速踏板位置、制动踏板状态、车速、电机转速等，进行实时的数据处理和分析。VCU 通过控制器局域网络（Controller Area Network，CAN）总线与其他关键控制系统进行通信，对网络信息进行高效的管理、调度、分析和运算。

VCU 承担了多个重要系统的控制和管理任务。首先，它解析驾驶员的意图，确保车辆按照驾驶员的指令进行平稳、准确的加速、减速和制动。其次，VCU 负责驱动控制和制动能量回收控制，优化能量的使用效率，延长续航里程。此外，VCU 还负责整车能量优化管理，根据车辆状态和驾驶需求智能分配能量。在充电过程中，VCU 对充电过程进行控制，确保电池安全、高效地进行充电。同时，VCU 还负责高压上下电控制，确保高压系统的安全启动和关闭。此外，VCU 还具备上坡辅助功能控制，以提高车辆在坡道上的起步性能。

在电动化辅助系统管理方面，VCU 也发挥着关键作用，如空调、转向助力等系统的协调控制。VCU 的性能和效率对电动汽车的动力性、经济性、安全性和舒适性等方面有着显著的影响。通过对各个系统的精确控制和管理，VCU 确保了电动汽车在各种工况下的稳定运行和优良性能。作为电动汽车的"大脑"，VCU 的不断优化和升级将为电动汽车的发展带来更加出色的表现。

整车控制器工作原理结构图如图 2.14.1 所示。

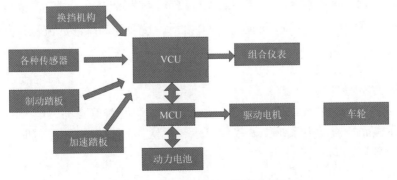

图 2.14.1　整车控制器工作原理结构图

整车控制器是电动汽车中的核心控制单元，负责协调和管理各个子系统的运行，确保车辆的稳定、安全和高效运行。整车控制器的输出主要由相应的执行器和控制线路组成。控制线路是连接整车控制器和相关执行器的桥梁，它能够传输由整车控制器发出的控制信号，用于控制相关执行器的动作。这些控制信号可以是电信号、光信号或数字信号等，根据不同的执行器和系统需求进行传递。执行器是电动汽车上进行相关动作和操作，以完成某种功能的机构。例如，冷却水泵、真空泵（制动）、空调压缩机等都是电动汽车上常见的执行器。这些执行器通过接收整车控制器发出的控制信号，实现相应的动作和功能。对于一些比较复杂的子系统，如电机控制器、电池管理系统（BMS）等，它们有自己的控制器，能够独立控制该子系统的执行器进行工作。这些子系统控制器与整车控制器进行通信，协调和控制相关执行器的动作，以确保整个车辆的稳定运行。

除了进行相关执行器的控制外，整车控制器还需要完成整车工作模式的判定和各子系统功能的协调动作。例如，在特定的行驶模式下，整车控制器需要根据车辆的行驶状态、驾驶人的操作指令以及各个子系统的运行情况，控制相关的子系统进行协同工作。例如，在爬坡模式下，整车控制器会协调电机控制器、电池管理系统等子系统，确保车辆能够提供足够的动力和能量支持，实现平稳爬坡。整车控制器不仅是电动汽车的控制中心，还需要根据车辆的运行状态和驾驶人的操作指令，协调和管理各个子系统的运行，确保车辆在不同的工作模式下稳定、安全和高效地运行。

控制器的输出信号通常有唤醒信号、开关信号及具体带参数的控制信号。一般子系统控制器的输出信号以开关信号和带参数信号为主，如电机控制器发出的电机转速、转矩输出信号；整车控制器的输出信号主要以唤醒信号（触发信号）和开关控制信号为主，唤醒信号用于子系统功能唤醒，开关信号用于执行器动作控制。

二、整车控制器部件位置及端子识别

VCU 线束分布在前机舱，线束包含前机舱的多个元器件线路，并最终汇总到 VCU，如附图 13 所示，位置在挡位控制器前面。

VCU 线束端子为 GK49，接插件外形如附图 14 所示。

三、整车控制器模块涉及电路图识别

整车控制器模块及相关电路图如附图 15 所示。

四、整车控制器模块 CAN-H 线路断路故障检修

在做好个人安全防护、维修场地安全检查之后，按照诊断维修的流程，做好诊断前的各项组织工作，实施故障诊断任务。

1. 故障现象确认及范围确定

1）车辆故障现象确认

（1）仪表显示动力系统故障警告灯点亮、ESP 系统警告灯点亮、电子驻车故障灯点亮，仪表提示"请检查动力系统，无挡位显示，无法高压上电，无转向助力，无真空制动，整车下电异常"。

（2）故障现象如图 2.14.2 所示。

图 2.14.2　整车控制器模块 CAN-H 线路断路故障现象

2. 模块通信状态及故障码检查

(1) 故障码文字描述。

根据故障现象显示,连接诊断仪,显示无法与 VCU 模块进行通信,多个模块报与 VCU 失去通信。

(2) 故障诊断仪显示的故障信息如图 2.14.3 所示。

图 2.14.3　故障诊断仪显示的故障信息

(3) 相关数据流文字描述:无法读取数据流。
(4) 相关数据流故障诊断仪显示图片:无。

3) 确认故障范围

VCU 模块供电、搭铁、通信相关线路及元件故障。

2. 故障检测与排除

1) 故障相关电路图 (见附图 15)

2) 具体检测过程

故障诊断与排除准备工作完毕之后,具体诊断过程如图 2.14.4~图 2.14.8 所示。

图 2.14.4　测量 GK49/1、GK49/3 对地电压（正常）

图 2.14.5　测量 GK49/21、GK49/22 对地电压（不正常，
正常值 CAN-H 为 2.7 V 左右、CAN-L 为 2.3 V 左右）

图 2.14.6　车辆下电，断开低压电源负极，做绝缘处理

图 2.14.7　断开动力电池母线，做绝缘处理，车辆静止 5 min

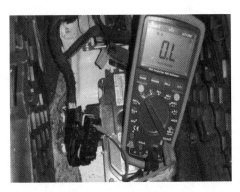 

图 2.14.8　测量 GK49/21 至 G19/9 之间电阻（不正常，正常值小于 1 Ω）

3) 故障点确定及恢复

经上述检测，测得 GK49/21、GK49/22 对地电压不正常，且 GK49/21 至 G19/9 之间电阻为无穷大，因此判定为 VCU 模块 CAN-H 线路断路，其故障点如图 2.14.9 所示。

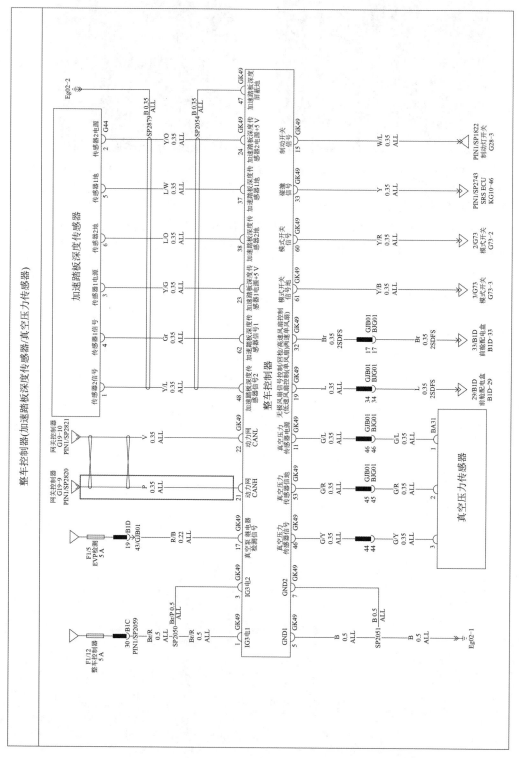

图 2.14.9 故障点确认

项目 2.15 电机控制器供电线断路

现有一辆 2019 款比亚迪秦 EV 出现高压不能上电、仪表正常点亮、OK 灯不亮、动力系统故障灯点亮的故障现象，作为维修技师，分析该车型的特点、组成、电路图，并对故障进行系统检测，依据检测结果确认故障点，按照维修手册中的标准与规范对系统故障进行维修。

一、电机控制器工作原理

电机控制器（Motor Control Unit，MCU，有的车辆称为 PDU）是永磁同步电机的核心控制单元，可以比喻为电机的"大脑"。它承担着按照预定方向、速度、角度和响应时间来控制电机运行的重要任务。MCU 是一种复杂的集成电路，通过主动工作来接收并处理各种传感器（如位置传感器、温度传感器、电流传感器）提供的电机转子位置、温度、速度和电流等反馈信息，同时结合外部输入的指令，通过内置的程序进行分析和处理，决定电机的控制方式并对故障进行保护。在电动车辆中，MCU 的功能十分关键。它根据车辆的挡位、加速、制动等指令，将动力电池存储的电能转化为驱动电机所需的电能，从而控制车辆的启动、运行、进退速度、爬坡力度等行驶状态。MCU 不仅负责驱动电机的控制，还承担着部分制动能量回收的任务，并将回收的能量存储到动力电池中。

MCU 是纯电动车辆的关键零部件之一，它实时进行状态和故障检测，保护驱动电机系统和整车安全可靠运行。在实现这些功能的同时，MCU 还需要满足体积小、质量轻、效率高、寿命长等高性能要求。它是一种集成了多种复杂功能的高性能控制单元，对于纯电动车辆的性能和安全性具有至关重要的作用。

电机控制器在电动车辆中的功能类似于燃油汽车中的节气门调节机构，其都是根据加速踏板的位置来调节动力的输出的。然而，电机控制器的结构和功能更为复杂。电机控制器不仅接收加速踏板的信号，还接收制动踏板、电机转速、车速、电机电压、电流等信号。在对这些信号进行分析之后，电机控制器对电机进行相应的控制。此外，电机控制器还会与其他相关模块进行通信，例如在仪表上显示驱动电机的系统信息。当驱动电机发生过电流、过电压、过热等异常情况时，电机控制器会自动切断主电路，以保护汽车和乘员的安全。电机控制器通过调节电压大小、频率高低、相位变化等参数来控制电机的运转。它能够根据输入的信号以及逻辑运算的结果，来决定电机的正反转以及转速。在实现这一系列复杂的功能过程中，电机控制器还需要对各种信号进行实时监测和处理。例如，它需要正确处理挡位开关、加速踏板位置、旋转变压器、制动踏板位置等信号，并根据这些信号的变化来调整电机的运行状态。电机控制器在电动车辆中发挥着核心作用，它不仅涉及电机的控制，还涉及车辆的整体能量管理、安全保护以及与其他系统的通信等多个方面。

电机控制器实物如图 2.15.1 所示。

比亚迪秦 EV 电机控制器与电机和减速器的集成称为 HDE 前驱动力系统总成，HDE 前驱动力系统总成主要配备于比亚迪秦 EV。HDE 设置在整车前舱，其中，驱动电机主要是将驱动电机控制器提供的电能转化为机械能输出至变速器，以及将变速器输入的机械能

图 2.15.1　电机控制器

转换为电能输出至驱动电机控制器；驱动电机控制器主要是控制动力电池与驱动电机之间能量传输的装置；变速器主要是实现对动力电机的减速增扭作用。

电机控制器在电动车辆中扮演着至关重要的角色，它不仅能将动力电池中的直流电转换为交流电，从而驱动电机运行，同时还能在车辆制动或滑行阶段，将车轮旋转的动能转换为电能（即交流电转换为直流电），为动力电池进行充电。这一双向能量转换的功能，使得电机控制器在电动车辆的能量管理和运行效率上起着关键作用。电机控制器采用 CAN 总线与其他模块进行通信，这使得控制器可以与其他关键系统进行信息交换，从而更好地控制和优化车辆的运行状态。通过这种通信方式，电机控制器能够精确地控制动力电池组到驱动电机之间的能量传输，确保电机的平稳运行，同时也使得车辆的能量管理更加高效和智能化。此外，电机控制器还会采集电机位置信号和三相电流检测信号，通过对这些信号的采集，使得控制器可以精确地掌握电机的运行状态和负载情况，从而更好地控制电机的运行。同时，通过对这些信号的分析和处理，电机控制器还可以对故障进行预警和诊断，提高车辆的安全性和可靠性。电机控制器在电动车辆中发挥着能量转换、通信、状态监测等多重作用，是电动车辆的核心部件之一。它的高效工作使得电动车辆在运行效率、能量管理、安全性和可靠性等方面都有显著的提升。

电机控制器内部包含 1 个 DC/AC 逆变器、冷却管路和主控单元。逆变器由绝缘栅双极晶体管（Insulate-Gate Bipolar Transistor，IGBT）、直流母线电容、驱动和控制电路板等组成，可实现直流与交流之间的转变；冷却管路通过冷却液给电子功率器件散热；主控单元是以磁电机自动化控制技术为基础的机电一体化产品，其组成主要包括功率变换电路、主控 CPU、转子位置检测模块、电流检测模块、CAN 通信模块五大部分。

二、电机控制器系统部件位置及端子识别

驱动电机控制器相关的低压线束端子接插件位置如附图 10 所示。

驱动电机控制器相关的低压线束端子接插件为 B30，B30 接插件外形图如附图 11 所示。

三、驱动电机控制器模块涉及电路图识别

电机控制器相关电路图如附图 12 所示。

电机控制器中 B30/10 连接 IG3 电源 1，B30/11 连接 IG3 电源 2，B30/5 连接碰撞信

号,B30/9 连接动力网 CAN-H,B30/9 连接动力网 CAN-L。

四、电机控制器供电线断路故障检修

在做好个人安全防护、维修场地安全检查之后,按照诊断维修的流程,做好诊断前的各项组织工作,实施故障诊断任务。

1. 故障现象确认及范围确定

1)车辆故障现象确认

(1)仪表显示主警告灯点亮、动力系统故障灯点亮、ESP 警告灯点亮,提示"请检查动力系统,EV 功能受限,高压无法上电,无转向助力,风扇常转"。

(2)故障现象如图 2.15.2 所示。

图 2.15.2 电机控制器供电线断路故障

2)模块通信状态及故障码检查

(1)故障码文字描述:根据故障现象显示,连接诊断仪,多个模块报与电机控制器失去通信。

(2)诊断仪显示故障信息如图 2.15.3 所示。

图 2.15.3 诊断仪显示故障信息

(3)相关数据流文字描述:无法读取数据流。

(4)相关数据流故障诊断仪显示图片:无。

3)确认故障范围

电机控制器供电、搭铁、通信相关线路及元件故障。

2. 故障检测与排除

1)故障相关电路图(见附图 12)

2)具体检测过程

故障诊断与排除准备工作完毕之后,具体诊断过程如图 2.15.4~图 2.15.9 所示。

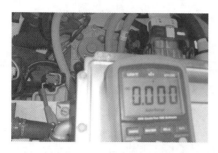 

图 2.15.4　测量 B30/10、B30/11 对地电压（不正常，正常值 12 V 左右）

图 2.15.5　车辆下电，断开低压电源负极，做绝缘处理

图 2.15.6　断开动力电池母线，做绝缘处理，车辆静止 5 min

图 2.15.7　测量 IG3 继电器底座输出端至 B30/10、B30/11 之间电阻
（不正常，正常值为小于 1 Ω）

图 2.15.8　测量 IG3 继电器底座输出端至 F1/34 保险底座输入端之间电阻（正常）

图 2.15.9　测量 F1/34 保险底座输出端至 B30/10、B30/11 之间电阻
（不正常，正常值为小于 1 Ω）

3）故障点确定及恢复

经上述检测，测得 B30/10、B30/11 对地电压不正常，且 F1/34 保险底座输出端至 B30/10、B30/11 之间电阻为无穷大，因此判定为电机控制器供电线路断路，其故障点如图 2.15.10 所示。

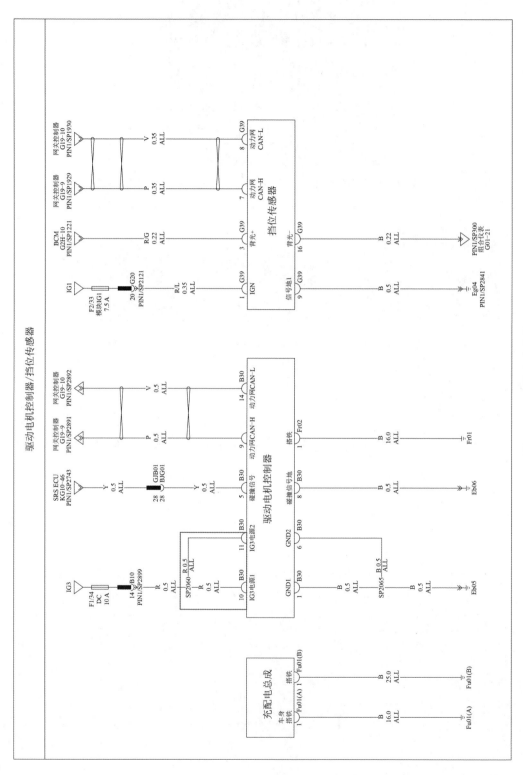

图 2.15.10 故障点确定

项目 2.16　电机控制器 CAN-H 线路断路

现有一辆 2019 款比亚迪秦 EV 出现高压不能上电、主警告灯点亮、动力系统故障灯点亮的故障现象，作为维修技师，分析该车型的特点、组成、电路图，并对故障进行系统检测，依据检测结果确认故障点，按照维修手册中的标准与规范对系统故障进行维修。

一、电机控制器工作原理

电机控制器（Motor Control Unit，MCU）具有多种工作模式，这些模式涵盖了不同的运行状况和需求。以下是其主要的几种工作模式：

1. 转矩控制模式

在这种模式下，电机控制器控制电机的轴向四象限转矩。由于没有专门的转矩传感器，故转矩指令（由整车控制器发送）被转化为电流指令，并实施闭环控制。值得注意的是，转矩控制模式只有在获得正确的初始偏移角度时才能正常运行。此模式主要用于精确控制电机的转矩输出，以满足各种行驶需求。

2. 静态模式

此模式在电机控制器处于被动状态（例如待机状态）或故障状态时被激活。在此模式下，控制器对电机的控制作用降低，可避免因故障导致的风险扩大。

3. 主动放电模式

这种模式主要用于高压直流端电容的快速放电。主动放电指令可以由整车控制器的指令触发，也可以由电机控制器的内部故障触发，这样可以确保系统在发生故障时能迅速、有效地进行放电，从而保障系统的安全。

4. DC/DC 直流变换模式

在电机控制器中，DC/DC 变换器起着将高压直流端的高压变换成指定的低压直流（如 12 V 低压系统）的重要作用。低压设定值是由整车控制器指令给出的。这种变换模式在满足系统不同部分的供电需求方面起着关键作用。

5. 系统诊断功能

电机控制器具备先进的系统诊断功能，当发生故障时，软件可以根据故障级别使电机控制器进入安全状态或限制状态，以避免故障扩大，保障整个车辆系统的安全运行。同时，诊断功能还可以识别故障级别，以便进行后续的维修和保养工作。

这些工作模式的设计和实现，充分体现了电机控制器在纯电动车辆中的关键作用，以及其对于保障车辆安全、提高运行效率等方面的重要性。

二、电机控制器系统部件位置及端子识别

从外部观察，大多数电机控制器至少具备两对高压接口。其中一对是输入接口，主要用于连接动力电池包的高压接口，这一对接口为电机控制器提供了所需的高压电源，从而使其能够正常工作；另外一对高压接口是输出接口，用于连接电机，为电机提供控制电源，这些接口使得电机控制器可以控制电机的运行状态，包括电机的启动、停止、转速等关键参数。除了高压接口外，电机控制器还需要至少一只低压接头，这一低压接头承载着

所有通信、传感器、低压电源等设备的连接，所有这些设备都需要通过这个低压接头引出，进而连接到整车控制器和动力电池管理系统。总的来说，电机控制器的外部结构和工作原理都体现了其作为电动车辆关键零部件的核心地位。它不仅需要处理高压电源的输入和输出，还需要与整车控制器和动力电池管理系统进行通信和传感器数据的交换，以确保电动车辆的安全、稳定运行。驱动电机控制器相关的低压线束端子接插件位置如附图10所示。

驱动电机控制器相关的低压线束端子接插件为 B30，B30 接插件外形图如附图 11 所示。

三、驱动电机控制器模块涉及电路图识别

电机控制器相关电路图如附图 12 所示。

电机控制器中 B30/10 连接 IG3 电源 1，B30/11 连接 IG3 电源 2，B30/5 连接碰撞信号，B30/9 连接动力网 CAN-H，B30/9 连接动力网 CAN-L。

四、电机控制器 CAN-H 线路断路故障检修

在做好个人安全防护、维修场地安全检查之后，按照诊断维修的流程，做好诊断前的各项组织工作，实施故障诊断任务。

1. 故障现象确认及范围确定

1）车辆故障现象确认

（1）仪表显示主警告灯点亮、动力系统故障灯点亮、ESP 警告灯点亮，提示"请检查动力系统，EV 功能受限，高压无法上电，无转向助力，风扇常转"。

（2）故障现象如图 2.16.1 所示。

图 2.16.1　电机控制器 CAN-H 线路断路故障现象

2）模块通信状态及故障码检查

（1）故障码文字描述：根据故障现象显示，连接诊断仪，多个模块报与电机控制器失去通信。

（2）诊断仪显示故障信息如图 2.16.2 所示。

（3）相关数据流文字描述：无法读取数据流。

（4）相关数据流故障诊断仪显示图片：无。

3）确认故障范围

电机控制器供电、搭铁、通信相关线路及元件故障。

图 2.16.2 故障诊断仪显示故障信息

2. 故障检测与排除

1）故障相关电路图（见附图 12）

2）具体检测过程

故障诊断与排除准备工作完毕之后，具体诊断过程如图 2.16.3~图 2.16.7 所示。

图 2.16.3 测量 B30/10、B30/11 对地电压（正常）

图 2.16.4 测量 B30/9、B30/14 对地电压（不正常，正产值 CAN-H 为 2.7 V 左右、CAN-L 为 2.3 V 左右）

图 2.16.5　车辆下电，断开低压电源负极，做绝缘处理

图 2.16.6　断开动力电池母线，做绝缘处理，车辆静止 5 min

图 2.16.7　测量 B30/9 至 G19/9 之间电阻（不正常，正常值为小于 1 Ω）

3）故障点确定及恢复

经上述检测，测得 B30/9、B30/14 对地电压不正常，且 B30/9 至 G19/9 之间电阻为无穷大，因此判定为电机控制器供电线路断路，其故障点如图 2.16.8 所示。

项目 2.16 电机控制器 CAN-H 线路断路

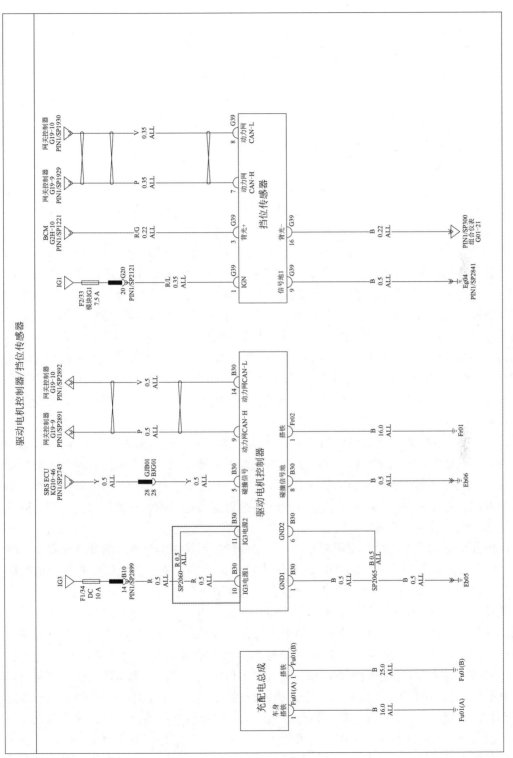

图 2.16.8 故障点确定

项目 2.17　电池管理系统模块常电保险丝 F1/4 断路

现有一辆 2019 款比亚迪秦 EV 出现高压不上电、仪表显示动力电池电量为 0、仪表显示多个故障灯的故障现象，作为维修技师，分析该车型的特点、组成、电路图，并对故障进行系统检测，依据检测结果确认故障点，按照维修手册中的标准与规范对系统故障进行维修。

一、电池管理系统工作原理

电池及管理系统（BMS）在电动汽车中扮演着至关重要的角色，被视为整个车辆的"心脏"。BMS 不仅是电动汽车的动力源，还确保了整车的持续稳定能量供应，其性能的综合优劣直接影响到整车的续航里程、动力性能以及安全性。

BMS 是一种复杂的电子控制系统，主要承担着对电池进行管理的任务，包括但不限于充放电管理、继电器控制、功率控制以及 SOC（State of Charge，电池荷电状态）和 SOH（State of Health，电池健康状态）的计算。同时，BMS 还具备自检和通信功能，可以实时与车辆其他系统进行数据交换，确保电池系统的正常运行。通信转换模块是 BMS 中的关键组成部分，主要承担着与整车其他系统进行数据交换的任务。它能够将电池的各种状态信息转化为数字信号，传输给车辆的 ECU 或其他控制单元，从而实现电池状态的实时监控和相应控制策略的实施。电池信息采集器（BIC）则负责采集电池的各种信息，如电压、温度等。通过这些信息，BMS 可以准确了解每个电池的状态，从而进行相应的控制和策略调整。

BIC 不仅具备电池电压采样、温度采样功能，还具备电池均衡和采样线异常检测功能，以确保电池系统的稳定运行。此外，BMS 还能够根据采集到的电池信息对电池进行管理。例如，当检测到某个电池的电压或温度异常时，BMS 会立即启动保护机制，切断异常电池的电源，避免引发安全问题。同时，BMS 还会根据各电池的状态进行均衡管理，确保整组电池的充放电性能达到最佳状态。

BMS 作为电动汽车的核心组成部分，其性能的优劣直接影响到整车的性能和安全。随着电动汽车技术的不断发展，对 BMS 的要求也将越来越高。未来，我们将看到更加智能化、高效化的 BMS 出现，为电动汽车的发展注入更强的动力。

典型电池管理系统（BMS）的拓扑图结构主要分为两大块：主控模块和从控模块。这种结构细分下来，其实包含了许多重要的组成部分。首先，主控模块的核心是中央处理单元（CPU），这是整个系统的"大脑"，负责处理各种数据和指令。CPU 通过 CAN（控制器局域网络）总线与其他模块进行通信，将数据采集模块、数据检测模块、显示单元模块和控制部件（如熔断装置、继电器）等的信息集成在一起，实现数据的共享和指令的发送。数据采集模块负责实时采集动力电池的电压、电流和温度等关键参数，这些参数对于电池的状态评估和性能预测至关重要，因此实时、准确地采集是电池管理系统的基础。数据检测模块则是对采集的数据进行进一步的处理和分析，它能够根据采集的数据判断电池的健康状态（SOH），预测电池的剩余容量（SOC），以及检测电池的充放电功率。显示单元模块则负责将处理后的数据以图形或数字的形式展示给用户，使驾驶员或乘客能够直观地了解电池的状态。控制部件包括熔断装置和继电器等，它们负责在必要时切断电源或切换电池的充放电状态。例如，当电池的温度过高时，熔断装置会立即切断电源，以防止电池过热甚至起火。这种基于 CAN 总线的结构使得各个模块之间的数据通信高效且可靠。通过这种方式，BMS 能够实时监控并管理动力电池的状态，确保其安全、高效的运行。同时，这种结构也为未来的扩展和升级提供了便利，例如增加更多的传感器或增加更复杂的管理功能。典型的电池管理系统拓扑图结构是一个高度集成、高效且安全的设计，它不仅能够实现对动力电池的全面管理，还能够为用户提供实时的电池状态信息，使得用户能够更加安心、便捷地使用电动汽车。

动力电池管理系统（BMS）是新能源汽车中的关键组成部分，它负责对动力电池进行全方位的管理和控制，确保电池的安全、稳定和高效运行。其控制功能主要包括以下几方面：

（1）数据采集：BMS 通过采集电池电压、电流、温度、绝缘性能等关键参数，实现对电池状态的实时监控和数据分析。这些数据不仅用于当前电池状态的评估，也为后续的充放电控制和安全管理提供了重要依据。

（2）电池状态计算：BMS 通过采集的数据，可以计算电池荷电状态（SOC）和健康状态（SOH）。SOC 是衡量电池剩余电量的重要指标，也是估算电动汽车续驶里程的基础。SOH 则反映了电池的技术状态和预计可用寿命等健康状态的参数。

（3）能量管理：BMS 通过对电流、电压、温度、SOC 和 SOH 等参数的监控和分析，实现了对充电过程的控制和对放电功率的优化。这有助于确保电池在各种条件下都能安全、高效地充放电。

（4）安全管理：BMS 实时监控电池的电压、电流和温度等参数，一旦发现任何异常情况，立即采取相应的安全措施，如切断电源、发出警报等，以防止电池过充、过放等危险情况的发生。

（5）热管理：为了确保电池在适宜的温度下工作，BMS 还具备热管理功能。当电池工作温度过高时，BMS 会启动冷却系统对电池进行降温；当电池温度过低时，则会启动加热系统对电池进行加热，以确保电池始终处于最佳的工作温度范围内。

（6）均衡控制：由于电池的一致性差异，故导致电池组的工作状态往往由最差单体电池决定。BMS 通过设置均衡电路，实施均衡控制，使得各单体电池的工作情况尽量一致，从而提高整体电池组的工作性能。

（7）通信功能：BMS 通过与车载设备或非车载设备的通信，实现了对电池参数和信息的传递与共享，这为充放电控制、整车控制等提供了重要的数据依据。根据实际应用需要，数据交换可采用不同的通信接口，如模拟信号、脉冲（PWM）信号、CAN 总线或串行接口等。

（8）人机接口：为了方便用户操作和查看车辆信息，BMS 还配备了人机接口，通过设置显示信息以及车辆控制面板的按键和旋钮等，用户可以直观地查看电池状态、车辆控制等信息。

总之，动力电池管理系统的控制功能涵盖了数据采集、计算分析、能量管理、安全管理、热管理、均衡控制、通信功能和人机接口等方面，这些功能的协同作用使得电池组能够安全、高效地运行,为新能源汽车的发展提供了有力保障。

为了确保整车上、下电的安全性和可靠性,必须严格定义各电气部件的上、下电流程,且各电气部件的上、下电状态必须经各控制器及时反馈给 BMS,进行"握手"确认后才执行下一步上、下电操作,否则会导致意外事故。

(1) 上电模式。当 BCM 同时监测到点火开关的高压上电信号(Key-ST 信号)、制动开关信号后(即发出 WAKE-UP 信号),BCM 接通 ACC、IG (IG1、IG2、IG3、IG4) 继电器,整车进入低压上电及低压检测模式,同时唤醒所有 CAN 总线。BMS、VCU、充配电管理单元、MCU、空调压缩机控制器、PTC 加热控制器被 CAN 唤醒后即启动自检模式,各自读取系统故障码,同时检测各自高压互锁是否完整,以及进行单体电芯的循环检测。如果某模块内部出现严重故障码,如高压互锁、单体电芯(温度、电压)、CAN 通信、动力系统防盗有一项异常,将停止上电流程,同时将故障信息通过 CAN 总线发送至组合仪表,组合仪表显示故障信息或点亮故障指示灯。

在以上检测完成且正常后,BMS 闭合主负接触器,并对主负接触器断路、预充电阻断路、预充接触器粘连、主正继电器粘连进行检测,如果检测成功,则闭合预充接触器。由于电动机及高压线路中包含容性、感性元件,故为防止过大的电流对这些元件造成冲击,在以上检测完成且正常后,BMS 闭合主负接触器,并对主页接触器断路、预充电阻断路、预充接触器粘连、主正继电器粘连进行检测,如果检测成功,则闭合预充接触器,车辆进入预充电状态。在预充阶段,BMS 对预充接触器断路、整车高压绝缘进行检测。如果此时 BMS 检测预充接触器断路或整车高压绝缘异常,则停止上电流程,且系统生成并存储故障码,同时将故障信息通过 CAN 总线发送至组合仪表,组合仪表显示故障信息或点亮故障指示灯。当预充电阻两端电压达到母线电压的 90% 时,BMS 闭合主正继电器,并对主正继电器断路进行检测,如果检测通过,则断开预充接触器,车辆进入放电模式。MCU 接受高压并进行判定,最后通过动力 CAN 向 VCU 发送系统准备完成、高压系统已上电信息,组合仪表接收到 VCU 发送的信息后,点亮仪表上"OK"指示灯,上电完成。如果在此过程中,BMS 检测主正继电器异常,将停止上电流程,且系统生成并存储故障码,同时将故障信息通过 CAN 总线发送至组合仪表,组合仪表显示故障信息或点亮故障指示灯。

目前纯电动轿车的低压电源一般由 12 V 的铅酸低压蓄电池提供,不仅要为低压控制系统供电,还需为转向助力电动机、刮水器电动机、安全气囊及后视镜调节电动机等提供电源。为保证低压蓄电池能持续为整车控制系统供电,低压蓄电池需有充电电源,而 DC/DC 变换器即可满足这一需求,因此,当点火开关打开或车辆充电,主正继电器闭合,即高压上电完成后系统也会启动 DC/DC 变换器,以保证低压电源持续供电。

(2) 下电模式。在车辆下电时,BCM 接收到点火开关"OFF"命令,通过动力 CAN 总线发送至 VCU,VCU 解析信号后通过动力 CAN 首先发送至充配电管理单元,充配电管理单元接收到点火开关"OFF"命令后关断 DC/DC 变换器控制,低压 12 V 输出停止;直流电停止后,再向 BMS 发送下电指令,BMS 接收到下电命令,依次断开主正和主负接触器,高压下电,整车进入下电模式。

(3) 充电模式。当充配电管理单元检测到充电连接确认(CC)、控制确认(CP)信号时,系统即进入充电模式;充配电管理单元通过动力 CAN 激活 BMS、VCU、MCU;BMS 被激活后,会主动发送动力电池温度、SOC、绝缘、故障等信息到 VCU 及充配电管理单元；充配电管理单元、BMS、VCU 及 MCU 检测信息无异常，同时充配电管理单元内部将充电连接信号从高电位（+B）拉低至低电位（0 V）；BMS 控制主负、预充、主正继电器依次闭合，为保证低压控制电源持续供电，DC/DC 变换器被激活处于工作状态。在充电模式下，MCU 接收到充电信号后，会禁止车辆行驶，保证车辆在充电时处于行驶锁止状态，同时，BMS 根据动力电池状态信息限制充电功率，保护动力电池。

（4）充电过程。对于动力电池，由于其低温时不具有很好的充放电特性，甚至还伴随一定的危险性，因此基于安全考虑，还应在系统进入充电模式之前进行一次温度判别。当动力电池温度低于 0 ℃时，系统进入充电预热模式，此时可通过接通直流变换器对辅助蓄电池进行供电，通过热管理系统对动力电池组进行预热；当动力电池组内的温度高于 0 ℃时，系统可进入充电模式，即闭合主正继电器。

充电过程包括以下四个阶段：

①预充电阶段：使用充电设备对动力电池进行充电时，充电器先以 0.02C 的电流值启动充电，当 BMS 检测到最低单体电池电压在 2 000 mV 以上时，即可转到恒流充电模式。

②恒流充电阶段：充电器以 BMS 规定的最大电流进行恒定电流值输出。

③恒压充电阶段：恒流充电末期，当动力电池组中任意一个单体电池电压值达到上限报警值时，充电器按照 BMS 发出的指令转到恒压输出，电流值按照 BMS 的指令进行调整，直至任意单体电池电压值达到单体电池电压上限切断值。

④充电结束：任意单体电池电压值达到单体电池电压上限切断值时，充电机按照 BMS 的指令停止充电。

（5）故障模式。在动力电池管理系统中，当 BMS 检测到任何故障模式时，都会立即进入故障模式，同时上报故障状态和相关故障码。故障模式是控制系统可能出现的一种状态，由于动力电池管理系统的应用与用户的人身安全息息相关，因此系统对于各种相应模式都采取了"安全第一"的原则。同时，动力电池管理系统的故障响应还需根据故障等级而定。当故障级别较低时，系统会采取报错或发出警告信号的方式告知驾驶人，以便驾驶人及时了解情况并进行相应的处理。这种报错或警告信号可以是声音、灯光或振动等形式，具体形式可以根据设计需要进行选择。然而，当故障级别较高，甚至可能伴随危险时，系统会采取更为严格的控制策略。在这种情况下，系统将立即断开高压继电器，以避免故障对车辆和乘客造成进一步的损害。这种控制策略可以确保车辆的安全性，避免潜在的风险和危险。动力电池管理系统对于故障的响应采取了灵活的策略，既保证了系统的正常运行，又确保了用户的人身安全。同时，系统的设计和应用也需要符合相关标准和规范，以确保其可靠性和安全性。

二、电池管理系统系统部件位置及端子识别

电池管理系统相关的低压线束端子接插件为 BK45（A）和 BK45（B），位置如附图 16 所示，接插件外形图如附图 17 所示。

三、电池管理系统模块涉及电路图识别

如附图 18 所示，电池管理器中 BK45（A）/28 连接 12 V 常电，F1/4 为常电保险丝，BK45（A）/8 连接充电仪表指示信号灯，BK45（A）/1 连接电池子网 CAN-H，BK45（A）/10 连接电池子网 CAN-L。

四、电池管理系统模块常电保险丝 F1/4 断路故障检修

在做好个人安全防护、维修场地安全检查之后,按照诊断维修的流程,做好诊断前的各项组织工作,实施故障诊断任务。

1. 故障现象确认及范围确定

1)车辆故障现象确认

(1)仪表显示动力电池故障灯,仪表无电量显示,整车无法高压上电,无转向助力,整车下电异常。

(2)故障现象如图 2.17.1 所示。

图 2.17.1　电池管理系统模块常电保险丝 F1/4 断路故障现象

2)模块通信状态及故障码检查

(1)故障码文字描述:根据故障现象显示,连接诊断仪,多个模块报与电池管理控制器失去通信。

(2)诊断仪显示故障信息,如图 2.17.2 所示。

图 2.17.2　诊断仪显示故障信息

(3)相关数据流文字描述:无法读取数据流。
(4)相关数据流故障诊断仪显示图片:无。

3)确认故障范围

电池管理控制器供电、搭铁、通信相关线路及元件故障。

2. 故障检测与排除

1)故障相关电路图(见附图 18)
2)具体检测过程

故障诊断与排除准备工作完毕之后,具体诊断过程如图 2.17.3~图 2.17.9 所示。

图 2.17.3　测量 BK45（A）/28、BK45（B）/1 对地电压
（不正常，正常值为 12 V 左右）

图 2.17.4　车辆下电，断开低压电源负极，做绝缘处理

图 2.17.5　断开动力电池母线，做绝缘处理，车辆静止 5 min

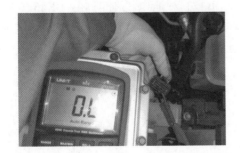

图 2.17.6　测量 BK45（A）/28、BK45（B）/1 至 B+ 之间电阻（不正常，正常值小于 1 Ω）

图 2.17.7　测量 F1/4 保险底座输入端至 B+ 之间电阻（正常）

图 2.17.8　测量 F1/4 保险底座输出端至 BK45（A）/28、BK45（B）/1 之间电阻（正常）

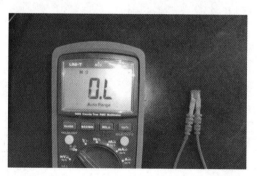

图 2.17.9　测量 F1/4 保险本身电阻（不正常，正常值小于 1 Ω）

3）故障点确定及恢复

经上述检测，测得 BK45（A）/28、BK45（B）/1 对地电压不正常，BK45（A）/28、BK45（B）/1 至 B+ 之间电阻为无穷大，且 F1/4 保险本身电阻为无穷大，因此判定为电池管理系统控制器供电保险 F1/4 熔断，其故障点如图 12.7.10 所示。

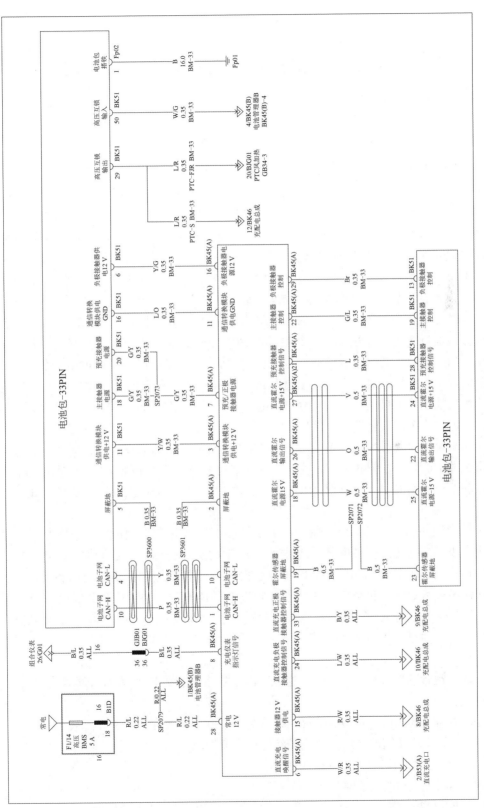

图 2.17.10 故障点确定

项目2.18　电池管理系统模块双路电线路断路

现有一辆2019款比亚迪秦EV出现高压不上电、仪表显示多个故障灯的故障现象,作为维修技师,分析该车型的特点、组成、电路图,并对故障进行系统检测,依据检测结果确认故障点,按照维修手册中的标准与规范对系统故障进行维修。

一、电池管理系统工作原理

当电动汽车搭载性能较差的BMS时,由于其对于电池状态监测的不准确性和估算误差,驾驶人往往无法准确预测汽车的剩余行驶里程。这不仅增加了驾驶的不确定性,也可能导致驾驶人在电量耗尽前未能及时充电,从而影响电动汽车的使用体验和安全性。此外,不同蓄电池的储存能量存在差异,如果BMS性能不足,很可能会出现蓄电池过放电或过充电这两种极度危险的状态。过放电可能导致电池性能下降,缩短电池使用寿命,甚至引发电池短路、起火等安全问题;而过充电则可能导致电池内部化学反应失控,引发爆炸或火灾等严重后果。优秀的BMS则能够更准确地监测蓄电池的电压、电流、温度等参数,通过先进的算法估算出蓄电池的SOC(State of Charge,电池剩余容量)和SOH(State of Health,电池健康状态)。这使得驾驶人可以更准确地了解电池的状态,提前进行充电或更换电池,避免出现电量耗尽或电池故障的情况。同时,优秀的BMS还具备电池均衡功能,能够自动调整各电池的电量水平,避免出现过放电或过充电的情况。这不仅提高了电动汽车的安全性,也延长了电池的使用寿命。BMS的性能对电动汽车的安全性和使用体验至关重要。性能较差的BMS可能导致安全隐患和估算误差,而优秀的BMS则能提供更准确的状态监测和估算,提高能量的利用率,保证蓄电池安全、可靠地进行工作。在电动汽车的发展中,BMS技术的不断提升将为驾驶人提供更安全、更便捷的驾驶体验。

BMS包含硬件和软件两部分,硬件由一个或多个电子控制器组成,包含蓄电池管理器、绝缘模块、蓄电池信息采集器、接触器、霍尔传感器/分流器、熔断器、手动维修开关(MSD)预充电阻等电子元件。BMS的软件分别对主控模块和测量模块的各功能单元编写软件程序,然后连接起来构成整个系统程序,具体来说,由中央处理单元(主控模块)、数据采集模块、数据检测模块、显示单元模块、控制部件(熔断装置、继电器)等构成。BMS一般通过采用内部CAN总线技术实现模块之间的数据信息通信,其主要部件介绍如下:

(1)蓄电池管理器(BMC):蓄电池管理器是一个连接外部通信和内部通信的平台。它的主要功能如下:

①实时接收蓄电池信息采集器采集的单体蓄电池电压、温度、均衡等信息。
②接收绝缘模块反馈的高压系统绝缘状态和电流情况。
③BMS与网关控制器和整车进行通信。
④BMS与直流充电桩进行通信。
⑤BMC控制接触器吸合或断开、控制充/放电电流和蓄电池热管理控制情况。

⑥唤醒 BMS 的应答。

⑦对蓄电池模块进行 SOC 和 SOH 的估算。

（2）蓄电池信息采集器：其主要作用是进行蓄电池电压采样、温度采样、蓄电池均衡、采样线异常检测等，然后将采集到的数据通过蓄电池子网反馈给蓄电池管理器。蓄电池电压采样：蓄电池单体通过串联的方式依次叠加，采样芯片的采样通道按照顺序往上叠加。对于单体蓄电池采样通道上的滤波电路，目前基本上所有的采样芯片都是 100 Ω 的串阻，然后加上一个滤波电容，通过经典的 RC 滤波电路来实现。目前市面上绝大多数方块电池，蓄电池的采样线，先是从芯片的极柱通过柔性电路板（软排铜线）FPC 连接到蓄电池模块的插接件，然后线束通过这个插接件连接到 BMC。实际上从蓄电池连接到 AFE 采样芯片是经过了两段线束，一段就是 FPC 上的走线，另外一段就是蓄电池采集器连接到 BMC 的通信线束。

（3）霍尔传感器：在早期的日系混合动力汽车中，霍尔传感器被广泛使用。但随着技术的不断进步，智能的分流器逐渐取代了霍尔传感器，承担了电压和电流的采样工作。现在，通过串行总线进行数据传输，甚至可以在设备内部实现对蓄电池荷电状态（SOC）的精确估算，这使得对电池状态的监控更为及时、准确。霍尔电流传感器被安置在高压母线上。这种传感器在参数测量过程中具有独特优势，它能有效地实现主电路回路与单片机系统的隔离，从而大大提高了操作的安全性。这种隔离功能在防止电路故障、提高系统稳定性方面起到了重要作用。同时，由于使用了串行总线进行数据传输，使得数据的传输速度更快、效率更高。此外，随着新能源汽车行业的快速发展，对于电池状态监控的精度和安全性的要求也越来越高。霍尔传感器作为一种重要的电力电子元器件，在未来仍将在新能源汽车行业中发挥重要作用。

基于各个模块的功能，BMS 能实时检测动力电池的电压、电流和温度等参数，实现对动力电池进行热管理、均衡管理、高压及绝缘检测等，并且能够计算动力电池剩余容量、充放电功率以及 SOC、SOH 状态。

二、电池管理系统系统部件位置及端子识别

电池管理系统相关的低压线束端子接插件为 BK45（A）和 BK45（B），位置如附图 16 所示，接插件外形图分别如附图 17 所示。

三、电池管理系统模块涉及电路图识别

如附图 18 所示，电池管理器中 BK45（A）/28 连接 12 V 常电，BK45（A）/8 连接充电仪表指示信号灯，BK45（A）/1 连接电池子网 CAN-H，BK45（A）/10 连接电池子网 CAN-L。

四、电池管理系统模块双路电线路断路故障诊断

在做好个人安全防护、维修场地安全检查之后，按照诊断维修的流程，做好诊断前的各项组织工作，实施故障诊断任务。

1. 故障现象确认及范围确定

1）车辆故障现象确认

（1）仪表显示主警告灯点亮，仪表提示 EV 功能受限，整车无法高压上电，无转向助力。

（2）故障现象如图 2.18.1 所示。

图 2.18.1　电池管理系统模块双路电线路断路故障现象

2）模块通信状态及故障码检查

①故障码文字描述：根据故障现象显示，连接诊断仪，显示电池管理系统报预充失败。

②诊断仪显示故障信息如图 2.18.2 所示。

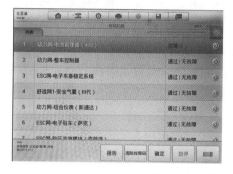

图 2.18.2　诊断仪显示故障信息

（1）相关数据流文字描述：无法读取数据流。

（2）相关数据流故障诊断仪显示图片：无。

3）确认故障范围

电池管理系统控制器 IG 电相关线路及元件故障。

2. 故障检测与排除

1）故障相关电路图

图 2.18.3 所示为电池管理系统模块双路电线路断路故障相关电路图，其中 F1/34 为双电路保险丝。

2）具体检测过程

故障诊断与排除准备工作完毕之后，具体诊断过程如图 2.18.4～图 2.18.9 所示。

项目 2.18 电池管理系统模块双路电线路断路 197

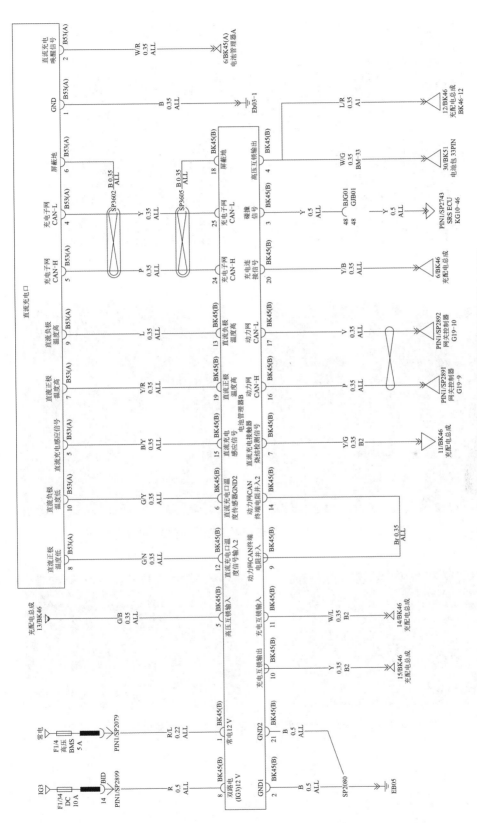

图 2.18.3 电池管理系统模块双路电线路断路故障相关电路图

图 2.18.4　测量 BK45（B）/8 对地电压（不正常，正常值为 12 V 左右）

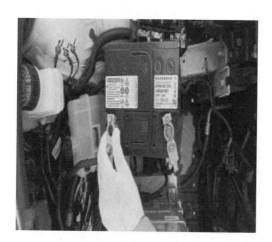

图 2.18.5　车辆下电，断开低压电源负极，做绝缘处理

图 2.18.6　断开动力电池母线，做绝缘处理，车辆静止 5 min

图 2.18.7　测量 BK45（B）/8 至 IG3 继电器底座输出端之间电阻
（不正常，正常值小于 1 Ω）

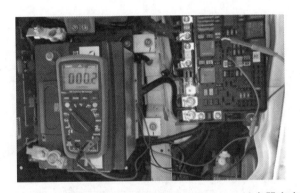

图 2.18.8　测量 F1/34 保险底座输入端至 IG3 继电器底座
输出端之间电阻（正常）

图 2.18.9　测量 F1/34 保险底座输出端至 BK45
（B）/8 之间电阻（不正常，正常值小于 1 Ω）

3）故障点确定及恢复

经上述检测，测得 BK45（B）/8 对地电压不正常，BK45（B）/8 至 IG3 继电器底座输出端之间电阻为无穷大，且 F1/34 保险底座输出端至 BK45（B）/8 之间电阻为无穷大，因此可以判定为电池管理系统 IG 电线路断路，其故障点如图 2.18.10 所示。

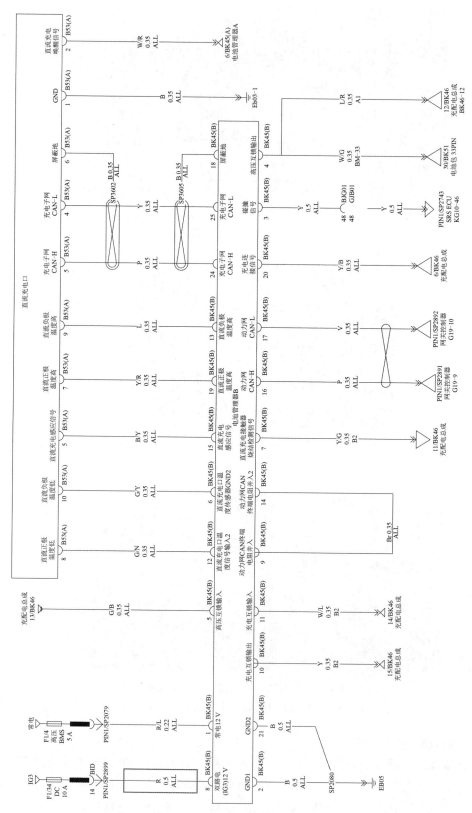

图 2.18.10 故障点确认

项目 2.19　电池管理系统模块 CAN-H 线路断路

现有一辆 2019 款比亚迪秦 EV 出现高压不上电、仪表显示动力电池电量为 0、仪表显示多个故障灯的故障现象，作为维修技师，分析该车型的特点、组成、电路图，并对故障进行系统检测，依据检测结果确认故障点，按照维修手册中的标准与规范对系统故障进行维修。

一、电池管理系统工作原理

BMS 按结构不同可分为集中式系统和分布式系统。

集中式 BMS 在单体蓄电池成组过程中，主控板与蓄电池的检测板安装在同一个地方，内部用导线连接成为一个整体，这最大限度地减少了硬件的数量，但增加了蓄电池模块中导线的数量。集中式系统的优点是材料的成本低，可在 BMS 之间无限制地通信，安全、管理便利，简化了对不同蓄电池参数的调整与改写，对参数的测量速度快、可靠性高，可以灵活计算，并根据不同的情况在中央处理器内修改软件，满足不同要求。集中式系统的缺点是需要解决串联蓄电池的电桩测量中共地、隔离、测量精度等问题的技术难度大；对蓄电池模块进行信号采集，而不能检测到每个单体蓄电池，精度差，对信号处理要求高；BMS 线束比较多，不利于车辆轻量化发展，当蓄电池出现故障时只能替换整个蓄电池模块，适用于仅由一个蓄电池模块组成的车用动力电源系统。

分布式 BMS 有一个主控制器位于中央位置，还有多路分开的电路板监控检测单体蓄电池的情况，可以减少电线的使用，但会增加硬件成本，一个 PCB 采集器最大可采集 12~16 个单体蓄电池，但对蓄电池系统有更好的管控，因此被广泛运用。分布式系统结构的优点是减少了布线，便于电源系统的扩展，可以分散安装，通过总线进行连接与信息通信，采集的数据可以就近处理，精度高，使得有可能更好地计算蓄电池的状态，利于建立标准化的电源管理系统。分布式系统的缺点是软、硬件成本比较高，需要标定采集器地址，采集器灵活性比较差，数据由串行总线传输，系统巡回检测的速度受限制，数据的实时性不高。

二、电池管理系统系统部件位置及端子识别

如附图 16 所示，电池管理系统相关的低压线束端子接插件为 BK45（A）和 BK45（B），接插件外形图分别如附图 17 所示。

三、电池管理系统模块涉及电路图识别

如附图 18 所示，电池管理器中 BK45（A）/28 连接 12 V 常电，BK45（A）/8 连接充电仪表指示信号灯，BK45（A）/1 连接电池子网 CAN-H，BK45（A）/10 连接电池子网 CAN-L。

四、电池管理系统模块 CAN-H 线路断路故障诊断

在做好个人安全防护、维修场地安全检查之后，按照诊断维修的流程，做好诊断前的各项组织工作，实施故障诊断任务。

1. 故障现象确认及范围确定

1) 车辆故障现象确认

（1）仪表显示动力电池故障灯，仪表无电量显示，整车无法高压上电，无转向助力，整车下电异常。

（2）故障现象如图 2.19.1 所示。

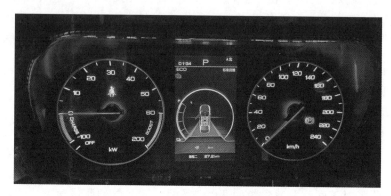

图 2.19.1　电池管理系统模块 CAN-H 线路断路故障现象

2) 模块通信状态及故障码检查

（1）故障码文字描述：根据故障现象显示，连接诊断仪，多个模块报与电池管理控制器失去通信。

（2）诊断仪显示故障信息如图 2.19.2 所示。

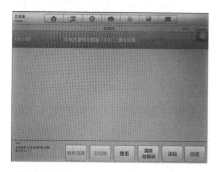

图 2.19.2　诊断仪显示故障信息

（3）相关数据流文字描述：无法读取数据流。

（4）相关数据流故障诊断仪显示图片：无。

3) 确认故障范围

电池管理控制器供电、搭铁、通信相关线路及元件故障。

2. 故障检测与排除

1) 故障相关电路图（见附图 18）

2) 具体检测过程

故障诊断与排除准备工作完毕之后，具体诊断过程如图 2.19.3~图 2.19.8 所示。

项目 2.19 电池管理系统模块 CAN-H 线路断路 203

图 2.19.3 测量 BK45（A）/28、BK45（B）/1 对地电压（正常）

图 2.19.4 测量 BK45（B）/8 对地电压（正常）

图 2.19.5 测量 BK45（B）/16、BK45（B）17 对地电压（不正常，
正常值 CAN-H 为 2.7 V 左右、CAN-L 为 2.3 V 左右）

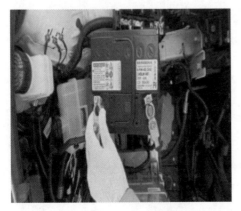 

图 2.19.6 车辆下电，断开低压电源负极，做绝缘处理

图 2.19.7　断开动力电池母线，做绝缘处理，车辆静止 5 min

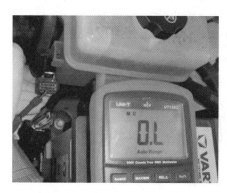 

图 2.19.8　测量 BK45（B）/16 至 G19/9 之间电阻（不正常，正常值小于 1 Ω）

3）故障点确定及恢复

经上述检测，测得 BK45（B）/16、BK45（B）17 对地电压不正常，且 BK45（B）/16 至 G19/9 之间电阻为无穷大，因此判定为电池管理系统控制器供电保险 F1/4 熔断，其故障点如图 2.19.9 所示。

项目 2.19 电池管理系统模块 CAN-H 线路断路

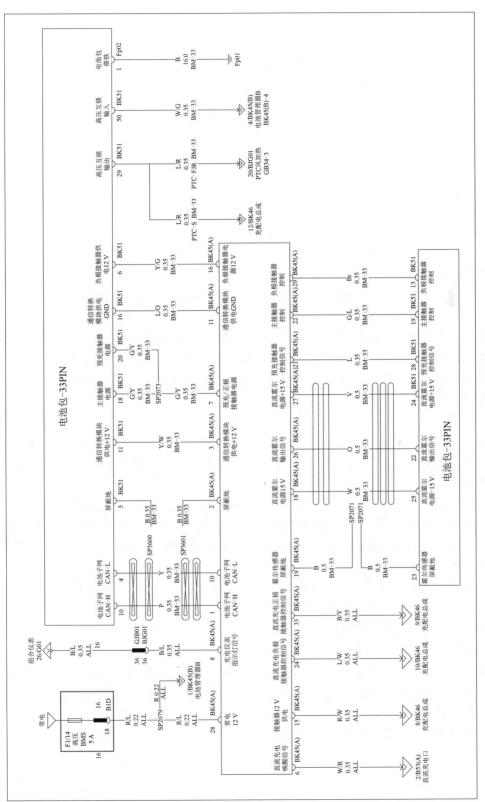

图 2.19.9 故障点确定

项目 2.20　充配电总成供电保险丝 F1/22 断路

现有一辆 2019 款比亚迪秦 EV 出现车辆无法充电，仪表盘显示充电连接中，启动后显示"请检查充电系统"，作为维修技师，分析该车型的特点、组成、电路图，并对故障进行系统检测，依据检测结果确认故障点，按照维修手册中的标准与规范对系统故障进行维修。

一、充配电总成工作原理

充配电总成是指将车载充电系统 OBC、DC-DC 和直流充电配电三者合在一起，其体积小、质量轻，功率密度大于 2 kW/L，电池电压范围宽，适用于各种电池电压平台，而且直流充电配电设计可以是选择性的和可定制的。动力电池输出的高压直流电，通过充配电总成分配给前电驱动总成控制器逆变成三相可调电压，可变频率的交流电给驱动电机供电，驱动车辆前进。车辆在减速或滑行时，电机的反电动势通过电机控制器内的 IGBT 整流成直流电，通过充配电总成给动力电池充电。高压的直流电到了充配电总成时分成两路，一路供给 DC-DC 电源转换器，输出 13.8 V 的低压直流电供给低压供电系统；另一路给空调压缩机或 PTC 供电。此外，其可接收交流充电口输送过来的交流电，通过内部的升压和整流后给动力电池充电，并可接收直流充电口输送过来的高压直流电给动力电池充电。其功能主要分为四个部分：

（1）能量消耗：当车辆行驶时，动力电池会输出高压直流电，这个电能会经过充配电总成，充配电总成会根据车辆的电力需求，将高压电源分配给电机控制器、DC-DC 电源转换器、电动压缩机或 PTC 等设备，这些设备会利用这些电能来驱动车辆的各个系统，确保车辆的正常运行。

（2）能量回收：当车辆在减速或滑行时，车轮会带动电机旋转，在这种情况下，电机进入发电模式，电机的反电动势会被电机控制器中的 IGBT 整流，然后经过充配电总成，最终将电能输送回动力电池进行充电。这种能量回收系统能够有效地利用原本会被浪费的能量，提高能源利用效率。

（3）直流充电：当使用直流充电桩为车辆充电时，直流充电桩会输出 DC 500 V 的电能，这个电能会通过充配电总成中的直流充电正、负极接触器，将电能输送给动力电池总成。这种直流充电方式能够快速地为动力电池充电，提高充电效率。

（4）交流充电：当使用交流充电桩为车辆充电时，交流充电桩会输出交流电。这个交流电会被充配电总成中的车载充电机接收，车载充电机会将交流电升压整流后，经过直流母线将直流电传递到动力电池，为动力电池充电。这种交流充电方式相对较慢，但适用于家用和公共场所的充电设施。

高压能量流动原理图如图 2.20.1 所示。

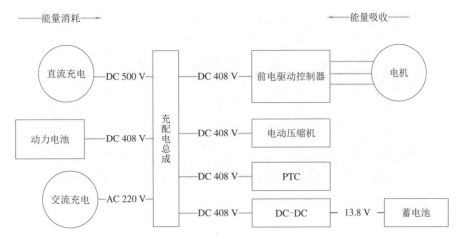

图 2.20.1 高压能量流动原理图

二、充配电总成部件位置及端子识别

充配电总成相关的低压线束端子接插器为 BK46，其低压线束位置图如附图 19 所示，接插件 BK46 外形图如附图 21 所示。

三、充配电总成涉及电路图识别

2019 款比亚迪秦 EV 采用通过充配电总成进行交流充电，在分析其工作原理时，可参照电路图，如附图 20 所示。

在附图 20 中，BK46/1、BK46/2 是充配电总成的供电线，BK46/3、BK46/19 是充配电总成的搭铁线（与车身相连接），BK46/16、BK46/17 是充配电总成的通信线，分别是 CAN-H、CAN-L；BK46/4、BK46/5 是充电口到充电总成的充电连接和确认线束，分别是 CC、CP；其他都是高压互锁等相关低压线束。

四、充配电总成供电保险丝 F1/22 断路故障检修

在做好个人安全防护、维修场地安全检查之后，按照诊断维修的流程，做好诊断前的各项组织工作，实施故障诊断任务。

1. 故障现象确认及范围确定

1）车辆故障现象确认

（1）仪表显示充电连接指示灯点亮，低压供电系统故障灯点亮，仪表提示"低压供电系统故障，高压无法上电，无转向助力，风扇常转"。

（2）故障现象如图 2.20.2 所示。

2）模块通信状态及故障码检查

（1）故障码文字描述：根据故障现象显示，连接诊断仪，多个模块报与车载充电机失去通信。

（2）诊断仪显示故障信息如图 2.20.3 所示。

（3）相关数据流文字描述：无法读取数据流。

（4）相关数据流故障诊断仪显示图片：无。

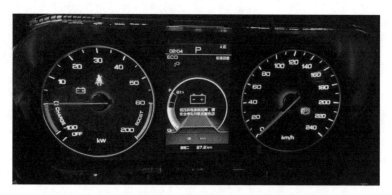

图 2.20.2　充配电总成供电保险丝 F1/22 断路故障现象

图 2.20.3　诊断仪显示故障信息

3) 确认故障范围

充配电总成供电、搭铁、通信相关线路及元件故障。

2. 故障检测与排除

1) 故障相关电路图（见附图 20）

2) 具体检测过程

故障诊断与排除准备工作完毕之后，具体诊断过程如图 2.20.4~图 2.20.10 所示。

图 2.20.4　测量 BK46/1、BK46/2 对地电压（不正常，正常值 12 V 左右）

项目 2.20 充配电总成供电保险丝 F1/22 断路

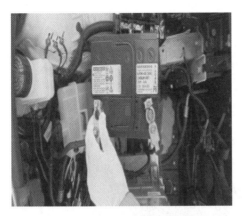 

图 2.20.5　车辆下电，断开低压电源负极，做绝缘处理

图 2.20.6　断开动力电池母线，做绝缘处理，车辆静止 5 min

图 2.20.7　测量 BK46/1、BK46/2 至 B+ 之间电阻（不正常，正常值为小于 1 Ω）

图 2.20.8　测量 F1/22 保险底座输入至 B+ 之间电阻（正常）

图 2.20.9　测量 F1/22 保险底座输出端至 BK46/1、BK46/2 之间电阻（正常）

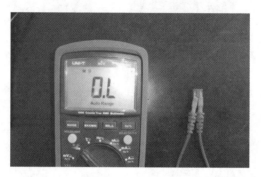

图 2.20.10　测量 F1/22 保险本身电阻（不正常，正常值小于 1 Ω）

3）故障点确定及恢复

经上述检测，测得 BK46/1、BK46/2 对地电压不正常，BK46/1、BK46/2 至 B+ 之间电阻为无穷大，且 F1/22 保险本身电阻为无穷大，因此判定为充配电总成供电保险 F1/22 熔断，其故障点如图 2.20.11 所示。

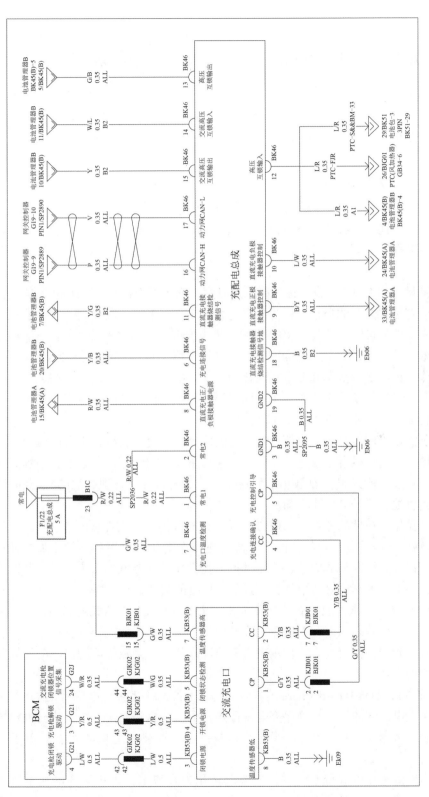

图 2.20.11 故障点确定

项目 2.21　充配电总成 CAN-H 线路断路

现有一辆 2019 款比亚迪秦 EV 出现车辆无法充电，仪表盘显示充电连接中，启动后显示"请检查充电系统"，作为维修技师，分析该车型的特点、组成、电路图，并对故障进行系统检测，依据检测结果确认故障点，按照维修手册中的标准与规范对系统故障进行维修。

一、充配电总成工作原理

比亚迪秦 EV 的高压三合一充配电总成，将 DC/DC 转换器、车载充电器 OBC 以及高压配电箱 PDU 进行高度集成，整个铝合金箱体设计成正反两面，一侧主要是高压配电部分，而另一侧主要是高压的 DC/DC 转换器、OBC 等功率电子控制的部分。各部分功能如下：

（1）高压控制盒（PDU），也被称为高压配电盒，它在所有纯电动汽车和插电式混合动力汽车中扮演着至关重要的角色。作为高压电大电流分配单元，PDU 对于整个车辆的运行和性能有着决定性的影响。首先，PDU 采用了集中配电方案，这种设计使得电流的分配更加集中和高效。结构紧凑的设计使得 PDU 在空间占用上更加优化，方便了接线布局，简化了检修工作。在纯电动汽车和插电式混合动力汽车中，由于涉及高压电和大电流的分配，故安全性和可靠性是至关重要的。而 PDU 的设计和制造都严格遵循了这些要求，使得检修工作变得简单、迅速，大大提高了维修效率。

此外，为了满足不同客户的系统架构需求，高压控制盒通常会融合部分电池管理系统智能控制管理单元，这种融合不仅进一步简化了整车系统架构配电的复杂性，还提高了系统的整体效率。通过智能控制管理单元，车辆可以更好地监控与管理电池的状态和性能，从而更好地保护电池，延长其使用寿命。

在紧凑性和操作便捷性的考虑上，PDU 的设计也充分体现了人性化的理念。紧凑的设计使得 PDU 能够更好地适应有限的空间，而便捷的操作则使得使用和维护更加方便。这种集成方案旨在提高系统的整体效率、简化维护流程，并充分考虑了系统布局的紧凑性和操作的便捷性，为电动汽车的高压电能分配提供了可靠的支持。

高压控制盒（PDU）作为纯电动汽车和插电式混合动力汽车中的关键部件，其重要性不容忽视。它不仅承担着高压电和大电流的分配任务，还融合了智能控制管理单元，提高了系统的整体效率和维护便捷性。这种集成方案的设计理念，无疑为电动汽车的发展和应用提供了强有力的支持。

（2）车载充电机（On-board Charger，OBC）是一个针对交流充电模式的关键组件，它负责管理整个充电流程的执行，确保充电过程的安全、高效和便捷。与直流充电模式不同，车载充电机在结构与功能上具有独立性和专一性。车载充电机的功能涵盖了多个方面：

①通过与电网的交流电进行互动，将交流电转化为直流电，为车辆的电池组进行充电。这个过程主要依靠电池管理系统（BMS）提供的数据来动态调节充电电流或电压参

数。这些参数可能因车辆型号、电池类型和充电环境等因素而有所不同。

②车载充电机还具有安全保护功能，包括过电压保护、过电流保护和过热保护等。当检测到任何可能导致危险的情况时，车载充电机会立即切断电源，以防止任何可能的损害或事故。

③车载充电机还具有充电效率高、体积小、质量轻、使用寿命长等优点。

随着技术的发展和进步，车载充电机的性能也在不断提高，以满足日益增长的充电需求和更高的充电效率标准。车载充电机是纯电动汽车和插电式混合动力汽车中不可或缺的一部分，通过与电池管理系统的紧密合作，车载充电机能够动态调节充电电流或电压参数，满足不同的充电需求，从而完成整个充电过程。

（3）DC/DC变换器在纯电动汽车的结构中起到了核心的作用。它不仅仅是电源系统中的一部分，而且负责将动力电池的高压直流电转换为低压直流电，从而为车辆的低压系统和充电蓄电池提供所需的电力。这一转换过程对于电动汽车的运行来说是至关重要的，因为这使得车辆能够在行驶过程中稳定地获取电能，并确保所有系统正常运行。在传统的内燃机汽车中，发电机的功能是为车辆的电气系统提供低压直流电。然而，在纯电动汽车中，这一功能被DC/DC变换器所取代。与传统的发电机相比，DC/DC变换器具有更高的效率和更小的体积，使其更适合于纯电动汽车的电源系统。

DC/DC变换器的主要优点在于其效率较高。在纯电动汽车中，电能的利用和转化效率对于车辆的性能和续航里程有着直接的影响。DC/DC变换器在将高压直流电转换为低压直流电的过程中，能够实现高效的能量转换，从而减少能源的损失。这样的高效性能不仅提高了车辆的运行效率，也有助于提高车辆的续航里程。

除了高效率之外，DC/DC变换器还具有紧凑的体积。由于纯电动汽车的结构紧凑，空间有限，因此所有部件都需要尽可能地小型化。DC/DC变换器的紧凑体积使得它能够在有限的空间内高效地工作，从而为车辆的电源系统节省了宝贵的空间。

此外，DC/DC变换器还具有对恶劣工作环境的耐受性。在纯电动汽车的实际运行过程中，由于各种因素的影响，电源系统可能会面临高温、低温、振动等恶劣工作环境。DC/DC变换器在设计过程中考虑到了这些因素，并通过特殊的设计和材料选择来增强其对恶劣工作环境的耐受性。这使得DC/DC变换器能够在各种条件下稳定地工作，为车辆提供持续稳定的电能。

总之，DC/DC变换器在纯电动汽车中扮演着至关重要的角色。它通过高效、专业化的方式将动力电池的高压直流电转化为低压直流电，为车辆提供所需的电能。同时，其高效率、紧凑体积以及对恶劣工作环境的耐受性等特点使得它在纯电动汽车中的应用具有很高的价值。

二、充配电总成部件位置及端子识别

充配电总成相关的低压线束端子接插器为BK46，充配电总成相关的低压线束位置如附图19所示，接插件BK46外形图如附图21所示。

三、充配电总成涉及电路图识别

2019款比亚迪秦EV采用通过充配电总成进行交流充电，在分析其工作原理时可参照电路图，如附图20所示。

在附图 20 中，BK46/1、BK46/2 是充配电总成的供电线，BK46/3、BK46/19 是充配电总成的搭铁线（与车身相连接），BK46/16、BK46/17 是充配电总成的通信线，分别是 CAN-H、CAN-L；BK46/4、BK46/5 是充电口到充电总成的充电连接和确认线束，分别是 CC、CP；其他都是高压互锁等相关低压线束。

四、充配电总成 CAN-H 线路断路故障检修

在做好个人安全防护、维修场地安全检查之后，按照诊断维修的流程，做好诊断前的各项组织工作，实施故障诊断任务。

1. 故障现象确认及范围确定

1）车辆故障现象确认

（1）仪表显示充电连接指示灯点亮，低压供电系统故障灯点亮，仪表提示"低压供电系统故障，高压无法上电，无转向助力，风扇常转"。

（2）故障现象如图 2.21.1 所示。

图 2.21.1 充配电总成 CAN-H 线路断路故障现象

2）模块通信状态及故障码检查

（1）故障码文字描述：根据故障现象显示，连接诊断仪，多个模块报与车载充电机失去通信。

（2）诊断仪显示故障信息如图 2.21.2 所示。

图 2.21.2 诊断仪显示故障信息

（3）相关数据流文字描述：无法读取数据流。

（4）相关数据流故障诊断仪显示图片：无。

3）确认故障范围

充配电总成供电、搭铁、通信相关线路及元件故障。

2. 故障检测与排除

1）故障相关电路图（见附图20）

2）具体检测过程

故障诊断与排除准备工作完毕之后，具体诊断过程如图2.21.3~图2.21.7所示。

图 2.21.3　测量 BK46/1、BK46/2 对地电压（正常）

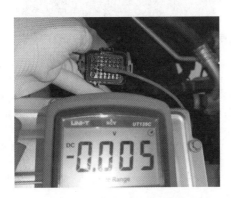

图 2.21.4　测量 BK46/16、BK46/17 对地电压（不正常，正常值 CAN-H 为 2.7 V 左右、CAN-L 为 2.3 V 左右）

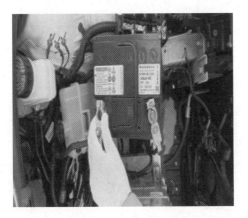

图 2.21.5　车辆下电，断开低压电源负极，做绝缘处理

图 2.21.6　断开动力电池母线，做绝缘处理，车辆静止 5 min

图 2.21.7　测量 BK46/16 至 G19/9 之间电阻（不正常，正常值小于 1 Ω）

3）故障点确定及恢复

经上述检测，测得 BK46/16、BK46/17 对地电压与正常值不符，且 BK46/16 至 G19/9 之间电阻为无穷大，因此可以判定为充配电总成供电保险 F1/22 熔断，其故障点如图 2.21.8 所示。

项目 2.21 充配电总成 CAN-H 线路断路

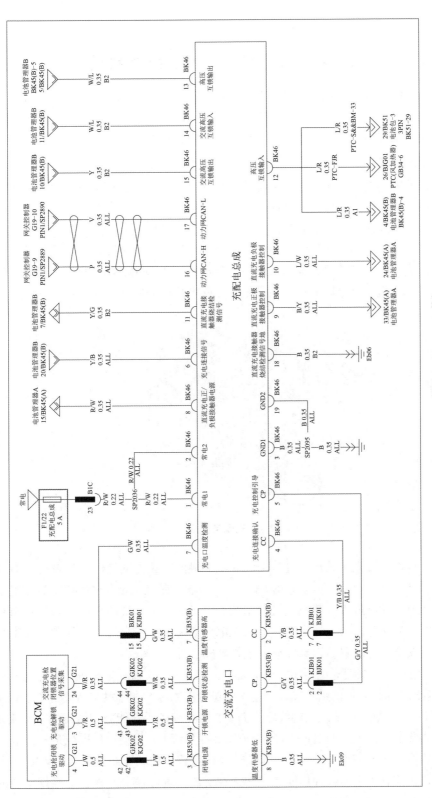

图 2.21.8 故障点确认

项目 2.22　充配电总成 CC 线路断路

现有一辆 2019 款比亚迪秦 EV 出现车辆无法充电，插枪后仪表无充电连接指示灯，作为维修技师，分析该车型的特点、组成、电路图，并对故障进行系统检测，依据检测结果确认故障点，按照维修手册中的标准与规范对系统故障进行维修。

一、充配电总成工作原理

纯电动汽车的充电系统方式主要有两种：一是交流充电方式，即为慢充；二是直流充电方式，即为快充。两种充电方式的组成、电气原理和控制方式各不相同。充配电总成是新能源汽车的重要零部件之一，新能源汽车对充配电总成在安全性、电磁兼容性、功率密度等方面有很高的要求，如图 2.22.1 所示。随着企业大量研发的投入，以及长期的技术积累，充配电总成的电力电子集成度越来越高，轻量化、小型化、模块化、标准化、高效低成本、高智能化控制以及全数字化控制是未来充配电总成的发展方向。

图 2.22.1　充配电总成

交流充电，也称为慢充，是指通过电网输入给车辆的电压为交流电。这种充电方式所使用的电压可以是 220 V AC 单向电或 380 V AC 三相电。在交流充电过程中，交流电通过标准充电插头和充电插座进入车载充电机。车载充电机是一个关键的设备，它负责将交流电转化为直流电，从而为动力电池充电。车载充电机通常会配备有过电压保护、过电流保护和过温保护等安全保护装置，以确保充电过程的安全性。

除了车载充电机外，交流充电还需要充电插座、充电线、交流充电桩等部件。充电插座是连接车载充电机和车辆电池的重要接口，它需要符合国家标准和车辆制造商的要求。充电线是连接充电插座和车载充电机之间的线路，需要具备足够的承载能力和耐压性。交流充电桩是提供交流电源的设备，它可以固定在地面或安装在车辆上，以便用户进行充电操作。

此外，车辆控制器（VCU、BMS）也是交流充电过程中的重要组成部分。VCU 是车辆控制单元，它负责控制车辆的各种功能和操作。在交流充电过程中，VCU 会根据电池的状态与充电机的状态来控制充电电流的大小和充电时间的长短。BMS 是电池管理系统，它负责监控电池的状态和充放电过程,确保电池的安全和稳定运行。

交流充电是一种相对较慢但使用方便的充电方式。它需要车载充电机、交流充电插座(交流充电插座线束)、充电线、交流充电桩或 220 V 交流电源和车辆控制器(VCU、BMS)等部件协同工作来完成基本的充电过程。图 2.22.2 所示为交流慢充口布置图。

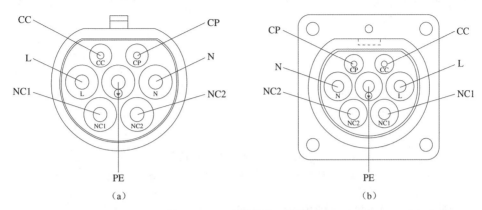

图 2.22.2 交流慢充口布置图
(a) 充电枪供电端触头布置图;(b) 车辆端充电插座触头布置图
L—交流电源(单相);NC1—交流电源(三相)空;NC2—交流电源(三相)空;N—中性线;
PE—保护接地,连接供电设备地线和车辆电平台;CC—充电连接确认;CP—控制导引

直流充电是指外部电网输入给车辆的电压为直流电。在这种充电方式中,直流充电桩将 380 V AC 三相电转化为直流电,然后通过标准直流充电插头和充电插座输送给车辆。这种充电方式的特点是直接给动力电池充电,不需要车载充电机的转化过程,因此充电速度相对较快。直流充电的电气原理图需要满足国家标准和规范的要求,同时与车辆控制器的通信协议也必须符合国标格式和内容。为了便于执行控制,直流充电桩会直接与动力电池的 BMS 进行信息交互和检测。这种交互信息包括电池的电量、温度、充电状态等信息。VCU 只作为辅助判断的角色,根据 BMS 提供的信息来判断是否需要进行充电操作。直流充电是一种快速且高效的充电方式,它需要满足国家标准和规范的要求,同时与车辆控制器的通信协议也必须符合国标格式和内容。在直流充电过程中,VCU 和 BMS 的协同工作可以实现精确控制和优化管理,从而提高充电的效率和安全性。图 2.22.3 所示为直流快充口布置图。

直流快充口针脚定义:

DC-:高压输出负极,经过高压控制盒快充负继电器,输出到动力电池高压负极。

DC+:高压输出正极,经过高压控制盒快充正继电器,输出到动力电池高压正极。

PE(GND):车身搭铁,接车身。

A-:低压辅助电源负极,接蓄电池负极。

A+:低压辅助电源正极,为 12 V 快充唤醒信号。

CC1:直流连接确认线,属内部电路,CC1 与 PE 之间有一个 1 000 Ω 的电阻。

CC2:直流连接确认线。

S+:直流 CAN-H,与动力电池管理系统(BMS)及数据采集终端通信。

S-:直流 CAN-L,与动力电池管理系统(BMS)及数据采集终端通信。

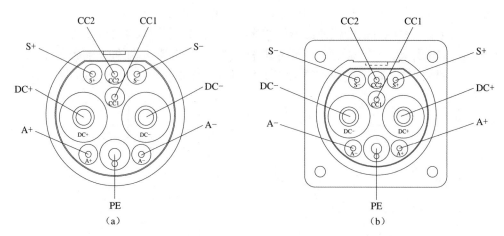

图 2.22.3 直流快充口布置图
（a）充电枪供电端触头布置图；（b）车辆端充电插座触头布置图

二、充配电总成部件位置及端子识别

充配电总成相关的低压线束端子接插器为 BK46，低压线束位置如附图 19 所示，接插件 BK46 外形图如附图 21 所示。

三、充配电总成涉及电路图识别

2019 款比亚迪秦 EV 采用通过充配电总成进行交流充电，在分析其工作原理时，可参照附图 20 所示电路图。

在附图 20 中，BK46/1、BK46/2 是充配电总成的供电线，BK46/3、BK46/19 是充配电总成的搭铁线（与车身相连接），BK46/16、BK46/17 是充配电总成的通信线，分别是 CAN-H、CAN-L；BK46/4、BK46/5 是充电口到充电总成的充电连接和确认线束，分别是 CC、CP；其他都是高压互锁等相关低压线束。

四、充配电总成 CC 线路断路故障检修

在做好个人安全防护、维修场地安全检查之后，按照诊断维修的流程，做好诊断前的各项组织工作，实施故障诊断任务。

1. 故障现象确认及范围确定

1）车辆故障现象确认

（1）仪表显示正常，插入充电枪，充电连接指示灯不亮。

（2）故障现象如图 2.22.4 所示。

2）模块通信状态及故障码检查

（1）故障码文字描述：根据故障现象显示，连接诊断仪，发现并无故障码。

（2）诊断仪显示故障信息，如图 2.22.5 所示。

（3）相关数据流文字描述：插入充电枪，进入车载充电机，查看数据流，数据流显示充电连接状态未连接。

（4）相关数据流故障诊断仪显示图片如图 2.22.6 所示。

图 2.22.4　充配电总成 CC 线路断路故障现象

图 2.22.5　诊断仪显示故障信息

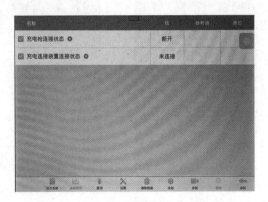

图 2.22.6　相关数据流故障诊断仪显示图

3）确认故障范围

充配电总成 CC 相关线路及元件故障。

2. 故障检测与排除

1）故障相关电路图（见附图 20）

2）具体检测过程

故障诊断与排除准备工作完毕之后，具体诊断过程如图 2.22.7~图 2.22.13 所示。

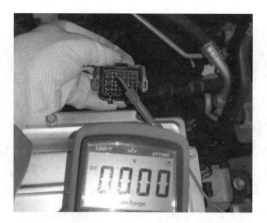

图 2.22.7　测量 BK46/4 对地电压（正常）

图 2.22.8　测量充电口 KB53（B）/2 对地电压（不正常，正常值 12 V 左右）

图 2.22.9　车辆下电，断开低压电源负极，做绝缘处理

图 2.22.10　断开动力电池母线，做绝缘处理，车辆静止 5 min

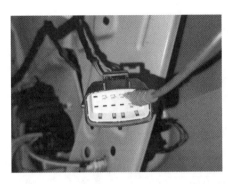 

图 2.22.11　测量 KB53（B）/2 至 BK46/4 之间电阻（不正常，正常值小于 1 Ω）

图 2.22.12　测量 BJK01/7 至 BK46/4 之间电阻（正常）

 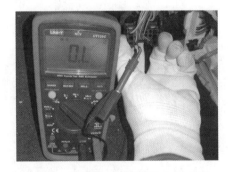

图 2.22.13　测量 KJB01/7 至 KB53（B）/2 之间电阻（不正常，正常值为小于 1 Ω）

3）故障点确定及恢复

经上述检测，测得充电口 KB53（B）/2 对地电压不正常，KB53（B）/2 至 BK46/4 之间电阻为无穷大，且 KJB01/7 至 KB53（B）/2 之间电阻为无穷大，因此判定故障为充配电总成 CC 线路断路，其故障点如图 2.22.14 所示。

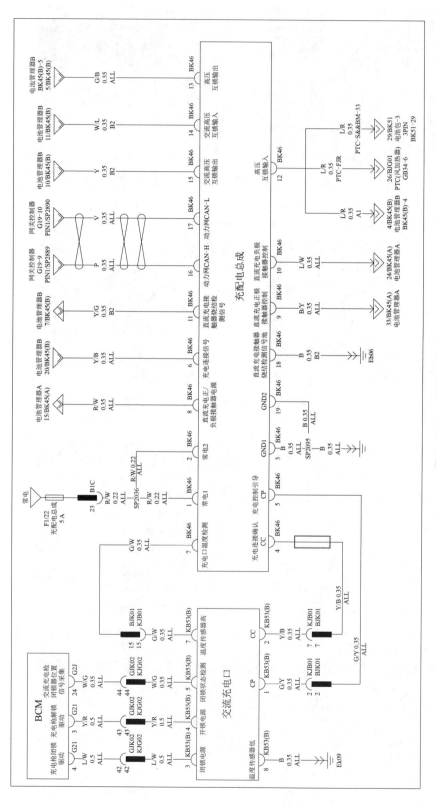

图 2.22.14 故障点确定

项目 2.23 充配电总成 CP 线路断路

现有一辆 2019 款比亚迪秦 EV 出现车辆无法充电,仪表盘显示充电连接中,作为维修技师,分析该车型的特点、组成、电路图,并对故障进行系统检测,依据检测结果确认故障点,按照维修手册中的标准与规范对系统故障进行维修。

一、充配电总成工作原理

充配电总成是新能源汽车中非常重要的零部件之一,它需要满足安全性、电磁兼容、功率密度等方面的要求,如图 2.23.1 所示。随着企业不断加大研发力度,以及长期的技术积累,充配电总成的电力电子集成度越来越高。未来,充配电总成的发展方向将朝着轻量化、小型化、模块化、标准化、高效低成本、高智能化控制以及全数字化控制的方向发展。

图 2.23.1 充配电总成

(1)在轻量化方面,采用更轻的材料和更优化的设计来降低充配电总成的重量,从而提高整车的续航里程。

(2)小型化则是在保证性能的前提下,尽量减小充配电总成的体积,以适应新能源汽车对空间利用的高要求。

(3)模块化是将充配电总成中各个功能模块进行集成化设计,以提高系统的可靠性和可维护性。

(4)标准化则是通过制定统一的接口规范和测试标准,来实现不同厂家之间的设备兼容性和互换性。

(5)高效低成本是充配电总成的重要发展方向,它不仅要求充配电总成具有较高的能效和较低的能耗,还需要通过优化设计和降低制造成本来降低总成本。

(6)高智能化控制是指利用先进的控制算法和人工智能技术来实现对充配电总成的智能控制和优化管理。

(7)全数字化控制则是通过将传统的模拟电路转换为数字电路来实现对充配电总成的

精确控制和优化管理。

（8）随着技术的不断进步和发展，纯电动汽车的充电系统将会越来越完善和高效。同时，随着新能源汽车市场的不断扩大和竞争的加剧，各企业将继续加大研发投入并推动充配电总成的发展和创新。

二、充配电总成部件位置及端子识别

充配电总成相关的低压线束端子接插器为 BK46，充配电总成相关的低压线束位置如附图 19 所示，接插件 BK46 外形图如附图 21 所示。

三、充配电总成涉及电路图识别

2019 款比亚迪秦 EV 采用通过充配电总成进行交流充电，在分析其工作原理时，可参照附图 20 所示电路图。

在附图 20 中，BK46/1、BK46/2 是充配电总成的供电线，BK46/3、BK46/19 是充配电总成的搭铁线（与车身相连接），BK46/16、BK46/17 是充配电总成的通信线，分别是 CAN-H、CAN-L；BK46/4、BK46/5 是充电口到充电总成的充电连接和确认线束，分别是 CC、CP；其他都是高压互锁等相关低压线束。

四、充配电总成 CP 线路断路故障检修

在做好个人安全防护、维修场地安全检查之后，按照诊断维修的流程，做好诊断前的各项组织工作，实施故障诊断任务。

1. **故障现象确认及范围确定**

1）车辆故障现象确认

（1）仪表显示正常，插入充电枪，充电连接指示灯点亮，车辆无法充电。

（2）故障现象如图 2.23.2 所示。

图 2.23.2　充配电总成 CP 线路断路故障现象

2）模块通信状态及故障码检查

（1）故障码文字描述：根据故障现象显示，连接诊断仪，发现无故障码。

（2）诊断仪显示故障信息如图 2.23.3 所示。

（3）相关数据流文字描述：插入充电枪，进入车载充电机，查看数据流，数据流显示充电连接状态标准枪连接，脉宽占空比无显示。

（4）相关数据流故障诊断仪显示图片如图 2.23.4 所示。

3）确认故障范围

充配电总成 CP 相关线路及元件故障。

项目 2.23　充配电总成 CP 线路断路

图 2.23.3　诊断仪显示故障信息

图 2.23.4　相关数据流故障诊断仪显示图

2. 故障检测与排除

1）故障相关电路图（见附图 20）

2）具体检测过程

故障诊断与排除准备工作完毕之后，具体诊断过程如图 2.23.5～图 2.23.11 所示。

图 2.23.5　测量 BK46/5 对地电压（正常）

图 2.23.6 插充电枪测量 BK46/5 对地电压（不正常，正常值为 9 V 左右）

图 2.23.7 车辆下电，断开低压电源负极，做绝缘处理

图 2.23.8 断开动力电池母线，做绝缘处理，车辆静止 5 min

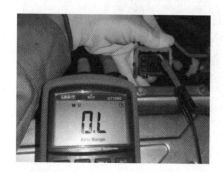

图 2.23.9 测量 KB53（B）/1 至 BK46/5 之间电阻（不正常，正常值小于 1 Ω）

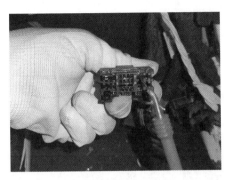 

图 2.23.10　测量 BJK01/2 至 BK46/5 之间电阻（正常）

图 2.23.11　测量 KJB01/2 至 KB53（B）/1 之间电阻（不正常，正常值小于 1 Ω）

3）故障点确定及恢复

经上述检测，测得插充电枪测量 BK46/5 对地电压不正常，KB53（B）/1 至 BK46/5 之间电阻无穷大，且 KJB01/2 至 KB53（B）/1 之间电阻为无穷大，因此判定故障为充配电总成 CP 线路断路，其故障点如图 2.23.12 所示。

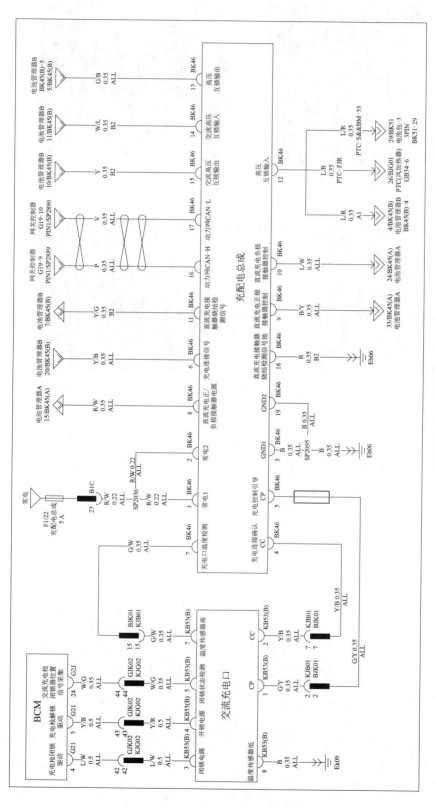

图 2.2.3.12 故障点确定

项目 2.24　高压互锁线路断路

现有一辆 2019 款比亚迪秦 EV 出现高压不上电、仪表报 EV 功能受限的故障现象,作为维修技师,分析该车型的特点、组成、电路图,并对故障进行系统检测,依据检测结果确认故障点,按照维修手册中的标准与规范对系统故障进行维修。

一、高压互锁工作原理

比亚迪秦 EV 的主要高压部件包括电池包、电池管理器(BMC)、电动压缩机、PTC等,如图 2.24.1 所示。高压接插件如交流充电接插件、直流充电高压接插件、电池组与电池组高压接插件总成均带有互锁回路,当其中某个接插件断开时,BMC 便会检测到高压互锁回路存在断路,为保护人员安全,将立即进行报警并断开主高压回路电气连接,同时激活主动泄放高压电。

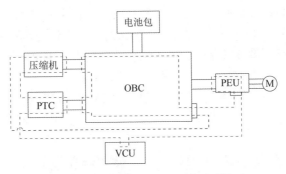

图 2.24.1　秦 EV 主要高压部件

高压互锁 1 的回路为:由电池管理器 BK45(B)/4 端输出高压互锁信号至动力电池包 BK51/30 输入,从动力电池包 BK51/29 输出至 PTC 端的 BG34/3 输入,从 BG34/6 端输出至充配电总成中的 BK46/12 输入,从 BK46/13 输出至电池管理器 BK45(B)/5 输入,形成高压互锁 1 的回路。

高压互锁 2 的回路为:由电池管理器 BK45(B)/10 端输出高压互锁信号至充配电总成 BK46/15 端输入,从 BK46/14 端输出到电池管理器 BK45(B)/11 端输入,形成整个高压互锁 2 的回路。

高压互锁插接器的高压互锁端子通常集成在高压插接器内部,插头侧的高压互锁端子是一对短接的端子,插座侧的高压互锁端子分别与低压插接器的 HVIL-IN 和 HVIL-OUT 端子连接。当高压插接器处于连接状态时,高压插接器中的高压互锁端子被短接,高压互锁回路接通;当高压插接器处于断开状态时,高压插接器中的高压互锁端子断开,高压互锁回路断路。为了确保高压插接器插拔时高压端子不带电,防止产生电弧,高压插接器中的高压互锁端子与高压端子在拔出时,低压(高压互锁端子)应比高压(高压端子)率先获得断开的信息;插入时,低压(高压互锁端子)应比高压(高压端子)落后获得连接完成的信息。这可以通过调节高压端子和低压端子(高压互锁端子)的长度来实现。在高压插接器的插头（公端子）中，高压端子比互锁端子要长，插入时，高压端子先连接，互锁端子后连接；拔开时，互锁端子先断开，高压端子后断开。

高压互锁系统在识别到危险时，整个控制器应根据危险时的行车状态及故障危险程度运用合理的安全控制策略。

（1）故障报警：无论电动汽车在何种状态，高压互锁系统在识别到危险时，车辆应该对危险情况做出报警提示，需要仪表或指示器以声或光报警的形式提醒驾驶员，让驾驶员注意车辆的异常情况，以便及时处理，避免发生安全事故。

（2）切断高压电源：当电动汽车处于停止状态，高压互锁系统在识别到严重危险情况时，除了进行故障报警外，还应通知系统控制器断开接触器，使高压源被彻底切断，避免可能发生的高压危险，确保财产和人身安全。

（3）降功率运行：电动汽车在高速行车过程中，高压互锁系统在识别到危险情况时，不能马上切断高压源，应首先通过报警提示驾驶员，然后让控制系统降低电机的运行功率，使车辆速度降下来，以使整车高压系统在负荷小的情况下运行，尽量降低发生高压危险的可能性，同时允许驾驶员能够将车辆停到安全的地方。

由于电动汽车动力系统是由多个子系统组成的，它们两两之间都是靠高压插接器相互连接的，同时运行的环境十分恶劣，大多数工况处于振动与冲击条件下，因此高压互锁设计是确保人员安全和车辆设备安全运行的关键。总体来看，电动汽车高压互锁回路设计须遵循以下原则：

（1）HVIL 回路必须能够有效、实时、连续地监测整个高压回路的通/断情况。

（2）所有高压插接器应具备机械互锁装置，并且只有 HVIL 回路先行断开以后才能接通插接器。

（3）所有高压插接器在非人为的情况下，不能被接通或断开。

（4）HVIL 回路应具备在某种特殊情况下，可以直接通过 BMS 检测 HVIL 回路，直接断开高压回路。

（5）无论电动汽车在何种状态，HVIL 在识别到危险时，车辆必须对危险情况做出报警提示，需要仪表或指示器以声或光报警的形式提醒驾驶员。

二、高压互锁线路位置及端子识别

附图 22 所示为前舱线束相关部件的位置图，其中 BK46 和 BK45 分别为充配电总成和电池管理系统的低压连接线束。

三、高压互锁系统涉及电路图识别

高压互锁相关电路图如附图 23 所示。由此图可知高压互锁分为两条线路，分别是高压互锁 1 和高压互锁 2，高压互锁 1 主要是以电池管理系统、电池包、充配电总成等其他模块组成，高压互锁 2 是以交流充电为主，主要模块有充配电总成和电池管理系统。

四、高压互锁线路断路故障检修

在做好个人安全防护、维修场地安全检查之后，按照诊断维修的流程，做好诊断前的各项组织工作，实施故障诊断任务。

1. 故障现象确认及范围确定

1）车辆故障现象确认

(1) 仪表显示主警告灯点亮，仪表提示"EV 功能受限，高压不能上电，无转向助力，整车下电异常"。

(2) 故障现象如图 2.24.2 所示。

图 2.24.2　高压互锁线路断路故障现象

2）模块通信状态及故障码检查

(1) 故障码文字描述：根据故障现象显示，连接诊断仪，显示电池管理系统报高压互锁 2 故障。

(2) 诊断仪显示故障信息如图 2.24.3 所示。

图 2.24.3　诊断仪显示故障信息

(3) 相关数据流文字描述：无法读取数据流。

(4) 相关数据流故障诊断仪显示图片：无。

3）确认故障范围

电池管理系统控制器、高压互锁相关线路及元件故障。

2. 故障检测与排除

1）故障相关电路图（见附图 23）

2）具体检测过程

故障诊断与排除准备工作完毕之后，具体诊断过程如图 2.24.4～图 2.24.9 所示。

图 2.24.4　测量 BK46/14、BK46/15 对地电压（不正常）

图 2.24.5　车辆下电，断开低压电源负极，做绝缘处理

图 2.24.6　断开动力电池母线，做绝缘处理，车辆静止 5 min

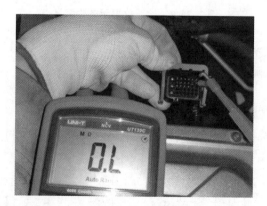

图 2.24.7　测量 BK46/14 与 BK46/15 之间电阻（不正常，正常值小于 1 Ω）

图 2.24.8　测量 BK46/14 至 BK45（B）11 之间电阻（正常）

图 2.24.9　测量 BK46/15 至 BK45（B）/10 之间电阻（不正常，正常值小于 1 Ω）

3）故障点确定及恢复

经上述检测，测得 BK46/14、BK46/15 对地电压不正常，BK46/14 与 BK46/15 之间电阻为无穷大，且 BK46/15 至 BK45（B）/10 之间电阻为无穷大，因此判定为交流高压互锁输出线路断路，其故障点如图 2.24.10 所示。

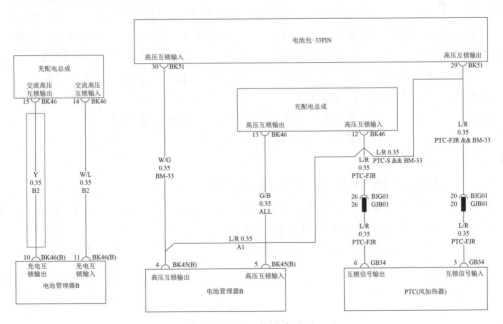

图 2.24.10　故障点确认

项目 2.25　空调 IG4 继电器触点断路

现有一辆 2019 款比亚迪秦 EV 出现仪表显示正常而空调面板不能正常工作、空调不吹风的故障现象，作为维修技师，分析该车型的特点、组成、电路图，并对故障进行系统检测，依据检测结果确认故障点，按照维修手册中的标准与规范对系统故障进行维修。

一、空调 IG4 继电器工作原理

新能源汽车的空调系统在结构上与传统的燃油车大致相同，它们都由一些基本的部件组成，如空调箱体、空调管路、电动压缩机、冷凝器、空调控制面板以及相关的传感器等。这些部件共同协作，使空调系统能够正常运行。然而，新能源汽车的空调系统和传统燃油车的空调系统在某些方面还是存在一些显著的差异的，其最大的区别在于压缩机的使用。在传统燃油车中，空调压缩机是由发动机通过皮带驱动的。但在新能源汽车中，由于没有发动机，空调压缩机的驱动方式发生了改变。新能源汽车的空调压缩机是由高压电池提供的电能驱动的，这种驱动方式使得新能源汽车的空调系统更加高效和环保。

电动空调压缩机的运行原理是这样的：它从蒸发器中抽出气态制冷剂，然后将其以高压气态的形式压入冷凝器。在冷凝器中，制冷剂释放热量并转化为液态，液态制冷剂接着流经膨胀阀，以雾状的形式进入蒸发箱。在蒸发箱内，制冷剂吸收大量的热量并迅速蒸发，转化为低温低压的气态形式。最后，这个气态形式的制冷剂再次被空调压缩机抽走，开始新的循环。

此外，新能源汽车的空调系统通常还配备了更多的传感器，以便更准确地监测和控制系统运行的各种参数，如温度、湿度、空气质量等。这些传感器可以实时收集数据，并将数据传输给空调控制器进行处理和分析。根据这些数据，空调控制器可以做出相应的调整，以满足车内环境的舒适度和安全性需求。总的来说，虽然新能源汽车的空调系统和传统燃油车的空调系统在某些方面存在相似之处，但它们在压缩机的驱动方式和其他一些技术细节上有着明显的区别，这些区别反映了新能源汽车在设计和性能上的独特性，也体现了新能源汽车对环保和效率的高度重视。

比亚迪秦 EV 电动空调供电由 IG4 继电器控制，IG4 继电器的工作过程是：由 BCM 控制继电器的吸合，进而控制蓄电池来给 PTC、电子膨胀阀、电动压缩机、空调 ECU、空调控制面板等供电，使其正常工作。

二、空调 IG4 继电器部件位置及端子识别

K1-3（IG4）继电器受 BCM 的 G2H/12 端控制，图 2.25.1 所示为 G2H 接插器位置，K1-3、F1/7、F1/8、F1/10 位置如图 2.25.2 所示。

项目 2.25 空调 IG4 继电器触点断路

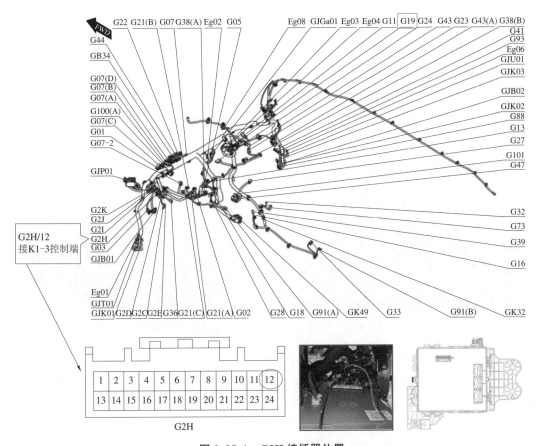

图 2.25.1　G2H 接插器位置

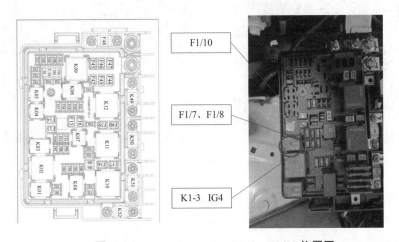

图 2.25.2　K1-3、F1/7、F1/8、F1/10 位置图

三、空调 IG4 继电器涉及电路图识别

在附图 24 中，K1-3（IG4）继电器受 BCM 的 G2H/12 端控制，继电器的另一端对前舱配电盒的内部接地，当 BCM 控制继电器吸合时，继电器输出端分别输送给 F1/7、F1/8、F1/10，其中，F1/7 给电池冷却水泵供电，F1/8 给电池加热器、电动压缩机、电子膨胀

阀、PTC 供电，F1/10 给空调控制器供电。

四、空调 IG4 继电器触点断路故障检修

在做好个人安全防护、维修场地安全检查之后，按照诊断维修的流程，做好诊断前的各项组织工作，实施故障诊断任务。

1. 故障现象确认及范围确定

1) 车辆故障现象确认

(1) 仪表显示正常，显示器显示"请检查空调系统，空调面板不能正常工作"。

(2) 故障现象如图 2.25.3 所示。

图 2.25.3　空调 IG4 继电器触点断路故障现象

2) 模块通信状态及故障码检查

(1) 故障码文字描述：根据故障现象显示，连接诊断仪，多个模块报与空调控制器失去通信。

(2) 诊断仪显示故障信息如图 2.25.4 所示。

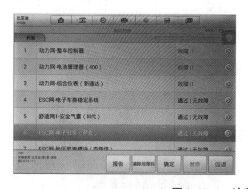

图 2.25.4　诊断仪显示故障信息

(3) 相关数据流文字描述：无法读取数据流。

(4) 相关数据流故障诊断仪显示图片：无。

3) 确认故障范围

空调控制器供电、搭铁、通信相关线路及元件故障。

2. 故障检测与排除

1) 故障相关电路图（见附图 24）

2) 具体检测过程

故障诊断与排除准备工作完毕之后，具体诊断过程如图 2.25.5~图 2.25.11 所示。

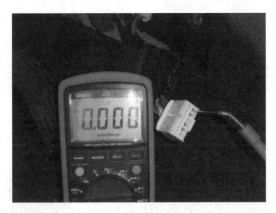

图 2.25.5 测量 G21（A）/1 对地电压（不正常，正常值 12 V 左右）

图 2.25.6 测量 F1/10 保险底座输入端对地电压（不正常，正常值 12 V 左右）

图 2.25.7 车辆下电，断开低压电源负极，做绝缘处理

图 2.25.8　断开动力电池母线，做绝缘处理，车辆静止 5 min

图 2.25.9　测量空调 IG4 继电器输出端至 G21（A）/1 之间电阻（正常）

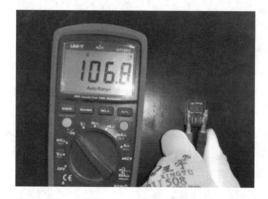

图 2.25.10　空调 IG4 继电器静态检测（正常）

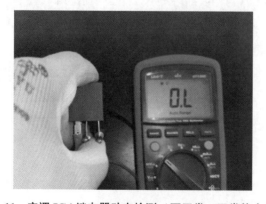

图 2.25.11　空调 IG4 继电器动态检测（不正常，正常值小于 1 Ω）

3) 故障点确定及恢复

经上述检测,测得 G21(A)/1 对地电压不正常,且空调 IG4 继电器动态检测不正常,因此判定为 IG4 继电器元件损坏,其故障点如图 2.25.12 所示。

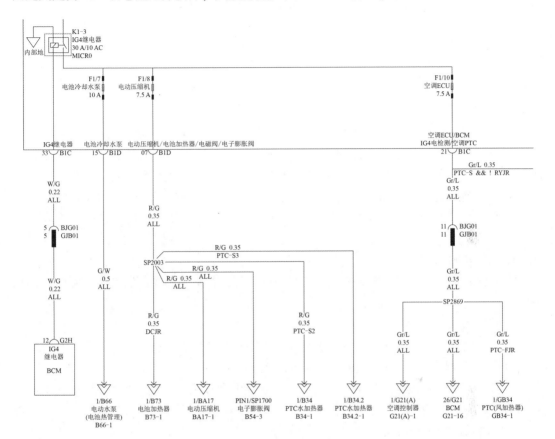

图 2.25.12 故障点确定

项目 2.26　空调控制器 CAN-H 断路

现有一辆 2019 款比亚迪秦 EV 出现仪表显示正常而空调面板不能正常工作、空调不吹风的故障现象，作为维修技师，分析该车型的特点、组成、电路图，并对故障进行系统检测，依据检测结果确认故障点，按照维修手册中的标准与规范对系统故障进行维修。

一、空调控制器工作原理

汽车空调系统是实现对车厢内空气进行制冷、加热、换气和空气净化的装置。空调系统能控制车厢内的气温，既能加热空气，也能冷却空气，以便把车厢内温度控制到舒适的水平；空调系统能够排出空气中的湿气，干燥空气，吸收人体汗液，以营造更舒适的环境；空调系统可吸入新风，具有通风功能；空调系统可过滤空气，排除空气中的灰尘和花粉。它可以为乘车人员提供舒适的乘车环境，降低驾驶员的疲劳强度，提高行车安全。

1. 调节车内的温度

汽车空调在冬季利用其供暖装置升高车内的温度，在夏季利用其制冷装置降低车内的温度。

2. 调节室内的湿度

（1）绝对湿度：每立方米湿空气中所含水蒸气的质量，即水蒸气密度，单位为 kg/m^3，空气中水蒸气含量越多，则空气的绝对湿度越大。

（2）相对湿度：表示空气中的绝对湿度与同温度和气压下的饱和绝对湿度的比值，即某湿空气中所含水蒸气的质量与同温度和气压下饱和空气中所含水蒸气的质量之比。通常所说的湿度就是指相对湿度。

汽车空调的除湿功能是通过制冷装置（蒸发器）冷却，使空气中的水蒸气凝结成水，从而去除空气中的水（降低绝对湿度），再由加热装置（加热器芯）升温来增加饱和绝对湿度，以降低相对湿度。在汽车上目前还没有安装加湿装置，只能通过打开车窗或通风设施，靠车外新风来进行调节。

通过实验测定，最宜人的车内温湿度是：冬天温度为 20~25 ℃，相对湿度为 30%~80%；夏天温度为 23~30 ℃，相对湿度为 30%~60%。在此范围内感到舒适的人占 95% 以上。

3. 调节车内的空气流速

空气的流速和方向对人体舒适性影响很大。夏季，气流速度稍大时有利于人体散热降温，但过大的风速直接吹到人体上会使人感到不舒服；冬季，风速大了会影响人体保温，因而冬季供暖时气流速度应尽量小一些。根据人体生理特点，头部对冷比较敏感，脚部对热比较敏感，因此，在布置空调出风口时，应采取上冷下暖的方式，即让冷风吹到乘员的头部、暖风吹到乘员的脚部。

4. 过滤、净化车内的空气

由于车内空间小、乘员密度大，故车内极易出现缺氧和二氧化碳浓度过高的情况。汽车发动机废气中的一氧化碳和道路上的粉尘、野外有毒的花粉都容易进入车内，造成车内空气污浊。因此汽车空调必须具有补充车外新鲜空气及过滤和净化车内空气的功能。一般汽车空调装置上都设有进风门、排风门、空气过滤装置和空气净化装置。

空调控制器是整个空调系统的核心部件，它负责系统的制冷、制热、通风、除霜以及动力电池热管理等功能。它通过接收空调驱动器的信息来控制空调压缩机的启停、制冷制热模式选择、温度调节以及送风口的开关等。同时，它还可以控制PTC加热器的功率输出，以实现车内加热和除霜功能。空调控制器作为大脑般的存在，它能够根据实际需求和环境条件，对整个空调系统进行智能调控，并可根据车内温度、湿度、空气质量以及设定的温度等参数，自动调节空调压缩机的运行状态和制冷制热模式，以确保车内环境的舒适度和空气质量。此外，空调控制器还可以实现多种智能功能。例如，它可以根据车内的空气质量自动开启空气净化器进行净化；它可以根据设定的温度和车内温度自动控制出风口的风量和温度；它还可以根据车速和行驶状态自动调节送风口的开关和风量，以避免车内产生过大的气流影响驾驶安全。

总之，空调控制器是整个空调系统的核心部件，它能够根据实际需求和环境条件对整个系统进行智能调控，实现多种智能功能，从而提高驾驶的舒适度和安全性，如图2.26.1所示。

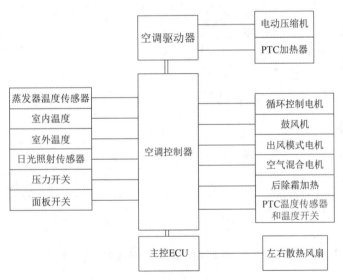

图2.26.1　空调控制器功能

在空调控制中，空调控制器通过接收各温度传感器信号、压力信号、执行器电机位置信号、光照信号等，对系统的制冷、制热、通风、除霜等功能进行精准控制。同时，它还接收来自电池管理系统（BMS）发送的热管理信息。在充电或运行过程中，空调控制器以PWM占空比的方式控制动力电池水泵的转速，从而调节冷却液的流量，实现对动力电池包内温度的精准控制。当BMS发送强制散热或强制冷却的信息时，空调控制器会根据这些信息启动空调的制冷或制热系统，为动力电池进行强制散热或强制冷却。这样的设计可以确保动力电池始终保持在最佳的工作温度范围内，提高电池的效率和延长其使用寿命。

电动空调压缩机在蒸发器中抽出气态制冷剂，将其以高压气态形式压入冷凝器。在冷凝器中，制冷剂释放热量并转化为液态，然后液态制冷剂经过膨胀阀以雾状的形式进入蒸发箱。在蒸发箱内，制冷剂迅速吸收大量的热量并蒸发，转化为低温低压的气态形式，然后空调压缩机再次将其抽走，完成一个循环。

空调控制器是空调系统的核心部件，它通过对各种信号的接收和处理，实现对空调系统的智能控制。同时，它还与 BMS 进行信息交互，确保动力电池的温度控制在最佳状态。这样的设计可以提供舒适的驾驶环境，同时确保动力电池的正常工作。

二、空调控制器部件位置及端子识别

如图 2.26.2 所示，空调控制器相关低压线束端子插件为 G21（A）、G21（B）、G21（C），插接件外形如图 2.26.3 所示。

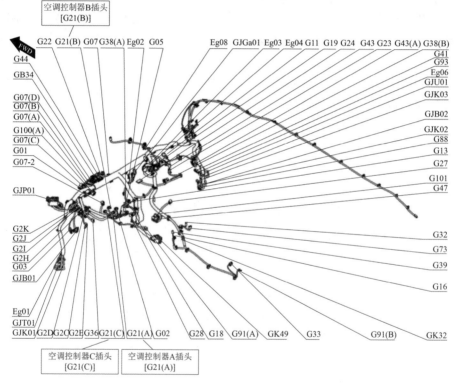

图 2.26.2　空调控制器相关低压线束端子位置

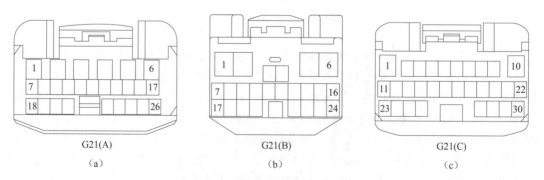

图 2.26.3　空调控制器插接件外形图

(a) G21（A）接插件外形；(b) G21（B）接插件外形；(c) G21（C）接插件外形

三、空调控制器涉及电路图识别

在附图 25 中，蓄电池正极与 G21（A）/20 连接，IG4 继电器输出电源与 G21（A）/1 连接，分别为空调控制器供电；G21（A）/22 为空调控制器接地（也称为模块的搭铁线），与车身搭铁；G21（B）/17、G21（B）/18 分别是舒适网 2 的 CAN-H 与 CAN-L，与网管控制器（GW）相连接，用以实现通信信息交换。

G21（B）/6、G21（B）/5 与 G21（C）/24、G21（C）/13 与 G21（A）/21、G21（C）/2 与 G21（B）/23 等其他针脚分别与电动水泵、鼓风机、空调压力传感器、P+T 传感器等其他相关元件相连接。

四、空调控制器 CAN-H 断路故障检修

在做好个人安全防护、维修场地安全检查之后，按照诊断维修的流程，做好诊断前的各项组织工作，实施故障诊断任务。

1. 故障现象确认及范围确定

1) 车辆故障现象确认

（1）仪表显示正常，显示器显示"请检查空调系统，空调面板不能正常工作"。

（2）故障现象如图 2.26.4 所示。

图 2.26.4　空调控制器 CAN-H 断路故障现象

2) 模块通信状态及故障码检查

（1）故障码文字描述：根据故障现象显示，连接诊断仪，多个模块报与空调控制器失去通信。

（2）诊断仪显示故障信息如图 2.26.5 所示。

图 2.26.5　诊断仪显示故障信息

（3）相关数据流文字描述：无法读取数据流。

（4）相关数据流故障诊断仪显示图片：无。

3）确认故障范围

空调控制器供电、搭铁、通信相关线路及元件故障。

2. 故障检测与排除

1）故障相关电路图（见附图 25）

2）具体检测过程

故障诊断与排除准备工作完毕之后，具体诊断过程如图 2.26.6~图 2.26.11 所示。

 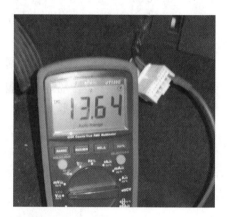

图 2.26.6　测量 G21（A）/20 对地电压（正常）

图 2.26.7　测量 F1/10 保险底座输入端对地电压（正常）

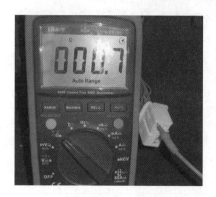 

图 2.26.8　测量 G21（B）/17、G21（B）/18 对地电压（不正常，正常值 CAN-H 为 2.7 V 左右、CAN-L 为 2.3 V 左右）

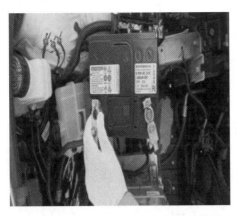 

图 2.26.9　车辆下电，断开低压电源负极，做绝缘处理

图 2.26.10　断开动力电池母线，做绝缘处理，车辆静止 5 min

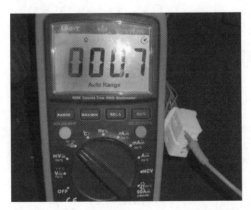 

图 2.26.11　测量 G21（B）/17 至 G19/9 之间电阻（不正常，正常值小于 1 Ω）

3）故障点确定及恢复

经上述检测，测得 G21（B）/17、G21（B）/18 对地电压不正常，且 G21（B）/17 至 G19/9 之间电阻不正常，因此判定为空调控制器 CAN-H 线路断路，其故障点如图 2.26.12 所示。

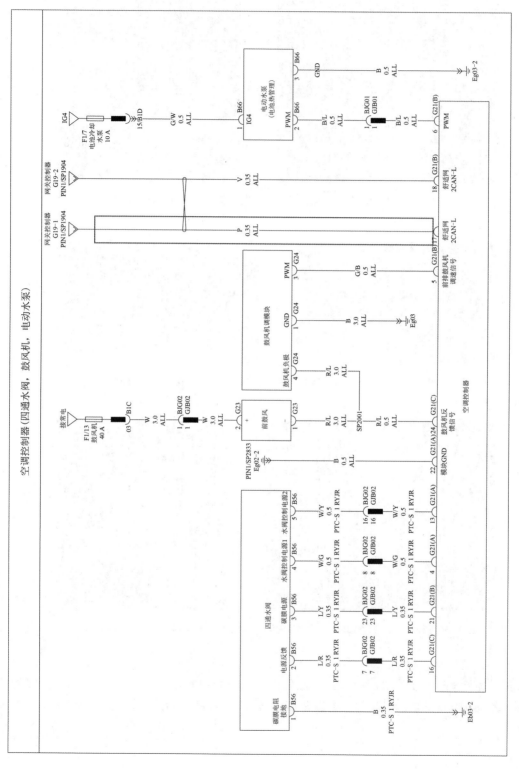

图 2.26.12 故障点确定

项目 2.27　电子换挡器 CAN-H 断路导致无法正常工作

现有一辆 2019 款比亚迪秦 EV 出现将挡位移至其他挡位时无法挂挡的故障现象,作为技师,分析该车型的特点、组成、电路图,并对故障进行系统检测,依据检测结果确认故障点,按照维修手册中的标准与规范对系统故障进行维修。

一、电子换挡器工作原理

电子换挡器是一种先进的换挡设备,它通过电子控制方式实现车辆挡位的切换。相比传统的机械式换挡器,电子换挡器具有更高的科技含量和更优的换挡体验。

在结构方面,电子换挡器采用了紧凑的设计,占用的车内空间比传统的机械式换挡杆空间小,大幅节约了车内占用空间。同时,由于没有机械结构的限制,电子换挡器可以任意布置在驾驶员方便操作的位置。

在形态设计方面,电子换挡器对形态的约束更少,能满足多种造型需求。

常见的电子换挡器造型有拨杆式、旋钮式、按键式以及怀挡式等,这些不同的造型可以满足不同消费者的审美需求。电子换挡器的优点不仅在于空间利用率高、设计多样化,还在于轻量化和零部件兼容性。由于取消了笨重的机械结构,电子换挡器的重量大幅降低,更符合"双碳"目标下绿色环保的出行理念。此外,由于没有物理连接的存在,电子换挡器可以轻松实现多个挡位的切换,操作起来更加便捷。除了直观性和可靠性不如机械式换挡器外,电子换挡器还具有故障可能性较低的优点。虽然机械换挡器独有的优点依然存在,但随着电子技术的不断发展,电子换挡器在智能电动汽车中得到了广泛应用。

纯电动汽车的驱动系统一般会搭载单级减速器,也就是我们常说的固定齿比变速箱。这种变速箱的结构相对简单,齿比固定,能够提供稳定的传输效率。相比之下,传统的燃油车多数会匹配多级减速器,也就是我们通常所说的多挡位变速箱。这种变速箱具有多个挡位,可以提供不同的齿比,从而适应不同的行驶需求。在纯电动汽车中,由于没有传统的机械传动链,所以通常需要通过挡位传感器来判断驾驶员的意图。挡位传感器是一种关键的人机交互设备,它能够获取到驾驶员的操作信息,然后通过 CAN 信号发送给整车的控制器以及电机控制器。

当驾驶员想要让车辆前进或后退时,挡位传感器会检测到驾驶员的操作,然后通过 CAN 信号将这个信息传递给整车控制器和电机控制器。接收到信号后,电机控制器会控制电机的正反转,从而实现车辆的前进和后退。挡位传感器可以说是人机对话的窗口,它能够将驾驶员的操作转化为电信号,传递给相关的控制系统。在挡位传感器上,我们可以看到 P 挡、R 挡、N 挡和 D 挡等不同的挡位。P 挡是驻车挡,当驾驶员踩下制动踏板并启动车辆后,OK 灯亮起,就可以将挡位从 P 挡切换至其他挡位。R 挡是倒车挡,只有在车辆完全停稳后才能使用。N 挡是空挡,当需要暂时停车时使用。D 挡是行车挡,供正常行驶时使用。除了启动时要踩下制动踏板外,其他时候挡位之间的切换只需要直接操纵换挡操纵杆即可实现。换挡成功后,手松开,换挡杆自动回到中间位置,这样的设计让驾驶更加方便、安全。

总的来说，纯电动汽车的单级减速器和挡位传感器的使用不仅简化了驱动系统的结构，还提高了驾驶的便捷性和安全性。

二、电子换挡器系统部件位置及端子识别

2019 款比亚迪秦 EV 采用 P 挡开关来给挡位传感器 P 挡信号，其接插器位置如图 2.27.1 所示。

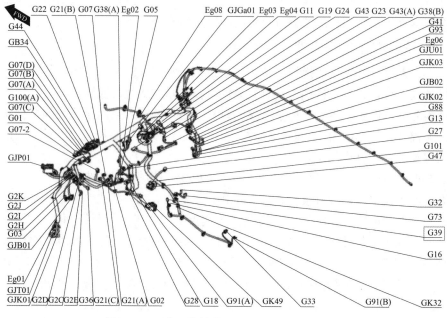

图 2.27.1 电子换挡传感器相关低压线束位置

电子换挡传感器相关低压线束端子插接件为 G39，G39 外形如图 2.27.2 所示。

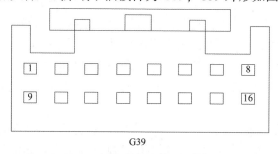

图 2.27.2 G39 接插件外形图

三、挡位传感器涉及电路图识别

如附图 26 所示，挡位传感器中 G39/1 连接 IG1 继电器（为挡位传感器供电），G39/3 连接 BCM 背光+，G39/7 连接动力网 CAN-H，G39/8 连接动力网 CAN-L，G39/16 连接背光-，G39/9 连接信号地 1。

四、电子换挡器 CAN-H 断路导致无法正常工作故障检修

在做好个人安全防护、维修场地安全检查之后，按照诊断维修的流程，做好诊断前的

各项组织工作，实施故障诊断任务。

1. 故障现象确认及范围确定

1）车辆故障现象确认

（1）仪表显示主警告灯点亮、ESP警告灯点亮，仪表提示"请检查挡位系统，请检查ESP系统"。

（2）故障现象如图2.27.3所示。

图2.27.3 电子换挡器CAN-H断路导致无法正常工作现象

2）模块通信状态及故障码检查

（1）故障码文字描述：根据故障现象显示，连接诊断仪，多个模块报与挡位控制器失去通信。

（2）诊断仪显示故障信息如图2.27.4所示。

图2.27.4 诊断仪显示故障信息

（3）相关数据流文字描述：无法读取数据流。

（4）相关数据流故障诊断仪显示图片：无。

3）确认故障范围

挡位控制器供电、搭铁、通信相关线路及元件故障。

2. 故障检测与排除

1）故障相关电路图（见附图26）

2）具体检测过程

故障诊断与排除准备工作完毕之后，具体诊断过程如图2.27.5～图2.27.9所示。

图2.27.5 测量G39/1对地电压（正常）

图 2.27.6　测量 G39/7、G39/8 对地电压（不正常，正常值 CAN-H 为 2.7 V 左右、CAN-L 为 2.3 V 左右）

图 2.27.7　车辆下电，断开低压电源负极，做绝缘处理

图 2.27.8　断开动力电池母线，做绝缘处理，车辆静止 5 min

图 2.27.9　测量 G39/7 至 G19/9 之间电阻（不正常，正常值小于 1 Ω）

3）故障点确定及恢复

经上述检测，测得测量 G39/7、G39/8 对地电压不正常，且 G39/7 至 G19/9 之间电阻为无穷大，因此判定为挡位控制器 CAN-H 线路断路，其故障点如图 2.27.10 所示。

项目 2.27 电子换挡器 CAN-H 断路导致无法正常工作

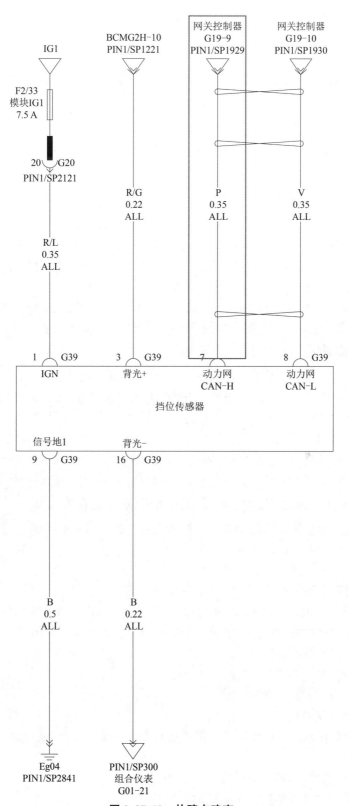

图 2.27.10 故障点确定

项目 2.28　动力 CAN 线路对地短路引起高压无法上电

现有一辆 2019 款比亚迪秦 EV 出现高压不上电、无法充电且仪表显示多个故障灯的故障现象，作为维修技师，对故障现象进行确定，分析动力 CAN 的特点、组成、电路图，并对故障进行系统检测，依据检测结果确认故障点，按照维修手册中的标准与规范对系统故障进行维修。

一、动力网工作原理

汽车动力网主要用于传输汽车的动力系统数据和控制指令，它是汽车动力系统中不可或缺的一部分。动力网络线是汽车动力系统中的重要组成部分，它连接着系统中的所有部件，包括直流充电 CAN 和 BIC-、BMS CAN 等，主要负责驱动和控制车辆的各种操作。动力网中包含了许多控制模块，如电机控制器 MCU、换挡机构、组合仪表、整车控制器 VCU、充配电总成（DC-DC 转换器、车载充电机 OBC）、诊断座 DLC、4G 模块、车身电脑 BCM 等，这些模块在动力系统中发挥着不同的作用，共同维持着车辆的正常运行。

二、动力网涉及电路图与端子识别

动力网与多个控制模块相互通信，与 8 寸显示屏、网关、4G 模块、挡位传感器、BCM、DLC、驱动电机、充沛的总成、蓄电池 BMS 等相关模块进行连接。在附图 5 中，G19/10 为动力网 CAN-L，G19/9 为动力网 CAN-H。动力 CAN 是控制汽车有关动力系统节点的 CAN 线，如 ECU、制动、加速这些位置。由于汽车的动力系统需要更快的通信速率，所以动力 CAN 很多时候也被称为高速 CAN。G19/10 为动力网 CAN-L，G19/9 为动力网 CAN-H。附图 3 和附图 4 所示分别为 G19 接插件和 G03 诊断接口的外形图。

三、动力 CAN 线路对地短路引起高压无法上电故障检修

在做好个人安全防护、维修场地安全检查之后，按照诊断维修的流程，做好诊断前的各项组织工作，实施故障诊断任务。

1. 故障现象确认及范围确定

1）车辆故障现象确认

（1）高压无法上电、无法充电、仪表无挡位显示，检查动力系统和制动系统，动力电池故障灯点亮、制动故障灯点亮、主警告故障灯点亮、动力系统故障灯点亮，并出现没有动力电池电量显示的故障现象。

（2）故障现象图片如图 2.28.1 所示。

2）模块通信状态及故障码检查

（1）故障码文字描述。

根据故障现象显示，连接诊断仪，报无法与多个模块进行通信，只能与 ESC、舒适网通信。

（2）故障诊断仪显示的故障信息如图 2.28.2 所示。

（3）相关数据流文字描述：无法读取数据流。

（4）相关数据流故障诊断仪显示图片：无。

项目 2.28 动力 CAN 线路对地短路引起高压无法上电

图 2.28.1 动力 CAN 线路对地短路引起高压无法上电故障现象

图 2.28.2 故障诊断仪显示的故障信息

3）确认故障范围

网关模块及通信相关线路。

2. 故障检测与排除

1）故障相关电路图（见附图 5）

2）具体检测过程

故障诊断与排除准备工作完毕之后，具体诊断过程如图 2.28.3~图 2.28.7 所示。

图 2.28.3 测量 G03/12、G03/13 对地电压（不正常，
正常值 CAN-H 为 2.7 V、CAN-L 为 2.3 V）

图 2.28.4　车辆下电，断开低压电源负极，做绝缘处理

图 2.28.5　断开动力电池母线，做绝缘处理，车辆静止 5 min

图 2.28.6　测量 G03/12、G03/13 对地电阻（不正常，正常值无穷大）

图 2.28.7　拔下 GJB02 插头测量 G03/12 对地电阻（不正常，正常值无穷大）

3）故障点确定及恢复

经上述检测，测得量 G03/12、G03/13 对地电压不正常，G03/12、G03/13 对地电阻不正常，由此可以得出动力网 CAN-H 线路对搭铁短路，其故障点如图 2.28.8 所示。

项目 2.28 动力 CAN 线路对地短路引起高压无法上电

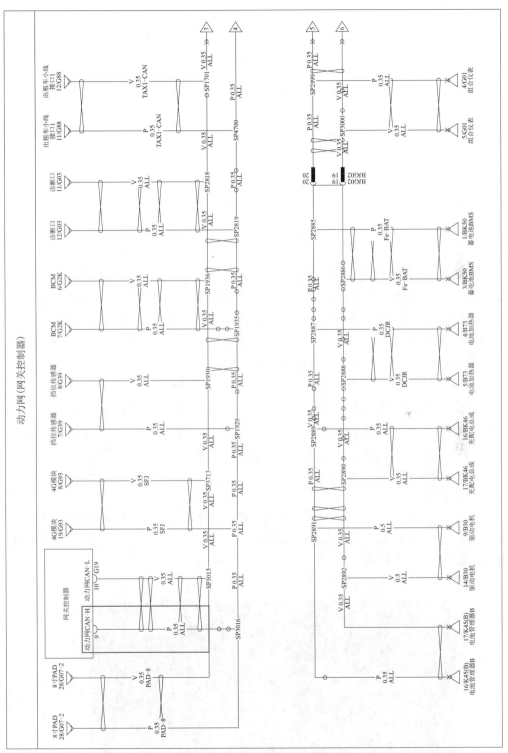

图 2.28.8 故障点确认

项目 2.29 动力 CAN 线路与电源供电线短路引起高压无法上电

现有一辆 2019 款比亚迪秦 EV 出现高压不上电、无法充电、仪表显示多个故障灯的故障现象,作为维修技师,对故障现象进行确定,分析动力 CAN 的特点、组成、电路图,并对故障进行系统检测,依据检测结果确认故障点,按照维修手册中的标准与规范对系统故障进行维修。

一、动力网工作原理

动力网络线是汽车动力系统中不可或缺的一部分,它连接着各个部件,传输着各种数据和控制指令,为车辆的正常运行提供了有力的支持。同时,终端电阻的存在也进一步提高了网络的稳定性和可靠性,为车辆的安全行驶提供了保障。

二、动力网涉及电路图与端子识别

动力网与多个控制模块相互通信,与网关、4G 模块、挡位传感器、BCM、DLC、驱动电机、充沛的总成、蓄电池 BMS 等相关模块进行连接。在附图 5 中,动力 CAN 是控制汽车有关动力系统节点的 CAN 线,如 ECU、制动、加速这些位置。由于汽车的动力系统需要更快的通信速率,所以动力 CAN 很多时候也被称为高速 CAN。G19/10 为动力网 CAN-L,G19/9 为动力网 CAN-H。附图 3 和附图 4 所示分别为 G19 接插件和 G03 诊断接口的外形图。

三、动力 CAN 线路与电源供电线短路引起高压无法上电故障检修

在做好个人安全防护、维修场地安全检查之后,按照诊断维修的流程,做好诊断前的各项组织工作,实施故障诊断任务。

1. 故障现象确认及范围确定

1)车辆故障现象确认

(1)高压无法上电、无法充电、仪表无挡位显示,检查动力系统和制动系统,动力电池故障灯点亮、制动故障灯点亮、主警告故障灯点亮、动力系统故障灯点亮,并出现没有动力电池电量显示的故障现象。

(2)故障现象图片如图 2.29.1 所示。

图 2.29.1 动力 CAN 线路与电源供电线短路引起高压无法上电故障现象

2）模块通信状态及故障码检查

（1）故障码文字描述。

根据故障现象显示，连接诊断仪，报无法与多个模块进行通信，只能与 ESC、舒适网通信。

（2）故障诊断仪显示的故障信息如图 2.29.2 所示。

图 2.29.2　障诊断仪显示的故障信息

（3）相关数据流文字描述：无法读取数据流。

（4）相关数据流故障诊断仪显示图片：无。

3）确认故障范围

网关模块及通信相关线路。

2. 故障检测与排除

1）故障相关电路图（见附图 5）

2）具体检测过程

故障诊断与排除准备工作完毕之后，具体诊断过程如图 2.29.3~图 2.29.7 所示。

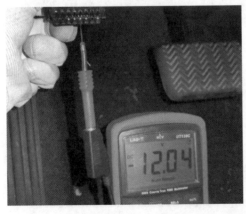 

图 2.29.3　测量 G03/12、G03/13 对地电压（不正常，正常值 CAN-H 为 2.7 V、CAN-L 为 2.3 V）

图 2.29.4　车辆下电，断开低压电源负极，做绝缘处理

图 2.29.5　断开动力电池母线，做绝缘处理，车辆静止 5 min

图 2.29.6　测量 G03/12、G03/13 对 B+电阻（不正常，正常值无穷大）

图 2.29.7　拔下 GJB02 插头测量 G03/13 对 B+电阻（不正常，正常值无穷大）

3）故障点确定及恢复

经上述检测，测得 G03/12、G03/13 对地电压不正常，G03/12、G03/13 对 B+电阻不正常，可以得出动力网 CAN-L 线路对 B+短路，其故障点如图 2.29.8 所示。

项目 2.29 动力 CAN 线路与电源供电线短路引起高压无法上电

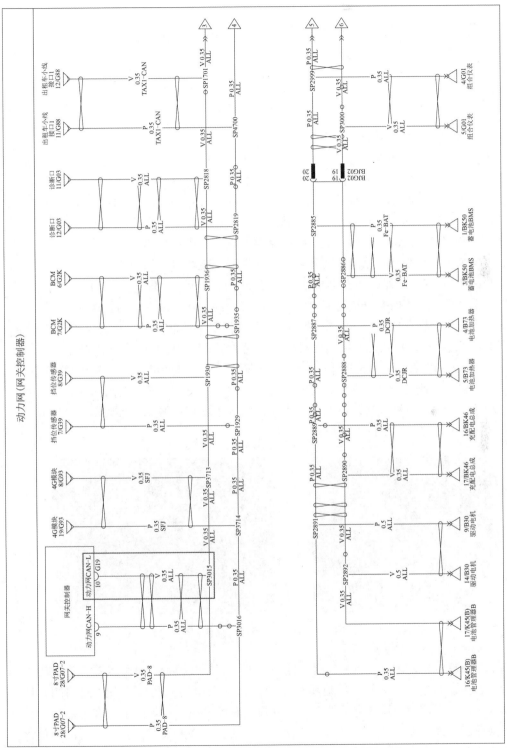

图 2.29.8 故障点确定

项目 2.30　高压互锁线路与电源短路引起高压无法上电

现有一辆 2019 款比亚迪秦 EV 出现高压不上电、仪表报 EV 功能受限的故障现象，作为维修技师，分析该车型的特点、组成、电路图，并对故障进行系统检测，依据检测结果确认故障点，按照维修手册中的标准与规范对系统故障进行维修。

一、高压互锁工作原理

高压互锁系统（High Voltage Inter-lock，HVIL）是电动汽车安全系统中非常重要的一个环节，它通过使用低压信号来监控与高压母线相连的所有分路和电气连接的完整性。简单来说，HVIL 是一种安全监控系统，其目的是确认整个高压系统的完整性。HVIL 的工作原理是，当电动汽车的电源开关处于闭合状态时，会形成一个闭合的高压电流回路，这个回路会通过所有的高压电气组件，如电机控制器、电池管理系统等，形成一个完整的电气连接。当这个连接因为某种原因被断开或者完整性受到破坏时，例如线束断裂、连接器松动等情况，HVIL 就会立即启动安全措施，将高压电源切断，以防止可能的电气故障和安全隐患。设计高压互锁的初衷是提高电动汽车的安全性。在电动汽车的发展初期，由于高压电气系统的复杂性和危险性，人们对于电动汽车的安全性能提出了更高的要求。因此，引入了 HVIL 这样的监控系统，以实现对高压电气系统的实时监控，确保驾驶者的安全。

总的来说，HVIL 是一种通过低压信号监控高压电气系统完整性的安全监控系统。当高压系统回路断开或者完整性受到破坏时，它会立即启动安全措施，切断高压电源，从而保障驾驶者的安全。这种设计理念在电动汽车的安全领域具有重要的意义和应用价值。

图 2.30.1 所示为高压互锁接插件。

图 2.30.1　高压互锁接插件

新能源汽车当中的高压互锁系统是不能缺少的，高压互锁系统也可以被称为危险电压互锁回路，主要是利用其中的小电池所释放出的信号来检测以及反映高压回路的具体情况，从而了解高压回路当中的完整性，一旦高压回路断开或者出现破损，有可能会导致其互锁失效。在启动汽车之前，一旦高压互锁并没有恢复具体的效能，就很有可能会使得汽车难以开启高压电，一旦在行驶的途中高压互锁产生失效情况，汽车将会产生警报器，新能源汽车在出现警报提示时，将会使高压回路直接断开，不同的新能源汽车应对措施是不同的，可是一旦高压互锁系统失去了其具体的效应，产生了故障，必须及时将回路恢复连接，从而避免伤害车内人员，使乘客生命财产安全得以保障。

由于电动汽车动力系统是由多个子系统组成的，它们两两之间都是靠高压插接器相互连接的，同时运行的环境十分恶劣，大多数工况处在振动与冲击条件下，因此高压互锁设计是确保人员安全和车辆设备安全运行的关键。总体来看，电动汽车高压互锁回路设计须遵循以下原则：

（1）HVIL 回路必须能够有效、实时、连续地监测整个高压回路的通/断情况。

（2）所有高压插接器应具备机械互锁装置，并且只有 HVIL 回路先行断开以后才能接通插接器。

（3）所有高压插接器在非人为的情况下，不能被接通或断开。

（4）HVIL 回路应具备在某种特殊情况下，可以直接通过 BMS 检测 HVIL 回路，直接断开高压回路。

（5）无论电动汽车在何种状态，HVIL 在识别到危险时，车辆必须对危险情况做出报警提示，需要仪表或指示器以声或光报警的形式提醒驾驶员。

高压互锁的类型有以下三种：

（1）结构互锁控制，如图 2.30.2 所示。

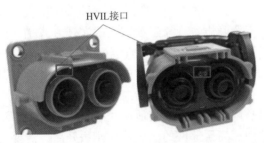 

图 2.30.2　结构互锁控制

高压互锁连接器是一种重要的安全设备，主要用于电动汽车或其他高压电气系统中。它的主要作用是确保高压电气系统的完整性和安全性，同时防止可能的电气故障和安全隐患。一般来说，高压互锁连接器的实现方式是，在一对插拔频繁的公头和母头之间，分别固定着一对高压接插件和一对低压接插件，这些接插件都是专门设计和制造的，以实现高压和低压的互锁功能。当高压系统处于断开状态时，低压回路也会被自动切断，这是通过在公头和母头之间的低压接插件实现的，这些接插件的设计使得当高压连接被断开时，低压回路也会随之被切断，从而保证低压部分的安全。而当高压系统处于连接状态时，低压回路的断点会被低压接插件短接，形成完整的回路。这种设计确保了当高压系统处于正常工作状态时，低压部分也可以得到正常的供电，使得整个电气系统可以正常运行。此外，高压互锁连接器的设计还考虑到了安全性和可靠性。例如，在公头和母头之间设置有防误插的装置，防止不正确的插拔操作对连接器造成损坏。同时，连接器的外壳也采用了耐高温、耐腐蚀的材料，以适应各种恶劣的工作环境。高压互锁连接器是一种非常有效的安全设备，它的设计和制造都充分考虑了高压与低压电气系统的需求和特点。通过使用高压互锁连接器，可以大大提高电动汽车或其他高压电气系统的安全性和可靠性。

(2) 开盖互锁监测，如图 2.30.3 所示。

图 2.30.3　开盖互锁监测

开盖互锁监测是一种重要的安全机制，主要用于检测电动汽车上所有高压部件的保护盖是否被非法开启。这些高压部件包括但不限于高压控制盒、电机控制器、车载充电机等。当这些部件的保护盖被非法开启时，开盖互锁监测系统就会立即发出警报，并立即切断高压回路，以防止可能的电气故障和安全隐患。开盖互锁监测的实现方式是基于电气连接的互锁原理。在正常情况下，这些高压部件的保护盖是处于关闭状态的，此时它们的电气连接是完整的。然而，一旦保护盖被非法开启，就会导致电气连接的断开。这时，开盖互锁监测系统就会立即检测到这种变化，并触发警报和切断高压回路。

开盖互锁监测系统的报警机制可以是声音、灯光或其他形式的警示，这些警示信号会向驾驶员或维修人员发出警告，提示他们有高压部件的保护盖被非法开启，需要立即采取相应的措施。除了发出警报外，开盖互锁监测系统还可以通过切断高压回路来防止可能的电气故障和安全隐患。当系统检测到高压部件的保护盖被非法开启时，它会立即切断与该部件相关的电源，以避免可能的电气故障和安全隐患。

开盖互锁监测通过监测高压部件保护盖的开关状态来确保电动汽车的安全。当有高压部件的保护盖被非法开启时，系统会立即发出警报并切断高压回路，以避免可能的电气故障和安全隐患。这种机制不仅提高了电动汽车的安全性，也降低了因不正确的维修或操作而导致的潜在风险。

(3) 功能互锁控制，如图 2.30.4 所示。

在新能源汽车的充电过程中，当插上充电枪时，车辆的高压控制系统会立即实施上电限制，以防止可能发生的线束拖拽或安全事故。这种限制是出于对安全的考虑，旨在保护驾驶员和车辆本身。高压控制系统是新能源汽车中的关键部分，它负责管理车辆的高压电源和相关电路。在充电过程中，

图 2.30.4　功能互锁控制

高压控制系统会实施一系列的安全措施,以确保充电过程的安全性和稳定性。当充电枪插入车辆时,高压控制系统会立即检测到并启动安全限制,这些限制包括限制车辆的上电,以防止高压线路短路或过载等潜在风险。此外,高压控制系统还会对充电枪进行检测和验证,确保其符合车辆的安全标准和使用要求。如果充电枪或线束出现异常情况,高压控制系统会立即切断电源并发出警报,以提醒驾驶员注意并采取相应的措施。

二、高压互锁线路位置及端子识别

附图 22 所示为前舱线束相关部件的位置图,其中 BK46 和 BK45 分别为充配电总成和电池管理系统的低压连接线束。

三、高压互锁系统涉及电路图识别

高压互锁相关电路图如附图 23 所示,由此图可知高压互锁分为两条线路,分别是高压互锁 1 和高压互锁 2,高压互锁 1 主要是以电池管理系统、电池包、充配电总成等其他模块组成,高压互锁 2 是以交流充电为主,主要模块有充配电总成和电池管理系统。

四、高压互锁线路与电源短路引起高压无法上电故障检修

在做好个人安全防护、维修场地安全检查之后,按照诊断维修的流程,做好诊断前的各项组织工作,实施故障诊断任务。

1. 故障现象确认及范围确定

1) 车辆故障现象确认

(1) 仪表显示主警告灯点亮,仪表提示"EV 功能受限,高压不能上电,无转向助力,整车下电异常"。

(2) 故障现象如图 2.30.5 所示。

图 2.30.5　高压互锁线路与电源短路引起高压无法上电故障现象

2) 模块通信状态及故障码检查

(1) 故障码文字描述:根据故障现象显示,连接诊断仪,显示电池管理系统报高压互锁 2 故障。

(2) 诊断仪显示故障信息如图 2.30.6 所示。

(3) 相关数据流文字描述:无法读取数据流。

(4) 相关数据流故障诊断仪显示图片:无。

图 2.30.6　诊断仪显示故障信息

3）确认故障范围

电池管理系统控制器、高压互锁相关线路及元件故障。

2. 故障检测与排除

1）故障相关电路图（见附图 23）

2）具体检测过程

故障诊断与排除准备工作完毕之后，具体诊断过程如图 2.30.7~图 2.30.12 所示。

图 2.30.7　测量 BK46/14、BK46/15 对地电压（不正常）

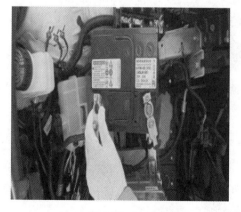 

图 2.30.8　车辆下电，断开低压电源负极，做绝缘处理

图 2.30.9　断开动力电池母线，做绝缘处理，车辆静止 5 min

图 2.30.10　测量 BK46/14、BK46/15 对 B+ 之间电阻（不正常，正常值无穷大）

图 2.30.11　拔下 BK45（B）插头测量 BK46/14 对 B+ 之间电阻（正常）

图 2.30.12　测量 BK46/15 至 B+ 之间电阻（不正常，正常值无穷大）

3）故障点确定及恢复

经上述检测，测得 BK46/14、BK46/15 对地电压不正常，且 BK46/14、BK46/15 对 B+ 之间电阻不正常，由此判定为高压互锁输出线路短路，其故障点如图 2.30.13 所示。

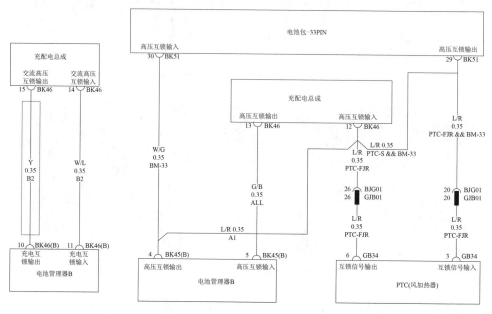

图 2.30.13　故障点确认

项目 2.31　近光灯继电器触点损坏引起近光灯不亮

现有一辆 2019 款比亚迪秦 EV 出现近光灯不亮的故障现象，作为维修技师，分析该车型的特点、组成和电路图，并对故障进行系统检测，依据检测结果确认故障点，按照维修手册中的标准与规范对系统故障进行维修。

一、近光灯工作原理

照明系统是汽车安全的重要组成部分，特别是在夜间、恶劣天气和复杂交通状况下，照明系统对于提高驾驶安全具有不可替代的作用。照明系统由电源、控制部分和照明装置等组成，其中控制部分包括各种灯光开关、继电器等。照明系统可以分为室外照明装置和室内照明装置两部分。室外照明装置主要包括前组合灯总成、后组合灯总成、后雾灯总成、侧转向灯总成、高位制动灯总成等，它们的主要功能是提供车辆外部的照明，帮助驾驶员在黑暗或恶劣天气下看清周围环境。

前组合灯（远光灯、近光灯、前转向信号灯、前位置灯）和后组合灯（转向灯、制动灯、倒车灯、后位置灯）是照明系统的核心组成部分。其中，近光灯是一种近距离照明的装置，设计要求是照射范围大、照射距离短。驾驶员在天黑没有路灯的地段或傍晚天色较暗时开车，以及在一些照明设备亮度不够的路段行驶时，都可以打开近光灯，以提供充足的照明。

打开近光灯的方法根据开关形式而定，目前常用的有拨杆式和旋钮式开关。拨杆式开关通过转动灯光控制开关手柄，换到近光灯位置，近光灯即可点亮；旋钮式开关则是旋转到近光灯挡位上，近光灯即可点亮。总的来说，照明系统是汽车安全的重要保障，驾驶员应该熟练掌握各种照明装置的使用方法，以便在夜间或恶劣天气下保持驾驶安全。

前照灯系统电路主要由电源、车灯开关、前照灯、仪表板指示灯、线路和保险装置组成，如图 2.31.1 所示。打开前照灯开关，前照灯继电器触点闭合，近光灯点亮，此时，拨动变光灯开关至远光灯位置，远光灯点亮，仪表指示灯同时点亮；拨动变光灯开关至闪光灯位置，远光灯也点亮。

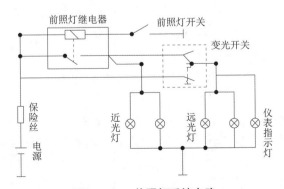

图 2.31.1　前照灯系统电路

1. 汽车前照灯的基本要求

1) 照明距离不低于 100 m

前照灯是汽车安全的重要组成部分，它能够提供明亮而均匀的照明，使驾驶人能够清晰地看到车前 100 m 以内的路面障碍物。随着汽车行驶速度的提高，对前照灯的照明距离要求也越来越远。现代汽车的照明距离应当能够达到 200~400 m，这样可以帮助驾驶人在较远的距离内发现潜在的危险，及时做出反应，提高驾驶安全性。

2) 防止炫目功能

前照灯除了提供照明外，还应具有防止炫目的功能。当夜间两车迎面相遇时，通过远、近光的切换，可以避免对方驾驶人炫目而造成交通事故。这种防炫目的功能可以帮助驾驶人保持警觉，避免因光线过强而产生视觉盲区，从而降低交通事故的风险。

综上所述，前照灯应具备足够的照明距离和防炫目功能，以提高汽车在夜间和恶劣天气下的行驶安全性。

2. 汽车前照灯的结构

汽车前照灯主要由配光镜、灯泡和反射镜三部分组成，如图 2.31.2 所示。

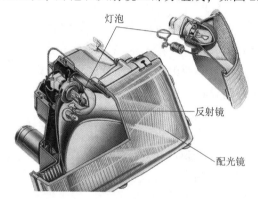

图 2.31.2 汽车前照灯结构

1) 灯泡

灯泡主要包括白炽灯泡、卤钨灯泡、氙气大灯灯泡、LED 灯。

（1）白炽灯泡和卤钨灯泡都是用钨丝作为其灯丝，由于钨丝容易蒸发耗损，故将玻璃泡中的空气抽出，充入氮、氩的混合惰性气体，即为白炽灯泡，如图 2.31.3 所示；若充入卤族元素，如碘、氯、氟等，则为卤钨灯泡，如图 2.31.3 所示。由于蒸发出的气态钨与卤素反应生成的卤化钨易挥发，当扩散到高温区时，受热会分解为钨重新回到钨丝，仍可以参与下次循环反应，防止了钨的蒸发和灯泡的黑化现象，故卤钨灯泡比普通照明白炽灯寿命长、亮度大。

（2）氙气大灯又称为高亮度弧光灯，这种灯灯泡里没有传统的灯丝，如图 2.31.4 所示。弧光式前照灯由小型石英灯泡、电子控制器和升压器三大部分组成。接通电源后，通过升压器，将 12 V 电压升高到 2 万 V 以上，高压脉冲电加在石英灯泡内的两个电极之间，激励灯泡内的氙气、少量水银蒸气及微量金属（或金属卤化物）在电弧中电离产生光。氙气大灯光色接近太阳光，为驾驶人创造出更佳的视觉条件，其光照强度比普通卤钨灯泡高两倍以上，而耗能却仅为 2/3。

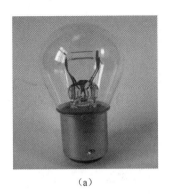
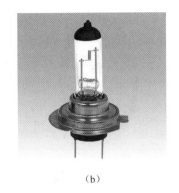

(a) (b)

图 2.31.3 白炽灯泡和卤钨灯泡

(a) 白炽灯泡；(b) 卤钨灯泡

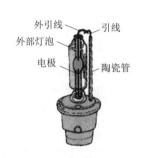
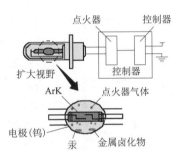

图 2.31.4 氙气大灯灯泡

(3) LED 又称发光二极管，是一种能够将电能转化为光能的半导体器件，其最初用于示宽灯、制动灯、转向灯等。LED 的特点非常明显，即寿命长、响应快、高亮度与低能耗。但单个 LED 无法满足前照灯的灯光照射要求，需要多个 LED 灯进行组合，以保证足够的光通量，如图 2.31.5 所示。

2) 反射镜

反射镜的表面通常呈现为抛物面形状，这种设计的主要目的是将灯泡发射出的光线聚集起来，形成一

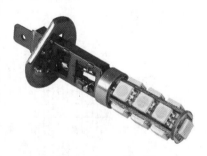

图 2.31.5 LED 灯

束强烈的照明光线，并导向前方。通过这样的聚集和导向，反射镜能够增加照射距离，使得光线能够更加集中地照亮前方，为驾驶者提供更清晰、更安全的驾驶环境。这种抛物面形状的设计能够最大限度地利用灯泡发射出的光线，将它们聚集在反射镜的焦点上，形成一束强烈的光线，这种光线的强度和方向性得到了显著的提升，从而增加了照射距离。在夜间或恶劣天气下，这样的设计能够让驾驶者更早地发现前方的障碍物或者行人，提早做出反应，避免潜在的危险。反射镜的抛物面形状还能够将光线从各个角度反射出来，确保光线能够均匀地照亮前方。即使在弯曲的道路或者坡道上，这种设计也能够提供稳定的照明效果，帮助驾驶者更好地掌握前方的情况。如图 2.31.6 所示。

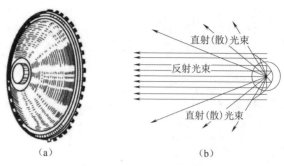

图 2.31.6 反射镜及反射图

(a) 反射镜；(b) 反射图

3) 配光镜

配光镜，也称为散光玻璃，是一种由多个棱镜和透镜组成的装置。它的主要作用是将从反射镜反射出的平行光束进行折射，使得车辆两侧和前方路面的照明更加均匀。这个过程涉及多个光学原理，包括光的折射、反射和散射。当车辆的前照灯或尾灯发出的光线照射到路面或其他物体上时，这些光线会被反射回车辆的方向。反射镜的作用就是将这些反射回来的光线进行汇聚，使得驾驶者能够看到前方更远的路面情况。然而，反射镜只能将光线进行汇聚，并不能改变光线的分布和方向。这就是配光镜发挥作用的地方。配光镜内部由许多棱镜和透镜组成，它们能够对从反射镜反射出的平行光束进行折射，使得这些光线能够以不同的角度散射出去。这些散射的光线在照射到路面或其他物体上时，会被再次反射回来。由于这些光线是从不同的角度反射回来的，故它们会以更均匀的方式照亮车辆的前方和两侧，这样驾驶者不仅能够看到前方更远的路面情况，还能够更好地掌握车辆周围的环境。如图 2.31.7 所示。

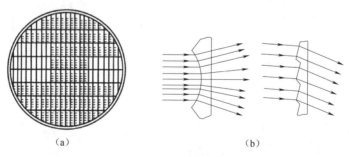

图 2.31.7 配光镜结构及作用效果

(a) 配光镜结构；(b) 配光镜作用效果

3. 汽车前照灯的分类

依据前照灯光学组件的结构不同划分为半封闭式前照灯和全封闭式前照灯。

1) 半封闭式前照灯

半封闭式前照灯配光镜是通过密封胶紧密固定在反射镜上的，两者之间存在一个橡胶密封圈。这种设计使得灯泡可以从反射镜的后端装入，方便维修，因此被广泛使用，其结构如图 2.31.8 所示。对于半封闭式前照灯，保持反射镜的清洁是非常重要的。如果反射镜上有灰尘,应该使用压缩空气将其吹净;如果反射镜上有脏污,则可以使用清洁的棉纱沾上乙醇,由内向外呈螺旋状擦拭干净。在更换灯泡时,需要特别注意不要让湿气或灰尘等进入灯具,并始终保持灯具良好的密封性。这是为了确保前照灯的性能和使用寿命,同时避免可能的电气故障和安全隐患。半封闭式前照灯是一种设计精良、易于维护的照明设备。在使用过程中,保持反射镜的清洁和防止湿气与灰尘的进入是关键。同时,定期检查和更换灯泡也是维护灯具正常运行的重要步骤。

2) 全封闭式前照灯

全封闭式前照灯又称真空灯,如图 2.31.9 所示,反射镜和配光镜用玻璃制成一体,里面充以惰性气体。灯丝则被焊接在反射镜的底座上,与反射镜紧密相连,确保了灯具的稳定性和耐用性。同时,反射镜的反射面采用了真空镀铝技术,这使得灯具的反射效果更加集中和均匀,为驾驶者提供了更清晰、更明亮的照明效果。全封闭式的前照灯设计进一步保护了反射镜不受外界环境的污染和损伤,从而提高了反射效率,改善了照明效果,延长了使用寿命。这种设计也使得前照灯更加可靠和安全,减少了维修和更换的频率。然而,当灯丝被烧断时,需要更换整个总成,这增加了维修成本和时间。但是,由于其优良的性能和可靠性,全封闭式前照灯在汽车照明领域仍被广泛使用。

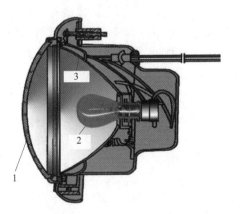

图 2.31.8 半封闭式前照灯
1—配光镜;2—灯泡;3—反射镜

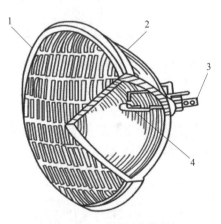

图 2.31.9 全封闭式前照灯
1—配光镜;2—发射镜;3—插片;4—灯丝

3) 投射式前照灯

投射式前照灯是一种采用卤钨灯泡的照明装置,其特点是具有很厚的无刻纹的凸形配光镜和近似椭圆形的反射镜。这个反射镜有两个焦点,第一个焦点用于放置灯泡,光线经过反射后汇聚到第二个焦点,凸形配光镜的焦点与第二个焦点重合。来自灯泡的光线首先通过反射镜进行汇聚,然后到达第二个焦点,之后这些光线再通过凸形配光镜投射到前方。在这个过程中,光线被反射镜和凸形配光镜共同控制和投射,使得照明效果更加集中和均匀。在第二个焦点附近还设置了一个遮光板,这个遮光板可以有效地遮挡向上半部分的光线,从而形成明暗分明的配光效果。这种设计有助于减少对向驾驶员的炫光干扰,提高驾驶安全性。投射式前照灯的结构和设计使其能够提供清晰、明亮的照明效果,同时避免了对向驾驶员的炫光干扰。这种照明装置在汽车照明领域中具有广泛的应用价值,如图 2.31.10 所示。

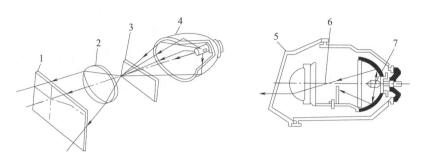

图 2.31.10　投射式前照灯

1—屏幕；2—凸形配光镜；3—遮光板；4—椭圆形反射镜；5—前照灯总成；6—第二焦点；7—第一焦点

二、近光灯系统涉及电路图识别

2019 款比亚迪秦 EV 采用拨杆式打开近光灯，在分析其工作原理时可参照电路图，如附图 27 所示。

当拨杆式开关打至近光灯时，远光灯控制电路的供电线路断开，此时近光灯的工作回路是：常电（蓄电池正极）—前照灯保险元件（F1/3 前照灯保险）—近光灯继电器（K1-1 近光灯继电器）—左、右近光灯支路保险元件（分别为 F1/1、F1/2 前大灯保险）—左、右近光灯—搭铁。该电路是一个完整的回路，用导线进行连接，实现近光灯控制电路的导通。当拨杆式开关打至远光灯时，让远光灯的工作回路能够正常供电，实现远光灯控制电路导通、近光灯供电回路断开。

三、近光灯继电器触点损坏引起近光灯不亮故障检修

在做好个人安全防护、维修场地安全检查之后，按照诊断维修的流程，做好诊断前的各项组织工作，实施故障诊断任务。

1. 故障现象确认及范围确定

1）车辆故障现象确认

（1）仪表显示正常，打开灯光，近光灯不亮。

（2）故障现象如图 2.31.11 所示。

图 2.31.11　近光灯继电器触点损坏引起近光灯不亮

2）模块通信状态及故障码检查

（1）故障码文字描述：根据故障现象显示，连接诊断仪，无故障现象。

（2）诊断仪显示故障信息如图 2.31.12 所示。

图 2.31.12 诊断仪显示故障信息

（3）相关数据流文字描述：打开灯光开关，数据流显示打开，车辆灯光不亮。

（4）相关数据流故障诊断仪显示如图 2.31.13 所示。

图 2.31.13 相关数据流故障诊断仪显示

3）确认故障范围

近光灯相关线路及元件故障。

2. 故障检测与排除

1）故障相关电路图（见附图 27）

2）具体检测过程

故障诊断与排除准备工作完毕之后，具体诊断过程如图 2.31.14~图 2.31.20 所示。

图 2.31.14 测量 B06/1 对地电压（不正常，正常值为 12 V 左右）

图 2.31.15　测量 F1/2 保险底座输入端对地电压（不正常，正常值为 12 V 左右）

图 2.31.16　车辆下电，断开低压电源负极，做绝缘处理

图 2.31.17　断开动力电池母线，做绝缘处理，车辆静止 5 min

图 2.31.18　近光灯继电器输出端至 B06/1 之间电阻（正常）

图 2.31.19　近光灯继电器静态检测（正常）

图 2.31.20　近光灯继电器动态检测（不正常，正常值小于 1 Ω）

3）故障点确定及恢复

经上述检测，测得 B06/1 对地电压不正常，且近光灯继电器动态检测不正常，由此可以判定为近光灯继电器元件损坏，其故障点如图 2.31.21 所示。

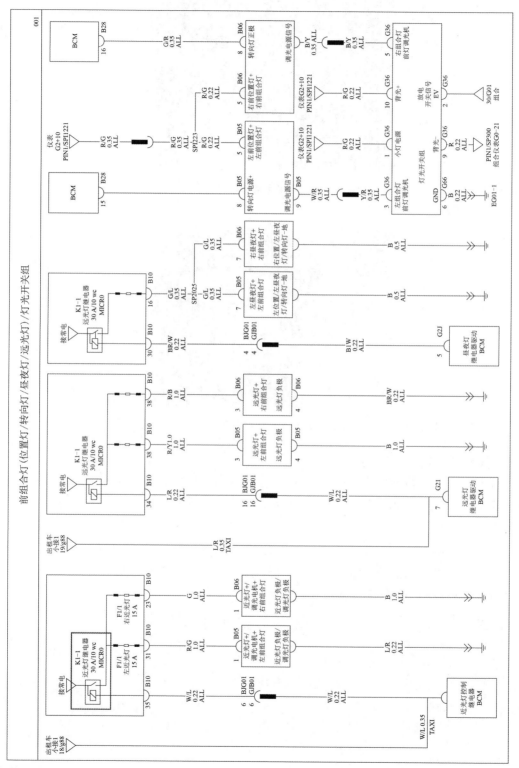

图 2.31.21 故障点确认

项目 2.32　诊断接口 DLC 电源线断路

现有一辆 2019 款比亚迪秦出现诊断仪连接后无法通信的故障现象,作为维修技师,分析该车型的特点、组成、电路图,并对故障进行系统检测,依据检测结果确认故障点,按照维修手册中的标准与规范对系统故障进行维修。

一、诊断接口工作原理

现代新能源汽车的车身多个位置都安装了传感器,包括电机、轮胎、车窗、风窗玻璃、电气系统以及座椅等。这些传感器与跟踪传感器的系统结合被称为车载诊断系统,简称 OBD。这种系统使得汽车能够自我监测健康状况,实现了人机交互的功能。通过 OBD 系统,车主可以快速定位车辆的故障位置,以故障警示灯的形式得到提醒。维修人员则可以根据所报的故障问题来进行修理,这大大提高了车辆故障诊断的效率。在我国,《轻型汽车污染物排放限制及测量方法(中国Ⅲ,Ⅳ阶段)》明确规定,所有汽车必须装备车载诊断(OBD)系统,这种系统能在汽车整个寿命期内识别出零件的劣化或故障,从而确保车辆的稳定和安全。以 2019 款比亚迪秦为例,其诊断接口可以与诊断仪连接,检测到 VCU(整车控制器)、OBC(车载充电机)、BMS(电池管理系统)、BCM(车身控制系统)等关键模块,这不仅方便了车主和维修人员快速定位并排除故障,也进一步保证了车辆的运行安全。

新能源汽车采用 OBD 系统是行业的一大进步,它使得车辆能够自我诊断并报告故障,提高了维修的效率和准确性。这一进步不仅体现了技术的不断进步,也反映了汽车行业对用户体验和维修效率的重视。通过 OBD 系统,车辆可以实时监测自身的运行状态,一旦发现任何异常或故障,会立即向驾驶员或维修人员发出警报。这种自我诊断的能力,不仅使得维修人员能够快速定位故障部位,减少了维修时间,同时也为车主提供了更及时、更准确的故障解决方案。此外,新能源汽车采用 OBD 系统也是对车主权益的一种保障。在过去,车辆出现故障时,往往需要车主自行发现并送修,由于许多故障并不明显,甚至有些故障并不会影响车辆的正常行驶,因此许多车主可能会忽略这些故障。而有了 OBD 系统,所有的故障都会被及时发现并提示给车主,使得车主能够及时了解并处理车辆的故障问题,避免了因故障引发的意外和损失。

新能源汽车故障诊断仪是一种用于检测汽车故障的便携式智能汽车故障自检仪,也称为汽车电脑检测仪。它可以通过与车辆的 OBD 系统连接,快速读取汽车电控系统中的故障信息。通过液晶显示屏,用户可以直观地查看故障信息,从而迅速查明发生故障的部位及原因。这种智能化的故障诊断仪不仅提高了维修的效率,同时也为车主提供了更便捷、更准确的故障解决方案。综上所述,新能源汽车采用 OBD 系统和智能化的故障诊断仪是行业的一大进步,它们不仅提高了维修的效率和准确性,也保障了车主的权益。随着技术的不断发展和应用,我们有理由相信,未来的新能源汽车将会更加智能化、更加便捷、更加安全。

常见的解码器可以分为以下几类:

（1）常规车载自动诊断解码器（如车载 OBD 自诊断系统）：用于检测或监控汽车运行过程中的电机电控系统以及车辆功能模块的工作状况，当汽车上某个系统出现故障后，故障灯会发出警报。车载 OBD 自诊断系统可以同时检测汽车上的多个系统和零件。当车辆出现故障指示灯时，通过电脑连接 OBD，可以读取故障码，进而判断车辆问题，进行维修。

（2）通用型解码器（涵盖市面上大部分车型，如道通、远征等品牌）：用于实现与车载内各电子控制装置 ECU 之间的对话，传送故障代码以及汽车各模块系统的状态信息，可以方便诊断系统升级，读取故障码，保存各车型故障码以及用鼠标键盘操作不同的诊断功能等，给维修人员进行故障诊断带来了极大的便利。

（3）原厂专用解码器（由汽车厂家开发和授权，给经销商使用）。

车载诊断的连接口简称 DLC（Data Link Connector），是一个符合 ISO 标准的车载诊断接头，插头由 16 个针脚组成，每一个针脚均按照 ISO 标准定义。DLC 诊断座统一为 16PIN 脚，并装置在驾驶室驾驶侧仪表板下方，如图 2.32.1 所示。

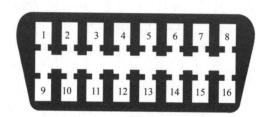

图 2.32.1　DLC 诊断连接口

OBD 系统在汽车运行过程中实时监测发动机电控系统、高压系统及车辆其他功能模块的工作状况，如发现汽车的工况异常，则根据特定的算法判断出具体的故障，并以诊断故障代码 DTC（Diagnostic Trouble Codes）的形式存储在系统内的存储器上。SAE J2010 规定了一个 5 位标准故障码，第 1 位是字母，后面 4 位是数字，首位字母表示设置故障码的系统。当前分配的字母有 4 个：P 代表动力系统，B 代表车身，C 代表底盘，U 代表未定义的系统。第 2 位字符是 0、1、2 或 3，意义如下：0 为 SAE（美国汽车工程师协会）定义的通用故障码；1 为汽车厂家定义的扩展故障码；2 或 3 随系统字符（P、B、C 或 U）的不同而不同，其中，动力系统故障码（P）的 2 或 3 由 SAE 留作将来使用，车身或底盘故障码的 2 为厂家保留，车身或底盘故障码的 3 由 SAE 保留。第 3 位字符表示出故障的系统，如 1、2 为燃油或空气计量故障，3 为点火故障或发动机缺火，4 为辅助排放控制系统故障等。最后两位字符表示触发故障码的条件。不同的传感器、执行器和电路分配了不同区段的数字，区段中较小的数字表示通用故障，即通用故障码；较大的数字表示扩展码，提供了更具体的信息，如电压低或高，响应慢，或信号超出范围。例如：B（Body 身体）2622（节气门位置输出电路高）；C（Chassis 底盘）1226（右前轮轮速传感器的信号变化过大）；P（Powertrain 动力系统）0101（空气流量传感器失常）。

二、诊断接口部件位置及端子识别

诊断接口的线束位置如图 2.32.2 所示。

诊断接口相关的低压线束插接器为 G03，G03 插接器外形图如附图 4 所示。

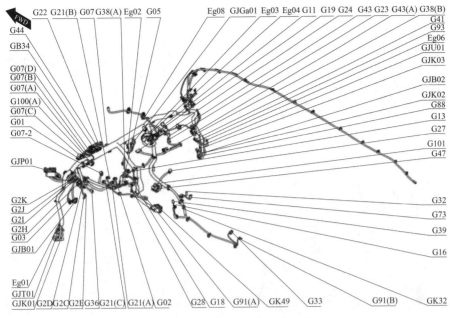

图 2.32.2 诊断接口的线束位置

三、诊断接口模块涉及电路图识别

诊断接口模块及相关电路图如附图 28 所示。

1. 诊断接口模块的供电线、搭铁线识别

在附图 28 中，低压蓄电池正极与 G03/16 连接，为诊断接口供电；G03/4 和 G03/5 为诊断接口模块的接地线（也成为模块的搭铁线），与车身搭铁。

2. 诊断口模块与外部网络通信线识别

G03/6、G03/14 分别是 ESC 的 CAN-H 和 CAN-L，与 ESC 实现通信信息交换；G03/12、G03/13 分别是动力网的 CAN-H 和 CAN-L，与动力网实现通信信息交换；G03/3、G03/11 分别是舒适网 2 的 CAN-H 和 CAN-L，与舒适网实现通信信息交换。

四、诊断接口 DLC 电源线断路故障检修

在做好个人安全防护、维修场地安全检查之后，按照诊断维修的流程，做好诊断前的各项组织工作，实施故障诊断任务。

1. 故障现象确认及范围确定

1）车辆故障现象确认

(1) 仪表显示正常，诊断盒无法与车辆连接。

(2) 故障现象如图 2.32.3 所示。

2）模块通信状态及故障码检查

(1) 故障码文字描述：根据故障现象显示，连接诊断仪，无法读取所有模块。

(2) 诊断仪显示故障信息如图 2.32.4 所示。

图 2.32.3　诊断接口 DLC 电源线断路故障现象

图 2.32.4　诊断仪显示故障信息

（3）相关数据流文字描述：无法读取数据流。
（4）相关数据流故障诊断仪显示图片：无。
3）确认故障范围
诊断盒、诊断接口供电、搭铁、通信相关线路故障
2. 故障检测与排除
1）故障相关电路图（见附图 28）
2）具体检测过程
故障诊断与排除准备工作完毕之后，具体诊断过程如图 2.32.5~图 2.32.10 所示。

图 2.32.5　测量 G03/16 对地电压（不正常，正常值为 12 V 左右）

项目 2.32 诊断接口 DLC 电源线断路

图 2.32.6 车辆下电，断开低压电源负极，做绝缘处理

图 2.32.7 断开动力电池母线，做绝缘处理，车辆静止 5 min

图 2.32.8 测量 G03/16 至 B+ 之间电阻（不正常，正常值小于 1 Ω）

图 2.32.9 测量 F2/45 保险底座输入端至 B+ 之间电阻（正常）

图 2.32.10　测量 F2/45 保险底座输出端至 G03/16 之间电阻（不正常，正常值小于 1 Ω）

3）故障点确定及恢复

经上述检测，测得 G03/16 对地电压不正常，G03/16 至 B+ 之间电阻不正常，且 F2/45 保险底座输出端至 G03/16 之间电阻为无穷大，因此判定为诊断接口供电线路断路，其故障点如图 2.32.11 所示。

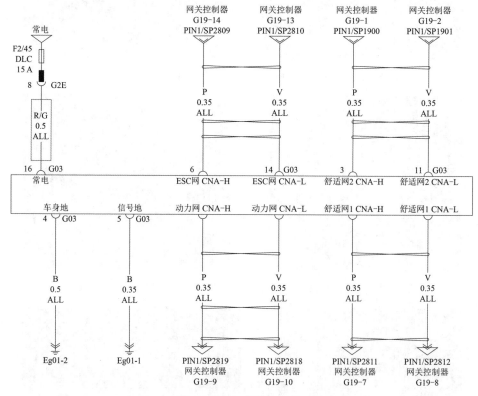

图 2.32.11　故障点确认

第 3 篇　综合故障诊断与排除篇

综合故障诊断与排除篇是电动汽车故障诊断领域的重要篇章,它结合了诊断篇中的32个典型项目,整合出了5个典型的综合故障进行深入的诊断分析。这一篇章不仅具有较强的综合分析能力,还涵盖了丰富的知识内容,为电动汽车的故障诊断提供了有力的支持。

本篇详细介绍了故障排查的顺序和故障诊断的实施步骤,以确保诊断过程的准确性和高效性。通过对故障现象的仔细观察和分析,技术人员可以系统地排查可能的故障原因,并逐步缩小故障范围,最终确定故障点。这一过程需要综合考虑车辆的工作原理、电路连接、传感器信号等多个方面的因素,对技术人员的综合分析能力提出了较高的要求。

为了更好地帮助技术人员进行故障诊断,本篇还总结出了典型综合故障形成的分析思路图。这5张思路图以图形化的方式展示了故障排查和诊断的逻辑关系,清晰地呈现了从故障现象到故障原因的分析路径,技术人员可以根据这张思路图有条不紊地进行故障诊断,提高诊断效率和准确性。

此外,本篇还具有较高的实用价值和实际利用价值。通过对典型综合故障的诊断分析,技术人员可以深入了解电动汽车的故障模式和排查方法,积累宝贵的实践经验。这些经验不仅可以应用于实际工作中,还可以为电动汽车的故障预防和维修提供有益的参考。同时,本篇所总结的综合故障分析思路图也可以作为培训资料,帮助更多的技术人员提升故障诊断能力,推动电动汽车行业的健康发展。

项目 3.1 典型综合故障诊断分析（一）

根据车辆所表现出的车辆无法解锁、整车动力系统故障、空调故障、交流充电故障的一系列故障现象，合理分析每一阶段可能引起的故障原因，结合相关电路图册，按照车辆的上电、充电顺序进行故障排查。故障诊断实施步骤如下：

1. 初次验车时故障现象

（1）车辆无法启动，仪表不亮，踩下制动踏板后按启动按钮，显示未检测到智能钥匙，启动按钮指示灯不亮。

（2）遥控钥匙无法解锁。

2. 故障分析的具体思路

依据于典型的故障现象，按照综合故障的低压上电、高压上电、交流充电等步骤确定具体的分析流程，设计整个综合故障分析图。

针对上述综合故障，首先判断与故障现象一致的低压供电系统是否正常，主要涉及低压控制分析，经测量低压控制端正常。下一阶段分析可能构成这一故障现象的综合原因，针对电源线、接地线、CAN 线等线路的分析后，确定了无钥匙进入系统接地线断路的故障构成的最初故障现象（具体参考第 2 篇项目 2.3）。

随后尝试上电，仪表未显示"READY"，仪表提示请检查动力系统，故障诊断仪读取故障码显示 ESC 网故障，针对动力系统的故障排查，重点参考相关电路图册以及第 2 篇项目 2.15 的具体检测过程和进一步说明。

车辆上电及 ESC 网故障排除以后，再针对仪表显示"请检查动力系统"及"请检查电子驻车系统"查看相应的故障，通过故障诊断仪读取 BMS 处高压互锁断路及与挡位控制器失去通信，说明此故障现象是由高压互锁故障以及挡位传感器故障叠加构成的，先后顺序不可颠倒。（具体检测过程参考第 2 篇项目 2.16 和项目 2.22）。

车辆上电及高压互锁故障、挡位控制器故障均排查完毕以后再查看相应的充电系统故障，此先后顺序不可颠倒。（具体检测过程参考第 2 篇项目 2.25）。

每排除一个故障，都须佩戴绝缘手套恢复各类检测插件，保证高压接头安装牢固，检查挡位以及确认周边安全，启动车辆试车、清码、读码，确保不会有重复或历史故障干扰判断，并且能准确读取出最新的相关故障代码。以上高压不上电故障排除完毕后，再排除车身、充电故障。

针对以上典型综合故障形成的分析思路图如图 3.1.1 所示。

项目 3.1 典型综合故障诊断分析（一）

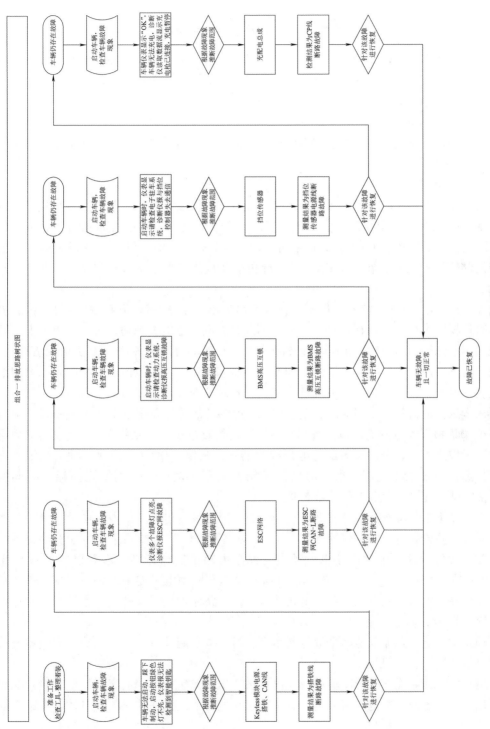

图 3.1.1 典型综合故障（一）形成的分析思路图

项目 3.2　典型综合故障诊断分析（二）

根据车辆所表现出的车辆无法解锁、整车动力系统故障、空调故障、交流充电故障的一系列故障现象，合理分析每一阶段可能引起的故障原因，结合相关电路图册按照车辆的上电、充电顺序进行故障排查。故障诊断实施步骤如下：

1. 初次验车时故障现象

钥匙无法遥控车辆解锁，踩下制动踏板后按动启动按钮，仪表提示"未检测到钥匙"，启动按钮指示灯不亮。

2. 故障分析的具体思路

首先根据初次验车时，钥匙无法遥控车门锁及车内仪表的提示，基本可以将故障范围缩小在 Keyless（智能钥匙控制模块）上，借助诊断仪器进一步锁定故障范围，Keyless 模块无法进入，依据对整车电路图及维修手册的理解和对此故障的分析，针对 Keyless（智能钥匙控制模块）的电源、搭铁及 CAN 线进行测量（具体参考第 2 篇项目 2.1、项目 2.2、项目 2.3）。

随后尝试上电，仪表"OK"灯不亮，仪表盘显示多个系统故障灯及警告灯，仪表显示屏上着重提醒了车主"请检查动力系统、请及时充电、请检查制动系统、请检查电子驻车系统"，使用诊断仪器读取所有模块及故障码，发现动力网有关所有模块均无法进入，基本确定是动力网故障，网关模块读取到动力网通信故障，进一步锁定了故障是动力网线束及模块元件上，针对动力网各模块及线路进行有序排查（具体参考第 2 篇项目 2.7）。

再次尝试上电，车辆依旧无法启动，但已消除多个故障灯及警告灯，仪表盘显示屏着重提示了"请检查动力系统、请检查制动系统、请检查电子驻车系统"，诊断仪器动力网各模块已可以进入，多个模块显示与电机控制器通信故障，DC/DC 模块与动力电池管理器通信故障，VCU 无法通信，查询电路图及维修手册，发现三个模块之间拥有共同的 F1/18 保险丝（具体参考第 2 篇项目 2.9）。

再次尝试上电，车辆可以正常启动，但仍有故障灯及警告灯。仪表盘显示"低压电池充电指示灯、主告警灯、降功率警告灯"，"降功率警告灯"主要的原因可能有动力系统电机控制器故障、动力电池电量低、动力电池温度超出安全范围，诊断仪器显示 MCU（电机控制器）无法进入，VCU（整车控制器）显示与驱动电机控制器失去通信，进一步把故障锁定在了电机控制器上，针对电机控制器的电路原理及特点进行有序排查（具体参考第 2 篇项目 2.12）。

车辆正常上电，且无其他多余故障指示灯，再测试空调系统、车身系统、充电系统等其他系统故障。

车辆下电，使用充电枪对车辆进行充电测试工作，无法充电，但充电枪已连接，既然充电枪已连接，抛开充电枪连接问题，着重考虑充电是否被允许的问题（具体参考第 2 篇项目 2.25）。

当动力系统故障与其他系统故障组合时，要优先排除动力系统故障，再进行其他系统，例如空调系统、充电系统、车身系统等故障，此先后顺序不可颠倒。

每排除一个故障，都须佩戴绝缘手套恢复各类检测插件，保证高压接头安装牢固，检查挡位以及确认周边安全，启动车辆试车、清码、读码，确保不会有重复或历史故障干扰判断，并且能准确读取出最新的相关故障代码。以上高压不上电故障排除完毕后，再排除车身、舒适系统故障。针对以上典型综合故障形成的分析思路图如图 3.2.1 所示。

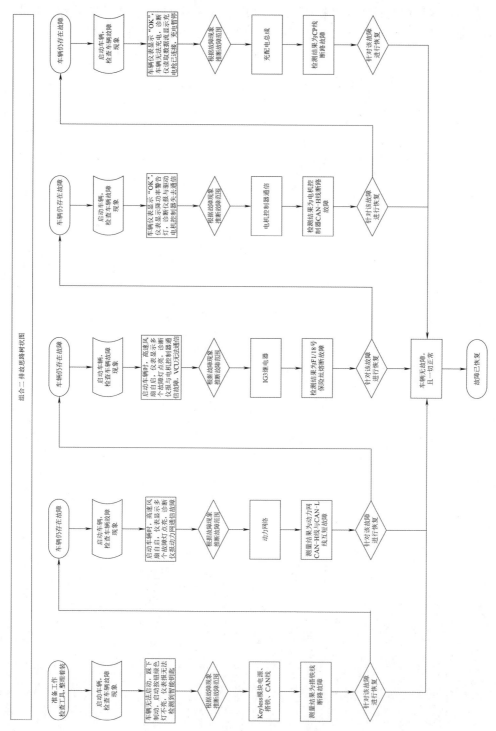

图 3.2.1 典型综合故障（二）形成的分析思路图

项目 3.3　典型综合故障诊断分析（三）

根据车辆所表现出的车辆无法解锁、整车动力系统故障、空调故障、交流充电故障的一系列故障现象，合理分析每一阶段可能引起的故障原因，结合相关电路图册按照车辆的上电、充电顺序进行故障排查。故障诊断实施步骤如下：

1. 初次验车时故障现象

（1）车辆无法启动，仪表不亮，踩下制动踏板后按启动按钮，显示未检测到智能钥匙，启动按钮指示灯不亮。

（2）遥控钥匙无法解锁。

2. 故障分析的具体思路

依据典型的故障现象，按照综合故障的低压上电、高压上电、交流充电等步骤确定具体的分析流程，设计整个的综合故障分析图。

针对于上述综合故障，首先判断与故障现象一致的低压供电系统是否正常，主要涉及低压控制分析，经测量低压控制端正常。下一阶段分析可能构成这一故障现象的综合原因，针对电源线、接地线、CAN 线等线路的分析后，确定了无钥匙进入系统电源线断路故障构成的最初故障现象（具体参考第 2 篇 2.1）。

随后尝试上电，仪表未显示"READY"，车辆风扇自启，仪表提示"请检查动力系统、请检查制动系统、请检查 ABS 系统、请及时充电"，故障诊断仪读取故障码显示 ESC 网故障，针对动力系统的故障排查，着重于相关电路图册以及第 2 篇项目 2.15 的具体检测过程和进一步说明。

车辆上电及 ESC 网故障排除以后，再针对车辆风扇自启，仪表显示"请检查动力系统、请检查制动系统、请检查 ABS 系统、请及时充电及动力电池显示电量为零"查看相应的故障，通过故障诊断仪，网关模块报舒适网通信故障及 VCU 模块报与空调通信故障，说明此故障现象是由舒适网通信故障以及与空调通信故障叠加构成了此故障现象，先后顺序不可颠倒。（具体检测过程参考第 2 篇项目 2.8、项目 2.17）。

舒适网故障及空调故障均排查完毕以后，车辆上电，仪表显示"OK"，将挡位挂到 D 挡后，发现挡位无法挂回 P 挡，根据故障现象进行 P 挡故障排除（具体检测过程参考第 2 篇项目 2.21）。

每排除一个故障，都须佩戴绝缘手套恢复各类检测插件，保证高压接头安装牢固，检查挡位以及确认周边安全，启动车辆试车、清码、读码，确保不会有重复或历史故障干扰判断，并且能准确读取出最新的相关故障代码。

以上高压不上电故障排除完毕后，再排除车身、充电故障。

针对以上典型综合故障形成的分析思路图如图 3.3.1 所示。

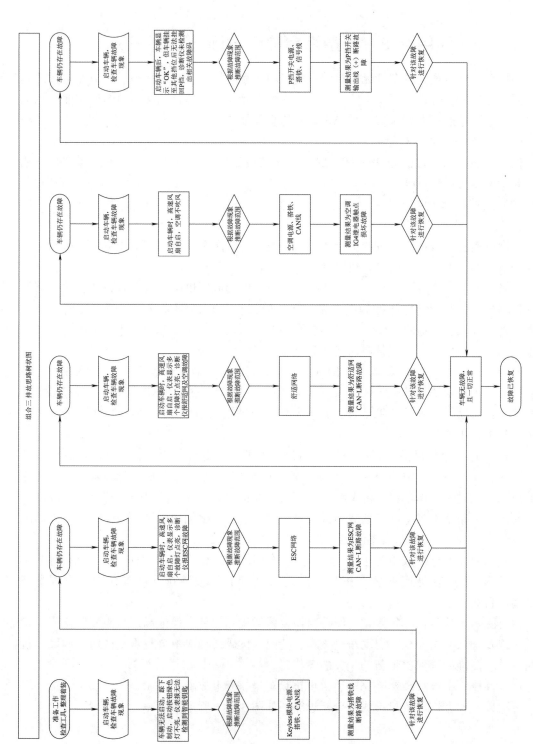

图 3.3.1 典型综合故障（三）形成的分析思路图

项目 3.4 典型综合故障诊断分析（四）

根据车辆所表现出的车辆无法解锁、整车动力系统故障、空调故障、交流充电故障的一系列故障现象，合理分析每一阶段可能引起的故障原因，结合相关电路图册按照车辆的上电、充电顺序进行故障排查。故障诊断实施步骤如下。

1. 初次验车时故障现象

钥匙无法遥控车辆解锁，踩下制动踏板后按动启动按钮，仪表提示"未检测到钥匙"，启动按钮指示灯不亮。

2. 故障分析的具体思路

首先根据初次验车时，钥匙无法遥控车门锁及车内仪表的提示，基本可以将故障范围缩小在 Keyless（智能钥匙控制模块）上，借助诊断仪器进一步锁定故障范围，Keyless 模块无法进入，依据对整车电路图及维修手册的理解和对此故障的分析，针对 Keyless（智能钥匙控制模块）的电源、搭铁及 CAN 线进行测量（具体参考第 2 篇项目 2.1、项目 2.2、项目 2.3）。

随后尝试上电，仪表依旧显示未检测到智能钥匙，再次将故障矛头指向 Keyless（智能钥匙控制模块）上，借助诊断仪器进一步锁定故障范围，Keyless 模块无法进入，依据对整车电路图及维修手册的理解和对此故障的分析，针对 Keyless（智能钥匙控制模块）的电源、搭铁及 CAN 线进行测量（具体参考第 2 篇项目 2.1、项目 2.2、项目 2.3）。

再次尝试上电，车辆依旧无法启动，仪表盘显示多个故障灯及警告灯，仪表盘显示屏上着重提示了"请检查动力系统、请检查制动系统、请检查电子驻车系统"，诊断仪进入多个模块显示与电机控制器通信故障，DC/DC 模块与动力电池管理器通信故障，VCU 无法通信，查询电路图及维修手册，发现三个模块之间拥有共同点 F1/18 保险丝（具体参考第 2 篇项目 2.9）。

再次尝试上电，车辆依旧无法启动，仪表盘显示多个故障灯及警告灯，仪表盘显示屏上着重提示了"请检查动力系统、请及时充电"，诊断仪进入 DC/DC 模块、电机控制器模块等显示与动力电池管理器（BMC/BMS）通信故障，查询电路图及维修手册，针对电池管理模块的电路原理及特点进行有序排查（具体参考第 2 篇项目 2.13）。

车辆正常上电，且无其他多余故障指示灯，再测试空调系统、车身系统、充电系统等其他系统故障。

按动空调面板按钮开关，空调面板正常工作，数据流显示空调工作，数据流随着按动调整风力按钮开关变动，但不吹风，鼓风机不工作，查阅电路图及维修手册，针对鼓风机的电路原理及特点进行有序排查（具体参考第 2 篇项目 2.18）。

当动力系统故障与其他系统故障组合时，要优先排除动力系统故障，再排除其他系统，例如空调系统、充电系统、车身系统等故障，此先后顺序不可颠倒。

每排除一个故障，都须佩戴绝缘手套恢复各类检测插件，保证高压接头安装牢固，检查挡位以及确认周边安全，启动车辆试车、清码、读码，确保不会有重复或历史故障干扰判断，并且能准确读取出最新的相关故障代码。以上高压不上电故障排除完毕后，再进行排除车身、舒适系统故障。针对以上典型综合故障形成的分析思路图如图 3.4.1 所示。

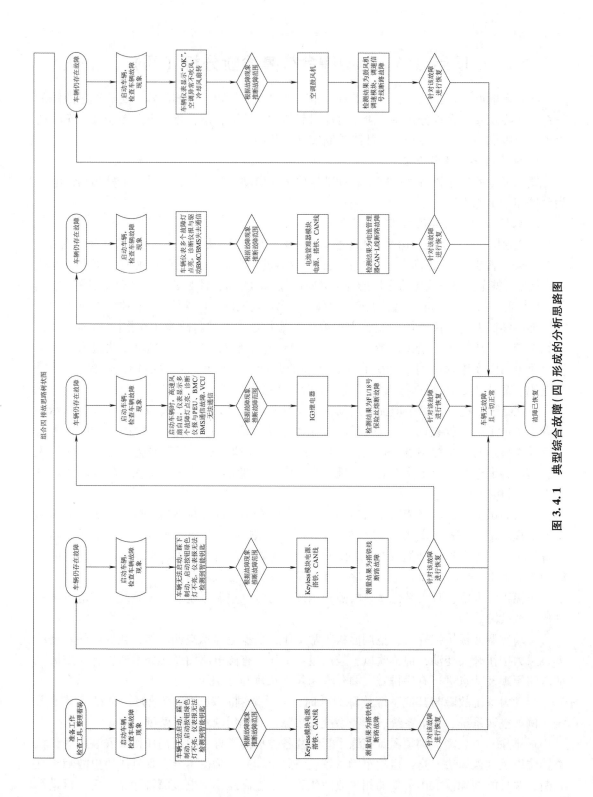

图 3.4.1 典型综合故障（四）形成的分析思路图

项目3.5 典型综合故障诊断分析（五）

根据车辆所表现出的整车动力系统故障、空调故障、交流充电故障的一系列故障现象，合理分析每一阶段可能引起的故障原因，结合相关电路图册按照车辆的上电、充电顺序进行故障排查。综合故障分析过程如下。

1. 初次验车时故障现象

（1）车辆低压不上电，仪表不亮，仪表显示未检测到智能钥匙，连接诊断仪，显示诊断盒无法与车辆连接。

（2）遥控钥匙无法解锁。

2. 故障分析的具体思路

依据于典型的故障现象，按照综合故障的低压上电、高压上电、交流充电等步骤确定具体的分析流程，设计整个综合故障分析图。

针对上述综合故障，首先判断与故障现象一致的诊断接口是否正常，主要涉及故障诊断仪本身，经测量故障诊断仪本身正常。下一阶段分析可能构成这一故障现象的综合原因，首先是进行故障诊断仪与车的连接，发现诊断盒连接指示灯不亮，针对电源线、接地线、CAN线等线路的分析后，确定了诊断接口电源线断路的故障构成的最初故障现象（具体参考第2篇项目2.23）。

随后尝试上电，发现无法上电且仪表显示未检测到智能钥匙判断为低压上电系统的故障，针对低压上电系统的故障排查，重点参考相关电路图册以及第2篇项目2.1的具体检测过程和进一步说明。

排除智能钥匙模块的相关故障后再次尝试上电，仪表未显示"READY"，仪表提示"请检查动力系统""请及时充电"，故障诊断仪读取故障码显示ESC网故障，针对动力系统的故障排查，重点参考相关电路图册以及第2篇项目2.15的具体检测过程和进一步说明。

ESC网故障排除以后，再针对仪表显示"请检查动力系统"及"请及时充电"查看相应的故障，通过故障诊断仪读取了VCU模块显示与电池管理系统通信故障，说明此故障现象是由于电池管理系统本身及相关线路构成的（具体检测过程参考第2篇项目2.14）。

每排除一个故障，都须佩戴绝缘手套恢复各类检测插件，保证高压接头安装牢固，检查挡位以及确认周边安全，启动车辆试车、清码、读码，确保不会有重复或历史故障干扰判断，并且能准确读取出最新的相关故障代码。以上高压不上电故障排除完毕后，再进行排除车身、充电故障。

针对以上典型综合故障形成的分析思路图如图3.5.1所示。

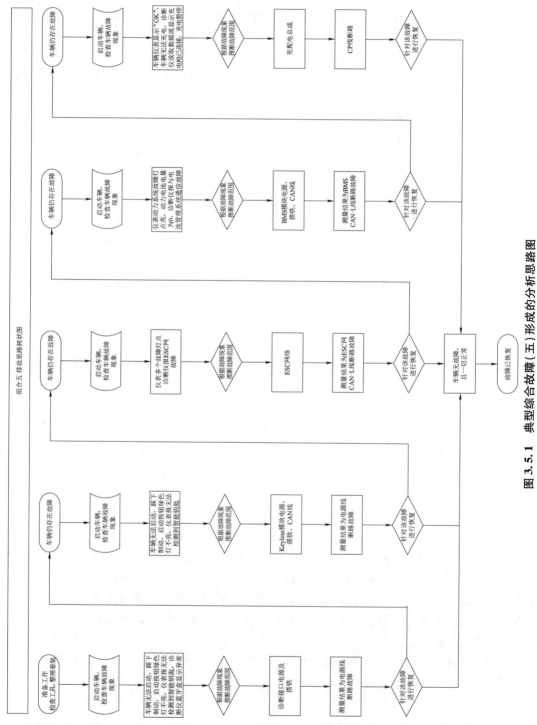

图 3.5.1 典型综合故障（五）形成的分析思路图

附 图

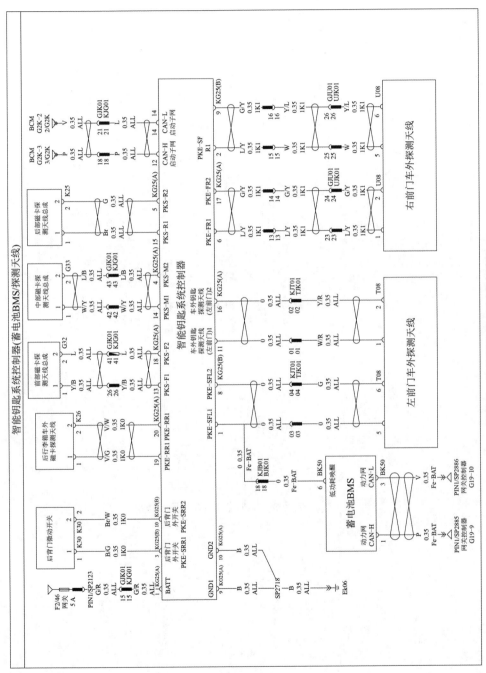

附图 1 智能钥匙模块相关电路图

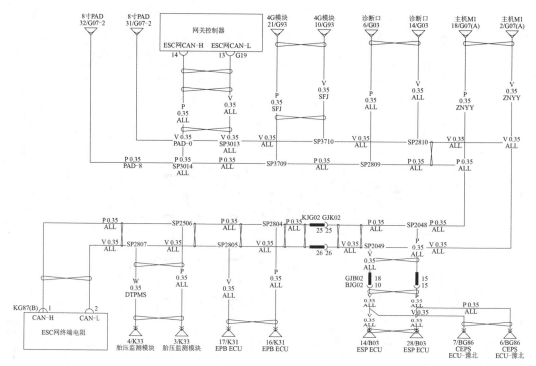

附图 2　ESC 网涉及电路图

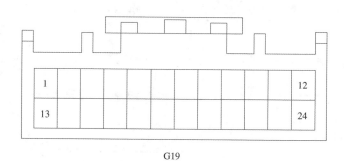

附图 3　G19 接插件外形图

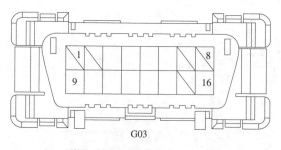

附图 4　G03 诊断接口外形图

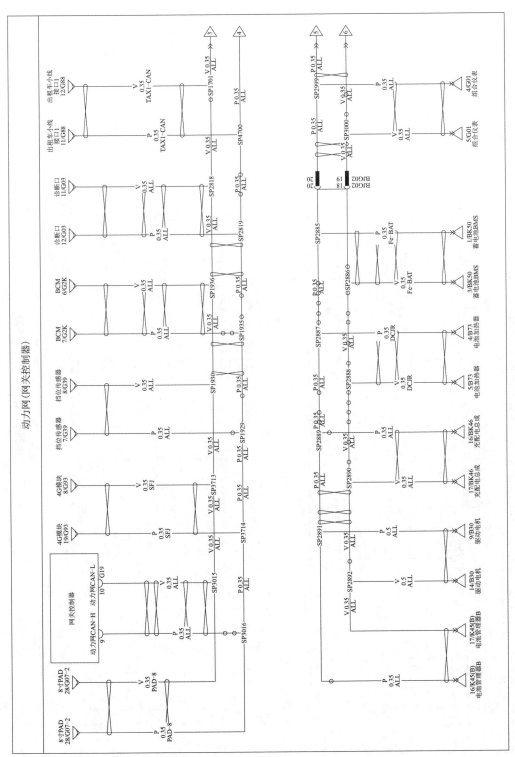

附图 5 动力网涉及电路图

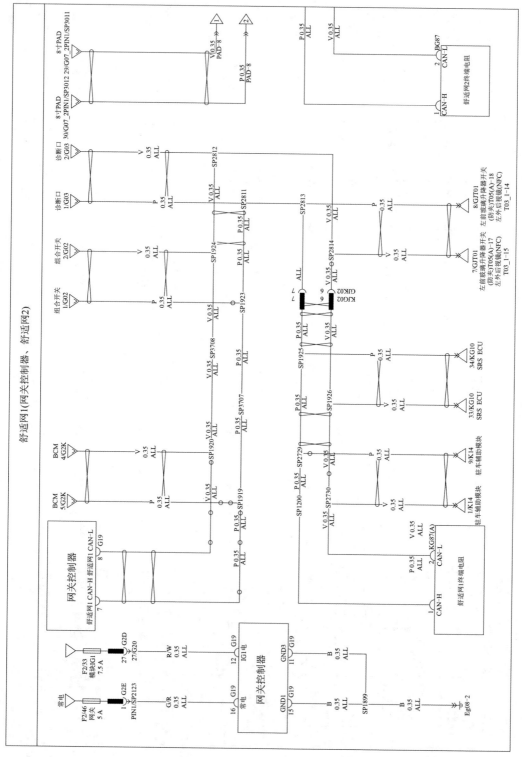

附图 6 舒适网涉及电路图

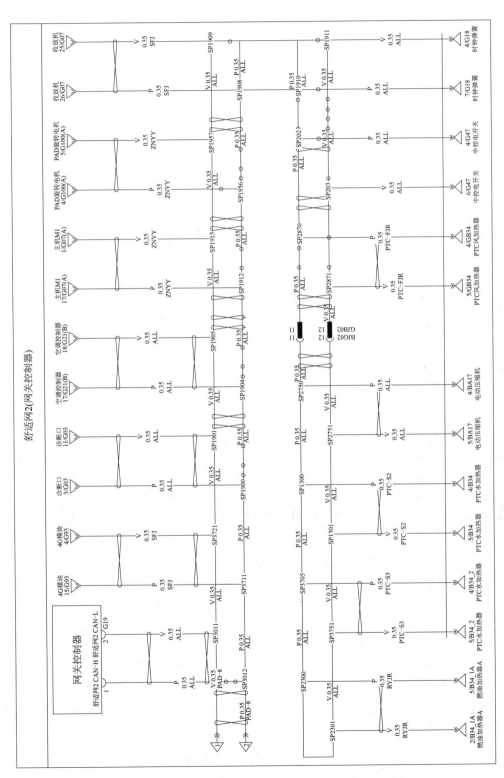

附图 7 舒适网 2 CAN-L 断路故障相关电路图

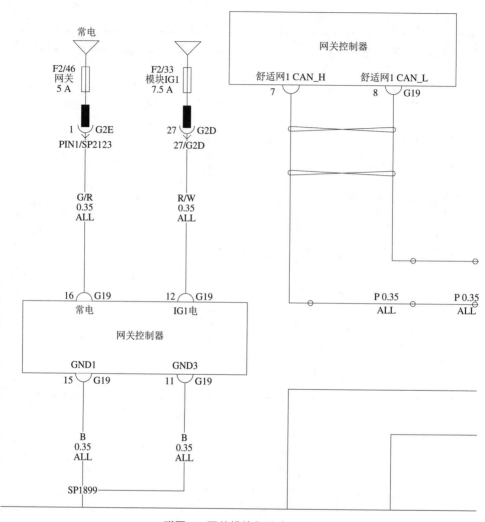

附图 8　网关模块部分电路图

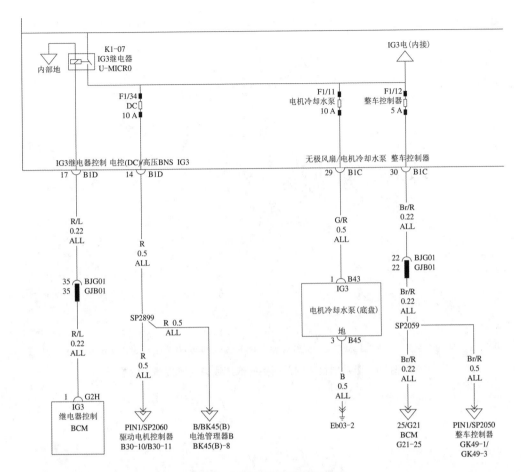

附图9 双路电模块涉及电路图

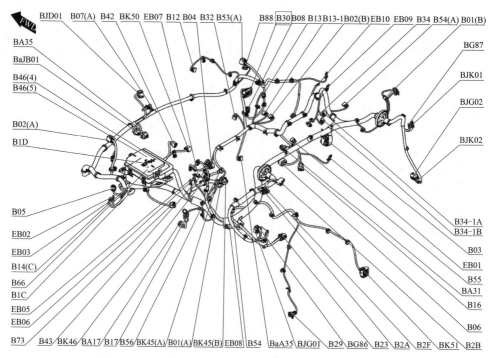

附图 10　驱动电机控制器相关的低压线束端子接插件位置

附图 11　B30 接插件外形图

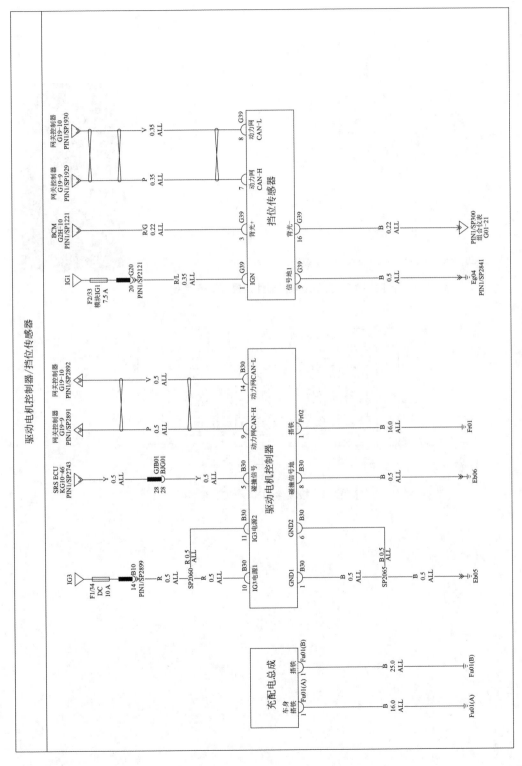

附图 12 电机控制器相关电路图

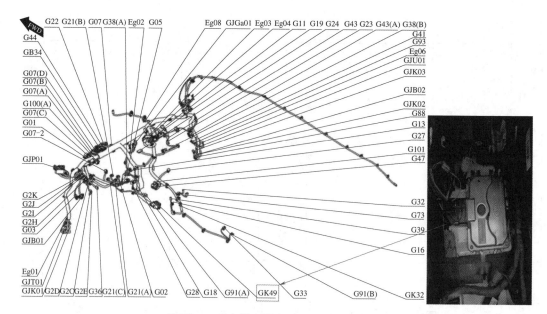

附图 13　整车控制器部件位置及端子识别

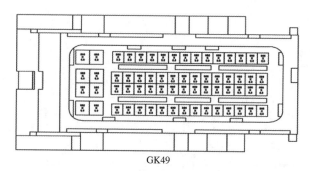

附图 14　接插件 GK49 外形图

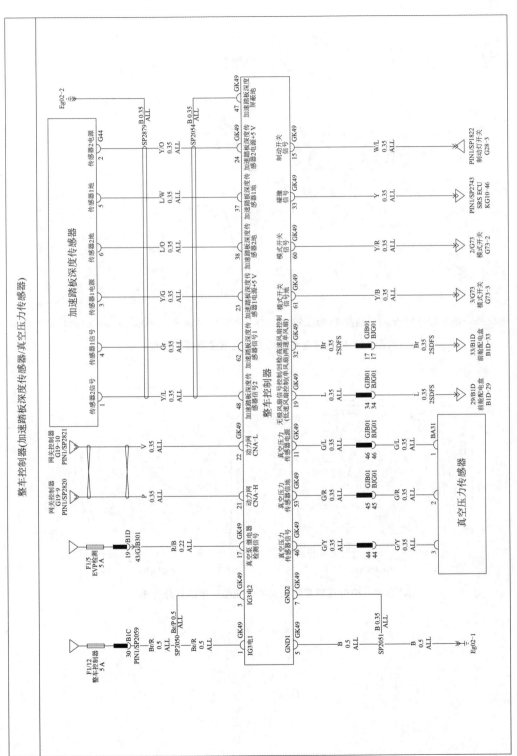

附图 15 整车控制器电路图

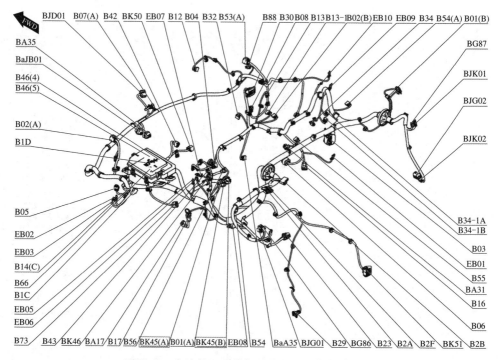

附图 16 电池管理系统相关的低压线束端子位置

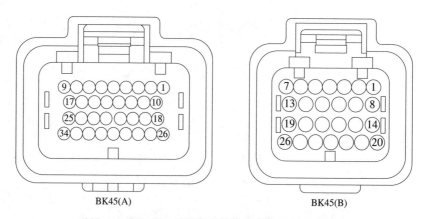

附图 17 电池管理系统相关的低压线束接插件外形图

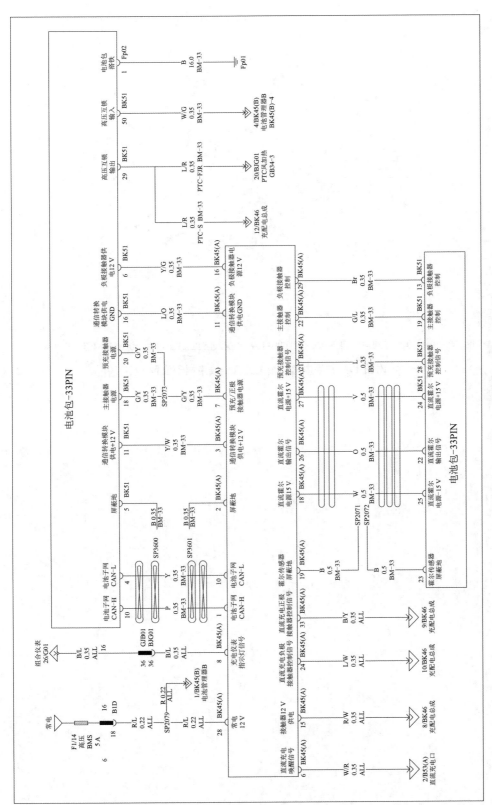

附图 18 电池管理系统模块涉及电路图

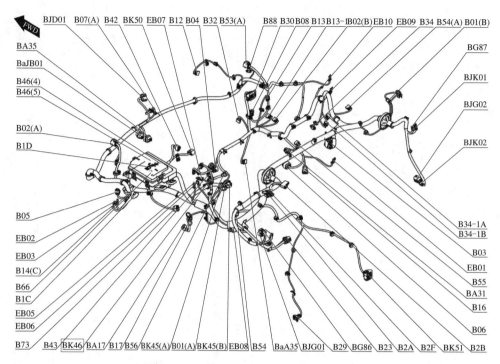

附图19　充配电总成相关的低压线束端子位置

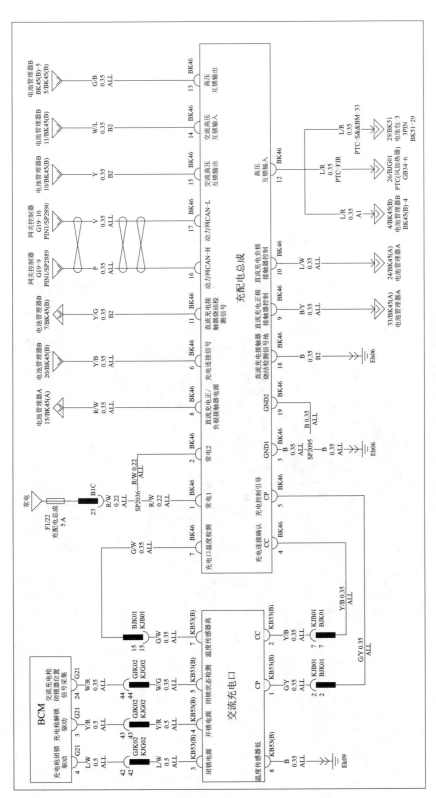

附图 20 充配电总成涉及电路图

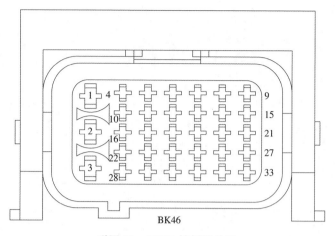

附图 21　BK46 接插器外形

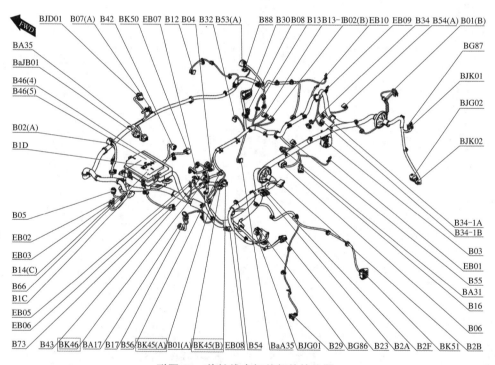

附图 22　前舱线束相关部件的位置

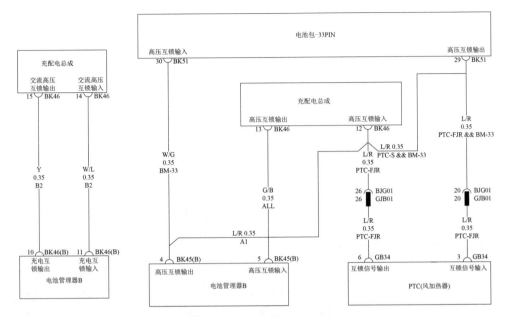

附图 23 高压互锁相关电路图

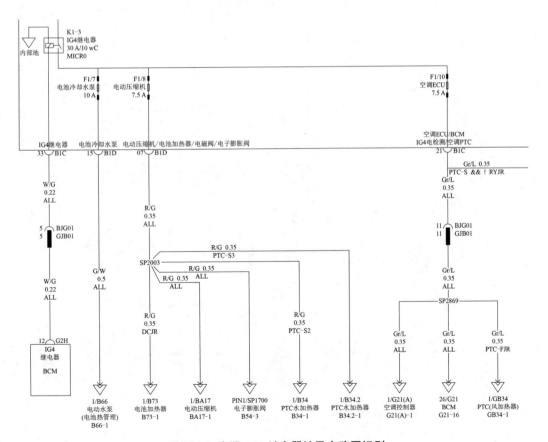

附图 24 空调 IG4 继电器涉及电路图识别

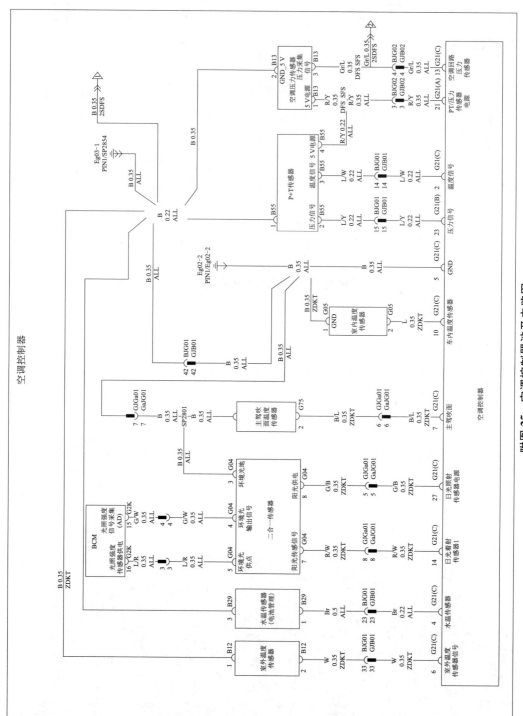

附图 25　空调控制器涉及电路图

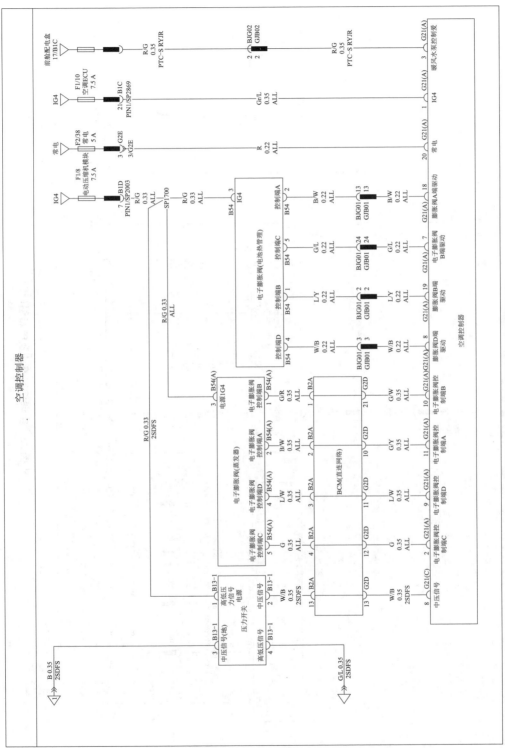

附图 25 空调控制器涉及电路图（续）

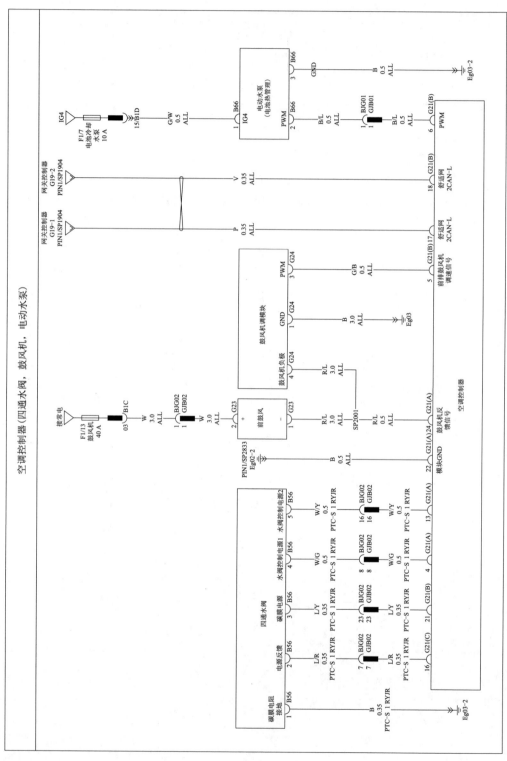

附图 25 空调控制器涉及电路图(续)

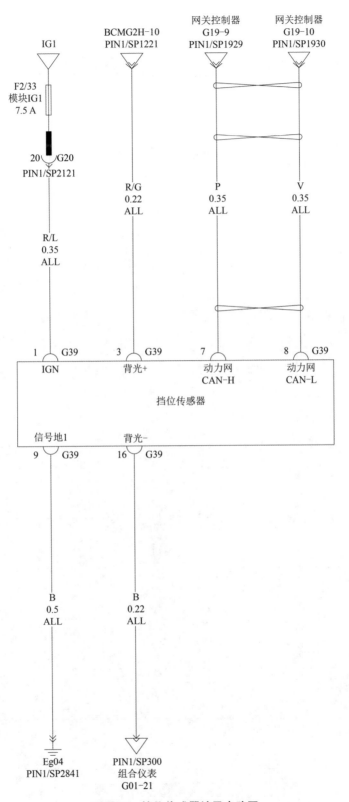

附图 26 挡位传感器涉及电路图

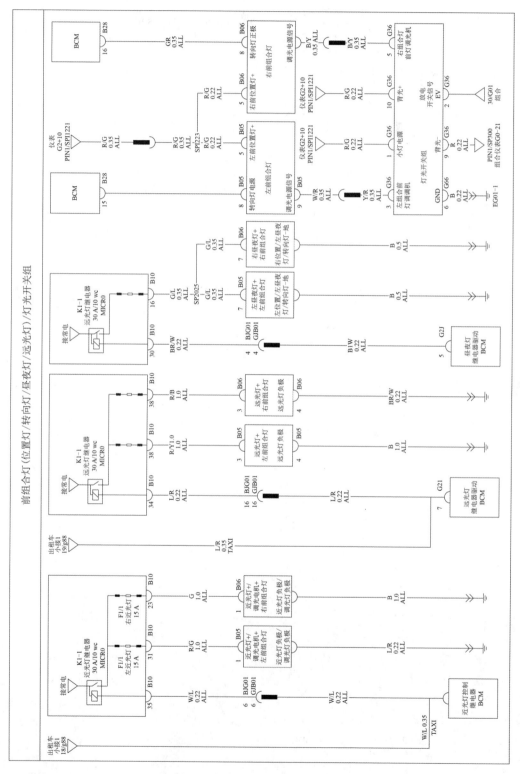

附图 27　近光灯工作时可参考电路图

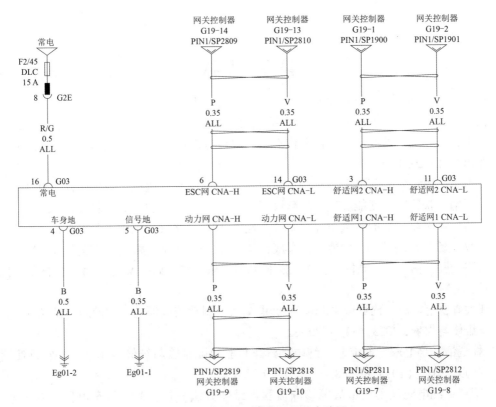

附图 28　诊断接口模块及相关电路图

参 考 文 献

［1］孙志刚．新能源汽车故障诊断技术［M］．北京：机械工业出版社，2023．

［2］杨学易，徐旭升．新能源汽车电气系统检修［M］．北京：机械工业出版社，2023．

［3］康杰，李守纪，林振琨．新能源汽车结构原理与检修（彩色版）［M］．北京：机械工业出版社，2023．

［4］于万海，周定武．新能源汽车构造与检修［M］．北京：机械工业出版社，2023．

［5］姜丽娟，张思扬．新能源汽车故障诊断［M］．北京：机械工业出版社，2023．

［6］王会，邓宏业．新能源汽车控制系统及检修［M］．北京：机械工业出版社，2023．

［7］袁牧，杨效军，王斌．新能源汽车底盘技术［M］．北京：机械工业出版社，2023．

［8］欧阳全胜，杨学易．新能源汽车网关控制与娱乐系统检修［M］．北京：机械工业出版社，2023．

［9］郭太辉，毛建辉．比亚迪秦 Pro EV 纯电动汽车制动踏板硬的故障诊断与排除［J］．汽车维修与保养，2023（11）：80-82．

［10］林楚怡，蒋卫东，黄雅金．纯电动汽车行驶故障排除与维修技术［J］．农机使用与维修，2023（10）：85-88．

［11］李超．纯电动汽车典型故障诊断流程与维修方法分析［J］．汽车电器，2023（9）：96-99．

［12］赖德鹏．纯电动汽车故障诊断与排除——以吉利帝豪 EV300 纯电动汽车为例［J］．汽车实用技术，2023，48（7）：149-153．

［13］陈晓鹏，张京京．"岗课赛证"融通理念下的活页式教材开发——以《纯电动汽车故障诊断与排除》教材开发为例［J］．汽车实用技术，2023，48（18）：158-162．

［14］李江浪．电动汽车动力电池包冷却特性分析及优化［D］．西安：西安理工大学，2023．

［15］池振坤，戴路，李杨．纯电动汽车无法上电故障诊断与排除［J］．时代汽车，2023（7）：174-176．